精神の考古学

L'archéologie de l'esprit
Shinichi Nakazawa

中沢新一

新潮社

まえがき

いまから四十数年前、私は一人でネパールにでかけて、その地でひっそりと難民の暮らしを送っていたチベット人のラマ（先生）のもとで、「ゾクチェン」という古代から秘密裡に伝えられてきた精神の教えを学び始めた。この本で私は当時の記録と記憶をたよりに、その修練の過程をできるだけ詳しく再現しようと試みた。

その頃まだ大学院の学生であった私は、暗中模索さまざまな試行錯誤の末に、このゾクチェンの存在にたどり着いた。情報の入手もいたって困難な時代で、そこにたどり着くのには多くの時間と努力が費やされた。しかし多くの幸運に恵まれて、私の前にゾクチェンの門戸が開かれた。そこには私の予想をはるかに超える精神文化の富が秘蔵されていた。

ゾクチェンはチベットでは主に仏教徒によって守り伝えられてきたので、仏教の教えの一形態と思われることが多い。しかしじっさいにその内部に深く入ってみると、ゾクチェンがチベットの古代的な知恵の集積であり、仏教よりもずっと古い来歴を持つものであることが実感されるようになる。

もちろんその起源などは謎であるが、それがとてつもなく古い時代（のちほど詳しく説明することになるが、人類が洞窟を祭儀の場としていた旧石器の頃を、私は考えている）から伝承されてきた知識と知恵の体系の発展形態であることは、私自身ゾクチェンを学べば学ぶほどに、強く確信されるようになった。そういうきわめて古いなりたちを持つ教えの体系が、「ゾクチェンパ」と呼ばれる専門家の小集団によって、こっそりと伝えられ、ひそかに発展し続けてきたのである。

私はゾクチェンについて学び始めて四年ほどたった頃、『チベットのモーツァルト』（一九八三年、せりか書房刊）という本を書いて、ゾクチェン思想の一端の紹介をおこなった。その本はこの手の書物としては意外なほどよく読まれたが、よく理解されたかというと、はなはだ心もとないものがあった。私は自分の思想的な企てが、正当に受け取られようと、不当に受け取られようと、そんなことはてんで問題にしないでいようと心がけていた。そういうなかでだいぶたってから、初めて自分の企てが真底から正しく理解されたという、感銘深い一文に出会うことになった。それは思想家の吉本隆明氏による、つぎのような文である（二〇〇三年四月、講談社学術文庫版の解説より）。

今度、『チベットのモーツァルト』を改めて少し丁寧に読んでみて、もう少し立入った言い方ができるような気になった。中沢新一は何をしようとしているのか。知識不足でおぼろげなところがあるが、わたしなりに判るところがある。彼はわたしの勝手な言葉を使うと、精神（心）の考古学をチベット仏教（密教）を素材に追求し、解明したいと考えているのだと言えばいいのではないか。

普通、考古学者は、場所の地名や地勢などによって発掘の箇所を特定し、地面を掘りかえす。出土品である器物や住居跡などの構成と地層から時代を確定し、生活形態や社会形態、政治支配や死生観などを推論する。また集落の規模や住居の組成から総人口や集約人口、産業形態や日常の食料品などの処理の仕方を推定することもできる。

しかし、ある古典的な遠い過去の時代に、人間は（住民は）どんな精神（心）をもち、何を考えていたのかなどを推論により知りつくすためにはどうすればいいのか、何を掘り返せばいいのか。

この精神（心）の考古学とでもいうべき専門家たちにはたった一つの方法しか考えられない。それは未開の宗教、医術、知識、経験などを継承し、それに通暁しているか、それらの技術を保存している固有社会の導師に弟子入りしてその技法を体得し、その核心を現代的に解明することだ。たぶん中沢新一の『チベットのモーツァルト』は、この「精神（心）の考古学」の技術法を使ってチベットの原始密教の精神過程と技法に参入し、その世界を解明しようとした最初の試みではないかと思った。彼にとっても最初であるとともに、日本の仏教研究としても最初の斬新な試みだと思える。

これを読んで初めて、私は自分のやろうとしてきた思想的企てが、「精神の考古学」という特別な名前を持つことを、教えられたのである。ここに言われている「固有社会の導師」であるケツン・サンポ先生に私は出会って、その人から、古代から伝えられている「チベットの原始密教の精神過程と技法」であるゾクチェンを学んだのだが、文字どおりそれは人間の精神についての

「考古学」であった。

人間の精神（心）の深い地層にまで潜って行くと、しだいに言語的思考の影響力が弱まり、消えていくようになる。精神は自然状態の運動性や光輝を取り戻して、自由自在な活動をおこなうようになる。仏教ではこの状態を「法界《ほっかい》」とか「法身《ほっしん》」と呼んでいるが、ゾクチェンでは「セムニー（心そのもの）」と呼んで、仏教の限界を超えた地点まで精神過程の探究を試みるのである。ゾクチェンじたいが一つの「精神の考古学」であり、それを研究するには、私自身が「精神の考古学者」にならなければならなかった。

古代的な体系であるゾクチェンを学ぶことによって、私はいったい何を見ようとしたのであるか。私は言語構造にも象徴にもよらない、「裸」の状態にある精神（心）というものにたどり着きたかったのである。私が青春期を過ごしたのは、まさに「構造主義革命」のまっただなかであった。そこでは「無意識は言語のように構造化されている」というラカンの標語が、この革命の本質をよくあらわしていた。しかし私はその無意識の壁を突破して、意識でも無意識でもない、自然状態にある精神そのものに触れようとしていた。私にとってそれは構造主義を超えていくことを意味していたが、じつはそれ以上の意味を持っていたことを、後になって気づくことになる。

そこまで行くことができれば、レヴィ＝ストロースが語っている「人類の心の普遍的構造」というものの、真の土台が露わになってくるはずである。かくして、自分でもあきれるくらい、巨大な見通しをいだいて、私はゾクチェンへと向かっていった。

精神の考古学　目次

精神の考古学

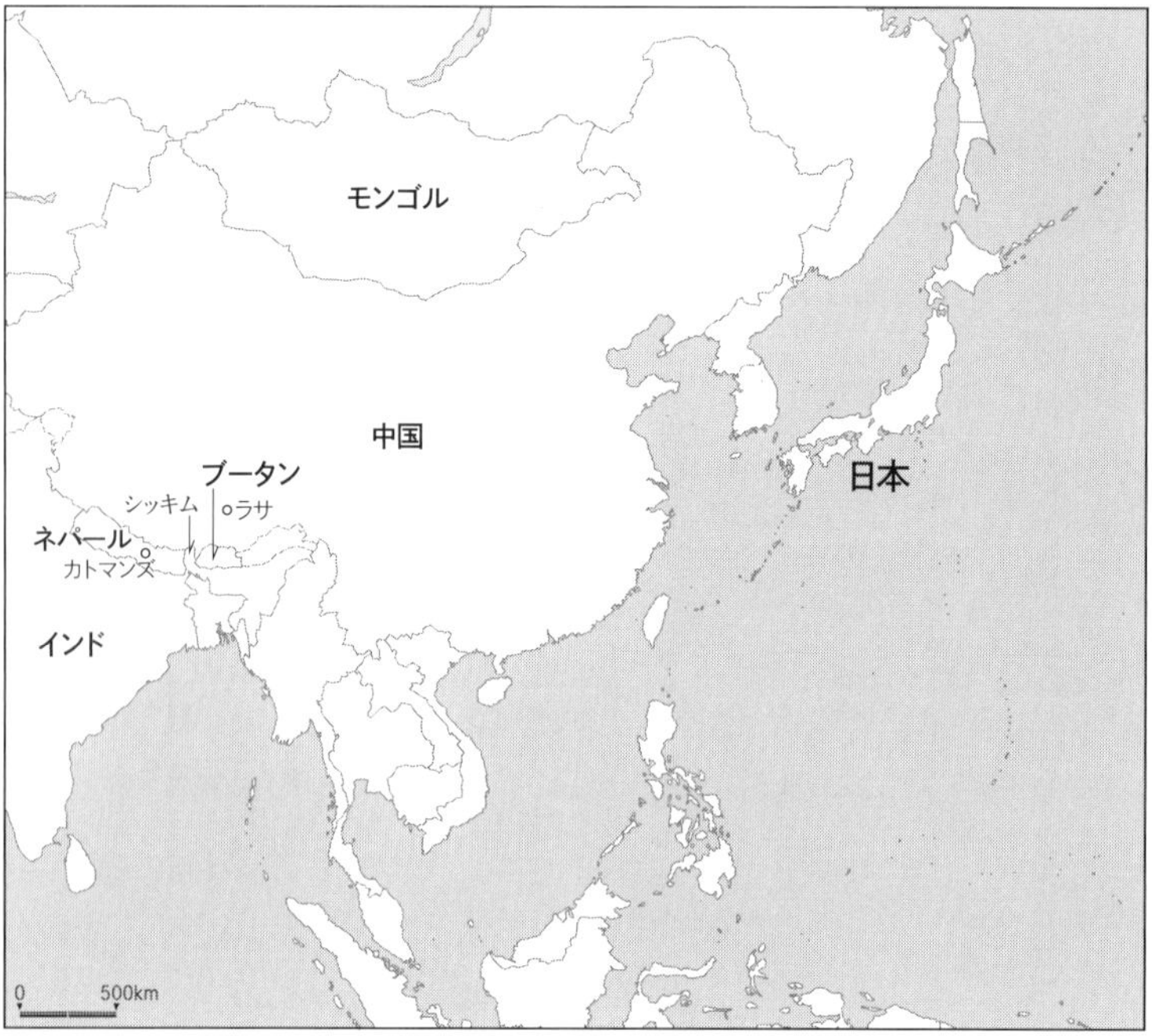
モンゴル
中国
ブータン
シッキム
ラサ
ネパール
カトマンズ
インド
日本
0
500km

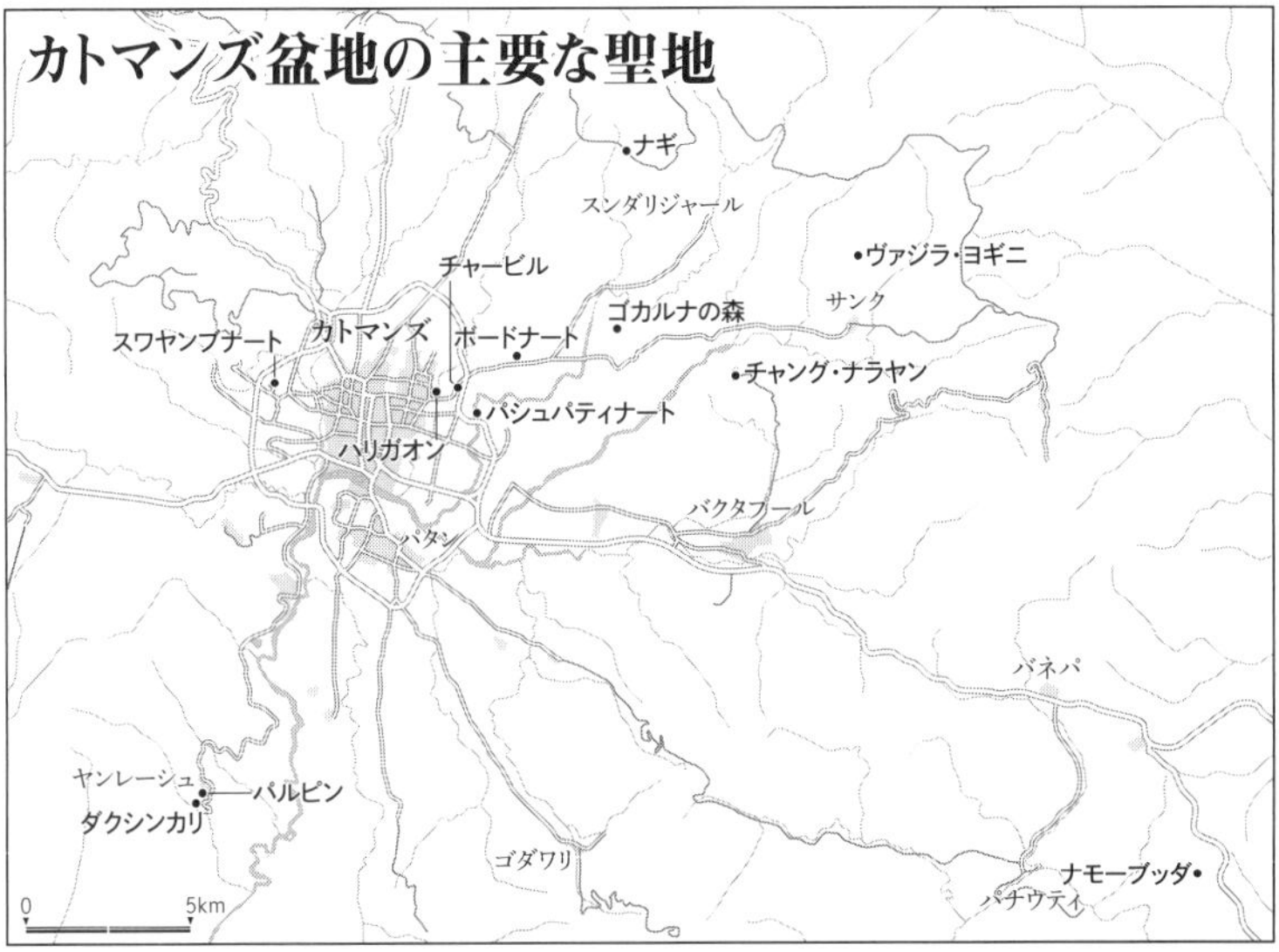
カトマンズ盆地の主要な聖地
ナギ
スンダリジャール
チャービル
ヴァジラ・ヨギニ
サンク
ゴカルナの森
スワヤンブナート
カトマンズ
ボードナート
チャング・ナラヤン
パシュパティナート
ハリガオン
バクタプール
パタン
バネパ
ヤンレーシュ
パルピン
ダクシンカリ
ゴダワリ
ナモーブッダ
パナウティ
0
5km

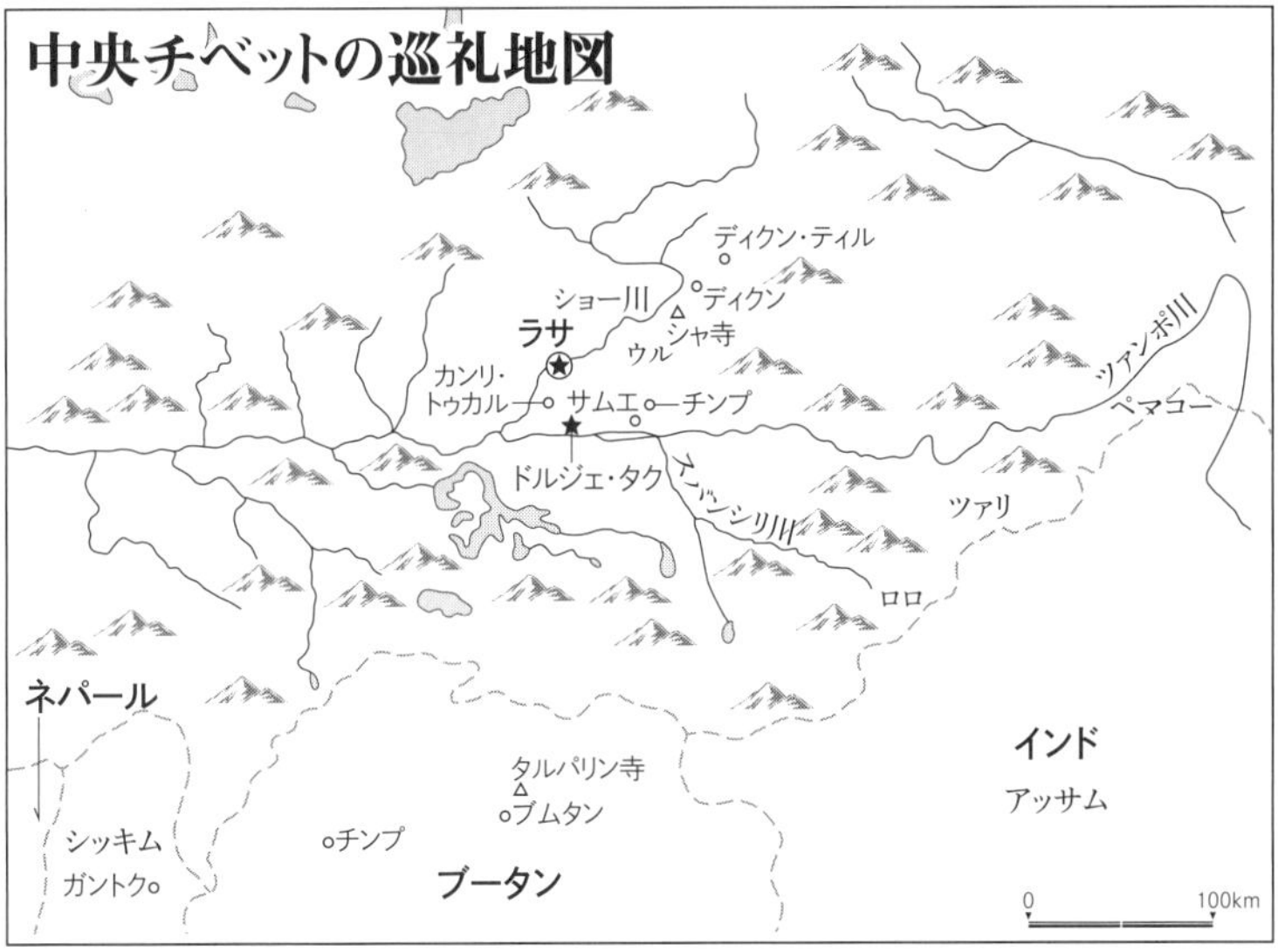
中央チベットの巡礼地図
ディクン・ティル
ディクン
ショー川
シャ寺
ラサ
ウル
カンリ・トゥカル
サムエ
チンプ
ツァンポ川
ペマコー
ドルジェ・タク
スバンシリ川
ツァリ
ロロ
ネパール
インド
タルパリン寺
ブムタン
アッサム
シッキム
チンプ
ガントク
ブータン
0
100km

1980年頃、チュウミク・チャンジュで

第一部　ゾクチェンを探して

1　旅立ちまで

ゾクチェンを探す旅に出ようと決心するまでの一年ほどの間、私の心は焦燥のうちにあった。私は、自分が「出口なし」の状態に追い込まれてしまったと強く感じていた。自分の周囲にはどこを見渡しても高い壁が立ちふさがっていて、どこにも出口が見つからないように思えた。友人たちのほとんどはすでに社会へ出て、自分に与えられた持ち場を固めようとしていた。それなのに私ときたら、自分が生きている社会のうちに、価値あるものを何も見出すことができずにいた。「思想の七〇年代」がすでに終わりかけているというのに、私はまだ思想の持つ強大な力というものを信じていたのである。私のなかでは、マルクスとフロイトとニーチェと構造主義が思想の闘いをくりひろげていた。私には精神（心）の本性は自由な流動であるという確信があったが、構造主義はその流動を言語の構造でとりおさえてしまおうとしていた。

そういう構造主義を超えて新しい人間科学の方法をつくりだそうという夢と、自分が心に体験していた実感覚との折り合いがつかなくなってしまっていた。思考することと現実に生きることがどんどん乖離しはじめ、そうなると生活も女性との関係などもすっかり混乱して、私は逃げ場を失った動物のようにおろおろしながら、同じ場所で苦しい足踏みを続けているしかなかった。

もう二十代の終わりにさしかかっていた私は、自分がどっぷりと記号と象徴とイメージによる思考に、全身で漬かっていることに気づいていた。日本は豊かな資本主義への道を本格的に歩みだしていた。広告、テレビ、映画、おびただしい数の出版物などに取り囲まれて、知覚も思考も、イメージのまわりに組織される記号群に翻弄されていた。私はこの社会で「有価証券」の扱いを受けているいっさいのものを疑いの目で見ていた。そうした価値あるもの、意味を付与されているものの外へ脱出することの可能性に、私は賭けていた。

ただの紙切れにすぎないものが、社会によって価値と意味を与えられて有価証券になる。そうした有価証券を敷き詰めたこの部屋の底を掘り破って、閉じられた意識の部屋から出ることばかりを、私は考えるようになっていた。私は自分がある種の「考古学者」にならなければならない、と感じていた。足元の有価物の堆積している厚い大地を掘って、精神の別の地層へ掘り進んでいくにはどうしたらよいか。私は自分の周囲にある学問や文学や芸術を見回してみたが、そのどれもが自分の目指している考古学的掘削の企てには、強力が足りないように感じられた。

それにしても私は、自分がなんと実現することの困難な考古学に挑戦してしまったかを、すぐに思い知らされた。後期資本主義の世界に生を受けた私は、いわば象徴まみれ、記号まみれの世界に取り囲まれて成長した。その世界で与えられる教育、社会、道徳、娯楽、メディアなどのすべての領域で、私の感覚と思考の底部は、社会的に組織化されている想像界と象徴界の厚い保護材で覆われていて、そこだけが唯一の世界であるかのように教えられていた。私は象徴化されていない現実界との接触を求めたが、現実《リアル》と思って近づいたものは、すでに象徴化の刻印を受けて汚染された、偽の現実でしかないものばかりだった。

わずかだが手掛かりをあたえてくれるものはあった。私の父は民俗学者であったから、書斎の中には道祖神祭に使われた祭具やさまざまな奉納物、石棒や丸石や皿状をした石器などが、おびただしい書物や写真類といっしょに、雑然と並べられていた。そこからだけは、自分を取り囲む世界の象徴界に属していない現実が、私に風変わりな語りかけをしていた。私はそうしたモノたちがじっさいに呼吸している場所を知りたくて、小学生の頃からしばしば父の野外調査に同行するようになった。

野外調査は主に住んでいた山梨でおこなわれた。ここは地元の知識人などがやや自嘲気味に啓蒙度の低さを嘆いている土地でもあったので、私にはむしろお気に入りの土地柄であった。そこには深沢七郎の小説にでも出てきそうな大人がたくさんいた。彼らの多くは抜け目ない農民や商人であったけれど、心の中には同時に近代には属していない、古い心性を保ち続けている人々でもあった。書斎にあったあの民俗学的なモノたちは、こうした人たちによって、数百年も、いやことによると数千年もの間、守り続けられてきたのである。

私は自分を取り巻いている世界が語りかけてくる声に、心を集中して耳を傾けた。しかし残念なことには、そうした声はあまりに雑然としていて統一がなく、気まぐれで、ときには私をからかっているようにさえ思われた。近づいていこうとすると、不可解なつぶやきを残して、背を向けてどこかに去って行ってしまうようでもあった。私に理解されることを、その声の主は望んでいないように感じられた。あまりに長いこと虐げられてきたために、彼らはもう現代人の好意などを信用できなくなっているのかもしれなかった。

そこで私は人類学の記録を読むことに没頭した。その中でもっとも印象に残ったのは、オーストラリア先住民の民族誌に書かれている、こんな記事であった。先住民の長老はある年齢をすぎて、家族や社会が彼に課していた義務から解放されると、一人でトーテムの聖地にでかけて、近くにある大岩の上に座り込み、じっと青空を凝視するのである。青空の凝視は何時間も続く。その間、長老は身揺るぎもしない。

この記録を読んだとき、私はそれが禅的なヨーガの一種であると直感した。数万年以上前にインド亜大陸を出てオーストラリア大陸に入り込み、それから長い時間をかけて最初に持ち込んだ旧石器文化をゆっくりと進化させ洗練していった先住民たちは、彼らの精神文化の頂点に、このようなヨーガの技法を据えているのではないか、と私は思った。彼らはそのヨーガをとおして、どんな思考をおこなっているのか。それは誰も知らない。用心深い先住民の長老たちは、人類学者の好奇心の前に彼らの精神の秘密をさらそうとは考えもしなかった。その秘密は、私たちが触れることもできないでいる精神の最深部に達しているのであろう。

この記事を読んでから、私には自分が何を探せばよいのかが、おぼろげながら見えてくるようになった。私は新石器革命に始まる増殖的な象徴体系のつくりあげる文明の外にあるはずの、精神の古層に踏み込むことのできる新しい「考古学」をつくりだすことを求めていたのである。そのためには、人類の精神の古層に根ざしている知的伝統を継承し、体験をとおしてそれに通暁《つうぎょう》している人物を見つけ出し、その弟子になり、彼が伝えている技法と哲学を体得することが必要である。それを実行するためには、禅のように中国文明によって洗練され尽くしたものではなく、オーストラリア先住民の世界のような野生の文化を保ち続けている場所に、それを求めなければならない。

しかし現代人である自分などに、ほんとうにそんなことが可能なのだろうか。未来に不安を抱えていた私は、レヴィ＝ストロースの『悲しき熱帯』（川田順造訳、中央公論新社）のつぎのような一節を繰り返し読むことで、心を鎮めようとした。この偉大な人類学者ですら、すでに二十数年も以前に（『悲しき熱帯』の出版は一九五五年）、自分はもはや遅きに失したのではないかという、深刻な不安としじゅう戦っていたことが、そこには記されている。

このようにして、私の前に現われるのは脱け出すことのできない循環だ。人類の様々な文化が、相互に交渉をもつ度合いが少なければ、つまり接触によって互いに腐蝕し合うことが少なければ、それだけ、異なった文化がそれぞれ送り込む使者が、文化の多様性のもつ豊かさと意義を認め得る可能性も少なかったわけである。このように考えて来ると、私は二者択一の隘路《あいろ》に追い込まれる。昔の旅人として、目を見張るような光景――しかし、彼はそのすべてもしくは大部分を把握できないだけでなく、なお悪いことに、嘲《あざけ》りと嫌悪を感じるのだ――に向かい合うか、または現代の旅人として、すでに消滅してしまった現実の痕跡を追って走り回るか。いずれの場合にも、私は敗者だ。見掛けよりももっと惨めに。

「私は敗者だ」というこの人類学者の言葉は、私の心に重く響いた。私は若くしてすでに敗者への道を歩みだしていたのか。しかしたとえそうだとしても私は毅然たる敗者としてその道を歩こうと決心していた。

＊　＊　＊

そうした混乱した状態のなかで、私は少しずつ出口へ向かう光を見出し始めていた。西欧の現代思想に手がかりを見出そうとする努力をやめて、私はもういちど事実の世界に自分を埋没させてみることにした。事実性へと向かうこの転回が、私の心に大きな変化をもたらし、それが私をゾクチェンの探究に導いていった。ここでその当時の思索についてしばらく語ることを、お許しいただきたい。これから始める思想的回想の端緒としても、少し長くなってしまいそうだが、お話ししておく必要がある。

宗教学や人類学を学び始めてすぐ、私はある奇妙なことに気づきだした。私たちの社会はたくさんの便利品と道具に囲まれているが、そこでおこなわれている思考の内容はきわめて貧弱である。ところが石器時代とあまりかわらない社会をつくっていたオーストラリア先住民のような人々は、家も持たず鉄でつくった道具類も持たず、こと生活用具に関しては極端なほどに貧弱であるにもかかわらず、その思考の世界は私たちのものとは比べものにならないほどに、豊かなのである。こういう型の社会をここでは「農業革命以前」の社会と呼ぶことにする。

この社会は現代の数学者でさえ尻込みするほどに複雑な仕組みでできた親族組織を持っている。その親族組織は、グループごとに異なった構造を持っていて、他のグループの採用している親族組織に、おたがいに深い関心を持ちあっている。そこでたまたま異なるグループの男同士が出会うと、地面に座り込んで砂の上に各自の所有する親族組織の見取り図を描いて、情報の交換をおこなったりするのである。こういう情報交換をとおして、相手の組織の持つ長所に魅了されると、情報を持ち帰って、これまで採用してきた組織に改善を施したりする。そうやって社会には変化がもたらされていくのである。

またこのような社会では、「形而上学的」思考が異常に発達している。私たちが「神」と言っているものを、先住民の社会では「精霊（スピリット）」のような言葉で表現する。神は世界に秩序をつくりだす。したがって神には自由勝手な運動を阻止するための力が宿っている。ところが精霊は自由な流動をおこなう。世界に秩序があるとしたら、それは精霊の本体をなす自由な流動の内部から、自然にわきあがってくる。精霊は秩序をつくるのではなく、その背後で動いている力の流れをあらわしている。

自由な流動である精霊は、そのため立派な神像などとして表現されることがない。そういう神は、農業革命後にしかあらわれないのである。神のいない精霊の生きる社会は、したがって象徴や記号によらない「非象徴」を原理としてつくられることになる。自然の動植物の世界と人間の世界は、精霊的な力によってつながっている。そうなるとこの社会では、アニミズムとトーテミズムが発達することになる。アニミズムではあらゆる存在が、相互に縁起しあい嵌入《かんにゅう》しあっている。この社会では、世界から孤立した個体性というものが考えられない。

そこで自然の動植物の世界と人間の世界の間に、一つの並行関係を考えて、ものごとを系列（セリー）としてとらえる思考が発達する。これがトーテミズムである。そういう社会で、人が

「わたしはカンガルーだ」というとき、それはカンガルーが私を象徴しているのではなく、動植物の系列と人間の系列の間に、並行関係があることを言おうとしている。

そこで農業革命以前のこの社会では、つぎのような思考がごくあたりまえにおこなわれていた。


わたしは半ば川となってさまよった、水はどこへも流れてゆかなかった。

わたしは影もなしにさまよった、体だけ陽に照らされて。

わたしは根のない木になってさまよった、土はわたしを知らなかった。

わたしは翼のない鳥になってさまよった、空はわたしを忘れていた。

わたしは雷鳴のない稲妻だった。雨を奪われた花だった。

(……)

わたしの部族の人々は、一人の中の大勢だ。

たくさんの声が彼らの中にある。

様々な存在となって、彼らは数多くの生を生きてきた。

熊だったかもしれない、ライオンだったかもしれない、鷲、それとも岩、川、木でさえあったかもしれない。

誰にもわからない。


(ナンシー・ウッド『今日は死ぬのにもってこいの日』金関寿夫訳、めるくまーる)

この社会では、人から事物を切り離してしまうことができない。自分が使っていたものが遠くへ持って行かれても、その事物とのつながりが残る。事物も人と同じように自立性を持っているのである。そこでは人が事物を所有するという考えが生まれようがないから、自分が使っていた（持っていた）事物を、商品にして市場で売りに出すことは考えられない。他人になにかの事物をあげるとしても、それは商品として交換するのではなく、自分の人格の一部であるものを他人に贈与するのである。だからこのような社会は「非交換」を原理とする贈与社会である。

しかもその世界では、増殖が起こらない。贈与にはそのお返しである反対贈与が求められる。贈与にお返しがなされるたびに、負債関係は解消されていく。贈与のサイクルは開かれるやすぐに閉じられて、全体としては増えもせず減りもしない。人間と自然の間にも、これと同じ贈与の関係が結ばれていた。自然は人間に森の獲物や果実を「自然の贈与」として与えるが、それにたいして人間は自然にたいする倫理を守って、必要なもの以上を奪ってダメージを与えないようにしている。自然からの贈与は無駄にしてはいけないし、余った部分は祭りを開いてそこで蕩尽《とうじん》しつくす。そこには「非増殖」を原理とする循環型社会がつくりだされる。この循環を動かしているのが、精霊の力であることを、さまざまな神話が語りだしている。

非象徴、非交換、非増殖を原理としているこうした社会には、どのような名前を与えたらよいだろうか。旧石器、中石器、新石器という道具の形態による時代区分ではとらえきれない。ホモ・サピエンスの出現いらいずっと、この三つの原理は保たれ続けてきたし、それ以後に体系性を失なってしまったのちも、このような思考は生き続けているからである。

こういう世界にヘーゲルは「アフリカ的段階」という名前を与えたのである。ただしポジティブにではなくネガティブな意味で、その名前をつけた。これは「産業も育たずに食料は天然の木の実や川や海の魚類や、内陸の鳥獣を狩猟して喰べているようなアフリカや南北アメリカの原住民のようなアフリカ大陸の動物生にひとしい生活を営んでいる住民は世界史から除外される」という、今日ではもはや許されないような侮蔑《ぶべつ》的な意味をこめて、そう呼ばれた。

しかし私たちが見てきたように、この社会には世界史をつくってきたのとは異なる別の原理があって、それが世界史をはるかに上回る長い期間にわたって、人間を載せた地球全体のバランスを保ち続ける働きをおこなってきたのである。そこで吉本隆明氏はこういう型の社会をあらためて「アフリカ的段階」と呼んでそれに価値転倒のパワーを与えて、ポジティブな概念につくりかえることを提唱した。

この概念を設定してみると、ものごとはすっきりしてくる。すべての人類がかつては非象徴、非交換、非増殖の「アフリカ的段階」に対応する心を持って生きていたのである。そこでは技術の発達はゆっくりしたスピードでしかおこなわれない。そのために物質文化に関してはじつに貧しい。しかし、精神（心）の内部をのぞいてみると、驚くほど豊かである。神ではなく精霊の力を中心とした高度な形而上学、考えられたものと生きられたものとの間の矛盾を解消する豊富な神話群、踊りや歌によって神話を補完する儀礼の数々によって、「アフリカ的段階」の心は豊かに世界を思考していたのである。

＊　　＊　　＊

このような「アフリカ的段階」の心がつくっていた世界に、重大な変質がもたらされる事態が発生した。いまからおよそ一万四千年ほど前、中近東はレヴァント地方に、この革命的変化は始まった。農業と資本主義をもっとも重要な要素とする「新石器革命」に端を発する、別の大「段階」の形成が、そのとき開始されるのである。地球上の多くの地点では、この新石器革命によって、それまでの人間の心の活動をつくってきた非象徴的、非交換的、非増殖的な原理に根本的改変が加えられ、新しい心を持った人間が登場してくることになる。

最近の考古学は、農業の出現にともなうこの新石器革命の意味を、これまでとは異なる方向に掘り下げようとしている。これまでこの「革命」の意味は、もっぱら物質文化と生態学の視点から研究されてきたが、最近の傾向はこれを人間の心にあらわれた革命的変化のプロセスとして研究する方向に、転換が図られている。

この傾向を代表するのが、考古学者ジャック・コーヴァンの研究である。ヨルダン川沿いの渓谷からダマスカスのオアシスを抜けてユーフラテス川中流域にかけて、「レヴァント回廊」と呼ばれる細長い地帯がつながっている。この地帯には旧石器時代から、狩猟採集をおこなう人間たちが住み着いていたが、ここには乾燥気味の大地に野生の穀類が生育していた。狩猟採集民たちのなかに、この野生の穀類を食料にしやすい「栽培植物」にしようと試みる者たちがあらわれた。

野生の小麦や大麦は、穂が熟すと茎の節が自然にはずれて、穂がバラバラになってとび散りやすくできている。ところが人間によって改造された小麦や大麦は、茎の節が頑丈にできていて、穂が熟してもすぐには外れないようになっている。野生状態ではまだ穂が小さい時分に地上に落下してしまっていたものが、大きく成長するのを待っている人間が取り入れるまで、茎に付いたまま待っていてくれるようになる。レヴァント地方の各地に、このような改良のほどこされた穀物が見られるようになるのが、一万年以上も前のことである。

ほどなくして、この改良された小麦や大麦を栽培する最初の農民が、レヴァント地方に出現するようになる。この最初の農民たちは、狩猟採集によって生きていたノマドないし半ノマドの人々であるが、灌漑設備を工夫してつくり、定住生活を始めるようになる。ノマド時代の家はたいがい丸い形をしていた。そういう家が離れてポツンポツンと建っていたのである。それが定住生活を始めると、四角い方形の家に変化し、この四角い家をつないで密集させ、今日の集合住宅のような小さな「街」をつくるようになった。農民たちはこの「街」から、麦畑での畑仕事に通ったのである。

家々の中には、特殊な構造を持った部屋がいくつもあり、内部に安置してある数多くのテラコッタの像からは、そこが神々を祀る聖所であることが明らかだった。もっとも多いのが女神像である。豊満な体つきをした女神たちは、獰猛な野生動物を従えていた。まるでペットのように可愛がっているのもあれば、角を取り押さえられてもがいている動物もいるが、つねに女神は野生動物たちの支配者然としている。女神たちのなかには、出産をしている者もいる。そこでは産む女が自然の女王のようにふるまっている。

たくさんの仮面や首だけの像も発見されている。まるで生きているように写実的で、それ以前の旧石器時代の洞窟壁画などとは、あきらかな関心の変化が見て取れる。どの像も輪郭がはっきりした個体性をそなえていて、これらの聖所で祀られていたのが、アフリカ的段階の精霊などとは異なる、私たちのよく知っているあの「神々」であることが了解される。

ここにあるのはまぎれもない象徴のシステムである。レヴァント地方に出現した最初の農民たちは、象徴と記号に突き動かされる人間でもあった。象徴は人々の想像力を刺激する力を持っていたと見えて、この最初の農民たちはほとんど「宗教的」と呼んでもおかしくないような情熱をもって、この新石器革命の精神と成果を、アナトリア地方や地中海沿岸部の狩猟採集民たちのもとに伝えていった。そのプロパガンダ運動の痕跡は、現在も発掘の進むこれらの地帯の遺跡のなかに、はっきりと残されている。象徴は現実（リアリティ）から乖離した想像力によって、いまだ実現されていない未来を先取りしようとする力を秘めている。おそらく、穀物の栽培化の過程を突き動かしていたのも、同じ象徴の能力によるものであろう。

ジャック・コーヴァンは、「新石器革命」と呼ばれる出来事が、まずは人間の精神（心）に起こった「象徴革命」として準備されていたことを強調している。野生の小麦や大麦の種子を品種改良して、収穫量の多い栽培種につくりかえるとき、将来農民となっていく人々の精神の中では自分たちの努力の結果が報われたときの状態が、想像力によって先取りされていなければならない。ここでは現実から乖離した、意味増殖がおこなわれている。それまでの「自然まみれ」で現実からの乖離の少ない象徴を扱ってきた人間が、想像力で膨らんだ新しいタイプの象徴を扱い始めている。

それまでの固定した像をもたない流動体だった精霊が、テラコッタの像に表現され、儀礼や崇拝の対象になると、象徴化された神々となる。その結果、人々の宗教は象徴システムに移管されて、象徴の操作によって神々とのコミュニケーションは図られるようになる。象徴の神々は聖所に安置されて定住化する。神々の誕生と農業の出現は、ほとんど軌を一にして、レヴァント地方で実現されたが、その背後では価値増殖（穀物）と意味増殖（宗教）を可能にする、人間の認知能力の領域で起こる象徴革命が、すでに実現されていたと考えることができる。

このときの出来事が、吉本隆明氏の言うアフリカ的段階のつぎにあらわれた、「アジア的」と呼ばれる大「段階」の開始を告げている。それはまず中近東における農業の始まりとしてあらわれ、原初的な都市の生成と新しいタイプの多神教宗教の形成をともなって、レヴァント地方の東と西に急速に影響力を拡大していった。その頃はまだ、東のアジアと西のヨーロッパの分離はおこっていないから、それを「アジア的段階」と呼ぶことはまちがっていない。

このアジア的な大「段階」の大きな特徴は、「価値」と「意味」の二領域で組織的な増殖がおこなわれることである。最初に「農業」がそれを可能にした。農業では野生植物と野生動物との「内化（ドメスティケーション）＝栽培化＝家畜化」が試みられ、人間はそれに成功した。自然の過程に人間が介入することによって、それを人間に有利に働くように制御するのである。

これが「内化」と呼ばれることになったのは興味深い。この言葉は、外部の野生者を人間のイエの領域の内部に運び込んで、野生の特質を失わせることを意味している。野生状態は「自然まみれ」をあらわす。そこには象徴も記号も働いていないから、あらゆる生命が相互嵌入しながら、全体運動をおこなっている。その野生の生命たちを、象徴化の能力で支配する人間のイエ領域の内部に運び込んできて、計画や制御に従わせるというのが、この「内化＝栽培化＝家畜化」にほかならない。

新石器革命に始まる新しい大「段階」は、人間の精神（心）に重大な変化をもたらした。私たちはさきに、アフリカ的段階の精神は事物や意味の増殖を好まないと指摘した。事物が増えることはあっても、成長した植物が秋には枯れて土中に分解されていくように、遠からず無に戻っていくのが、その世界の常識であった。謎かけのように意味が増殖する遊びは、死者が臨在する儀礼の場でこそ許されたが、日常的に気軽に遊んでいいものではなかった。あらゆるものが円環を描いて循環していくことこそが、この社会の理想であって、循環を破るカタストロフ、軌道をはずれていく流星、異常な貪欲などは、不吉と見なされた。

ところが穀物栽培を開始した社会では、むしろ増殖の原理が、社会の基盤に据えられたのである。農業はよほどのことがないかぎり剰余価値をつくりだす。その農業と人間の繁殖を守る神々は、その本質において増殖性をもった神々である。アフリカ的段階にあった精霊たちが、不安定で精妙な存在であったのとは対照的に、増殖性社会の神々はテラコッタ像に描かれ、強力なカリスマをあたりに発散していた。このアジア的な新しい大「段階」では、世界の土台に、非成長と循環の原理にかわって、成長と増殖の原理が据えられたのである。

農業の開始に始まるこの大「段階」は、現代の資本主義的な産業社会にいたっても、その本質をいささかも変化させていない。農業は資本主義的生産が開始されるまで、社会のほとんど唯一の価値増殖手段であったが、その状態はヨーロッパでも十八世紀まで続き、封建制から資本制への「革命的な」変化においても、新石器＝象徴革命以来の人間の象徴能力の増殖的本質は手つかずのままに、利用され続けている。このことに気づく人はいまでも少ないが、そうしたなかでマルクスだけは例外で、早くもつぎのように指摘している。

生産性のこの段階は…まず、農業労働において存在しなければならない。だから、（剰余価値の生産は）自然の贈り物、自然の生産力であるかのように見えるのである。この場合、農業では、はじめから、自然諸力の協働——自然諸力の応用と利用による人間労働力の増進——が、すなわち一つの自動機構が、大体において与えられている。自然諸力のこうした大規模な利用は、製造工業では、代行業が発展したときにはじめて現れる。農業の一定の発展段階は、それが自国内であろうと外国であろうと、資本が発展するための基礎として現れる。

（マルクス『資本論』第四巻『剰余価値学説史』第一、岡崎次郎他訳、大月書店）

資本主義的生産は、農業革命であると同時に象徴革命でもあった新石器革命に始まる大「段階」の中の、近代に生まれた小「段階」として理解することができる。その基礎となっているのは、増殖性をおびた脳の象徴能力である。農業では「自然からの贈与」として思考されていた増殖性が、資本制においては「剰余価値」へと姿をかえて、社会の見えない下部構造に組み込んである。

このような意味で、現代は新石器革命に始まる大「段階」の末期にあると考えることができる。なぜ末期かといえば、増殖的成長の限界がはっきりと見えてしまっているからである。しかしこの大「段階」からの脱出は、モーセの時代のエジプト脱出よりも、はるかに困難である。象徴記号の増殖性は、私たちの思考の基礎に据えられており、知らず識らずのうちに、私たちは世界を「増殖の相のもと」に見るように慣らされているからである。

2　霧の向こうのゾクチェン

そんなある日のことである。たまたま訪れた洋書店の片隅で見つけた一冊の本のなかに、とても気になる記事を見つけた。それはアメリカの西海岸で活動している亡命のチベット僧によって書かれたもので、そこにはチベットの伝統の中に、いささか正統仏教的ではないが、いっさいの象徴記号によらず、イメージを観想する瞑想の技法にもよらず、ただ自然のままにして、人間の心の原初をあらわにする特別な教えがある、と書かれていた。私は思わず目をみはったものである。その教えの名は「ゾクチェン」というと、そこにはさりげなく記してあった。

しかしその本にはそれ以上、ゾクチェンについての詳しい具体的な説明はなかった。そこで私は手に入るかぎりのチベット関係書を漁ってみた。有名なトゥッチやスタンの本を読んでみても、そこにゾクチェンという項目はあっても、抽象的な教義が書いてあるだけで、その教えの本体は霧の中に閉ざされているという印象であった。

それも無理のない話で、一九五九年の春に、本格的に開始された中国人民解放軍のチベット侵攻をきっかけとして、ダライ・ラマをはじめとする多数の仏教僧、ボン僧、行者たちが、おびただしい数の民衆とともにチベットからの脱出を図ったが、この出来事が起こるまで、長らく鎖国状態であったチベットの外で、ゾクチェンについて具体的に知る者はほとんどいなかったのである。たしかにそれ以前にも、幸運に恵まれたきわめて少数の冒険家や宣教師や仏教僧や東洋学者が、チベットへの入国を果たし、その地の仏教や仏教以前からの土着宗教から発達したボン教などに関する知識を得ていたが、彼らの残した記録の中にも、ゾクチェンについての具体的な情報はほとんど含まれていない。

一九五九年以前にチベットへの入国を許された少数の僧や学者のほとんどは、政治的に高い権威を誇っていた改革派の「ゲールク派」の寺院で勉学をおこなった。[1] そのため彼らはゾクチェンを伝承する古派の「ニンマ派」のラマと接触する機会がほとんどなく、いわんや秘密度の高いその教えに近づくことは難しかった。例外的なのは、フランスの女性冒険家にして神秘家アレクサンドラ・ダヴィッド＝ネールや、ニコライ・レーリヒの弟子でもあったアナガリカ・ゴビンダであったが、ゾクチェンに最接近していたにもかかわらず、神智学の信奉者でもあった彼らは、なぜかそれを体系的に学ぶことをしなかった。

このような事情が重なって、一九五九年にいたるまで、ゾクチェンはチベットの外では依然として「知られざる思想」のままであった。その状況を決定的に変えて、ゾクチェンが外の世界にあらわれでて、人類の共通財産になっていくきっかけとなったのが、中国によるチベット侵攻であったとは、まことに歴史の皮肉であった。

チベット難民たちの苦難を間近で見てきた私には、その過程でチベットでいったいどんなことが起こり、それによってゾクチェンの海外流出がどんなふうに始まっていったのかを、語らないままに通りすぎるわけにはいかない。

中国共産党が、異民族の暮らす地方へとその影響力を拡大していこうとするときには、よく練り上げられた一定の手法を用いた。最初はまず、自分たちが何者であるかを知らせずに、村の中に入り込んで「工作活動」を始める。貧農たちと親しくなって、村のお偉方である豪紳と呼ばれる大地主たちの非道を告発して、公平な土地配分を訴える。最初の頃はこの主張には街に暮らす民衆たちも、好感をもって見知らぬ善意の活動家たちを迎えることが多かった。

ところが運動が進行するにつれ、村の中でも頻繁に暴力沙汰が起こるようになり、昨夜はどこそこの地主が襲われたという噂が飛び交うようになると、街の人々もしだいに不安を募らせるようになる。その頃にはようやく街の人たちも、赤色化した農村部によって自分たちがすっかり包囲されていることに気づくようになるが、そのときにはもはや手遅れなのである。ある日の早朝、突然何台ものトラックに分乗した武装した解放軍兵士が中心街に乗り込んできて、重要な建物を一気に占拠する。街の有力者の逮捕が始まり、いつのまにか街の政権の総入れ替えがすんでしまって、役場には何本もの赤旗が翻ることになる。毛沢東の提唱した「農村が都市を包囲する」の戦術である。

このような手法を、何年も前からチベットの農村部で着々と展開してきた共産党と解放軍が、一九五九年ついにラサへの一斉攻撃を開始したのである。ラサの民衆は男も女も僧侶たちも旧式の狩猟銃を取って激しい抵抗を試みた。総攻撃の情報を察知していたダライ・ラマは、その直前に少数の護衛を連れただけで、変装してポタラ宮殿からの脱出を果たしていた。ダライ・ラマはその足で直ちにインドとの国境へと向かった。

法王脱出の噂はたちまちチベット全土に広まっていった。それ以前からの暴力的な反宗教キャンペーンを目の当たりにしていた多くの僧たちは、ダライ・ラマ亡命のニュースを知るやただちに脱出を決意した。山の中に隠棲していた行者たちの許にも、親戚や友人によってこのニュースは届けられ、こうして多数の宗教者たちが経典と法具とわずかな身の回りのものだけを携えて、数万もの民衆といっしょに、インドやネパールやブータンとの国境地帯をめざして、危険な脱出の旅に向かったのである。

難民となったチベット仏教の僧たちは、まずインドに設営された難民キャンプに収容されたあと、近隣のインドやネパールや遠いヨーロッパやアメリカからの亡命許可にしたがって、世界各地に分散していくことになった。この結果、それまで未知の宗教とされてきたチベットの仏教やボン教の実態が、外国に初めて知られるようになった。その中にはチベットでゾクチェンの実際を体験してきた者もいた。そして海外の学者は古い書物に書かれている「ゾクチェン」なるものが、いまも実在して、少数の熱心なチベット人によって実修されているという驚くべき事実を、知ったのである。

ヨーロッパやアメリカの各地に、亡命のラマ僧たちは小さなセンターをつくって細々とした活動をはじめた。最初の頃は訪れる人たちもまばらだったが、一九六〇年代の後半に入り、欧米の若者を中心に「カウンターカルチャー」の運動が拡大すると、チベット僧たちの開いていた瞑想センターには、自分たちが生きている世界の中で行き場を失った若者たちが、たくさん集まってくるようになった。

そこで彼らははじめて「ゾクチェン」という言葉を知ったのである。人間の精神に真の自由をもたらすというその教えを、何人もの欧米の若者が学びたいと思った。しかし簡単にはゾクチェンの門戸は開かれなかった。厳格な錠前がおろしてあったのである。弟子入りを望んでも、その人の人格や知性の確かさを師が確認できるまで、数ヶ月も待たされることがあり、その間弟子入り志望者は師の身の回りの雑役に励まなくてはならない。入門が許されるようになっても、ゾクチェンの門戸を開くための「加行《けぎょう》」を通過しなければならない。加行にはまた数ヶ月も要することがある。そうしてようやく錠前が外されて、ゾクチェンの門戸が開かれることになるが、気軽な気持ちで門を叩いた者たちの大半が、あきらめて元の世界に引き返していくことになる……それでもごくわずかな若い外国人だけが、それに耐えて、ゾクチェンを学ぶことができた。

こうした若者たちの多くは、私がゾクチェンを探してようやくネパールへたどりついた一九七九年当時には、修行階梯《かいてい》にしたがってインドやネパールの人里離れた瞑想小屋で、人との交渉をいっさい絶った「ツァム（隠棲瞑想）」の修行にちょうど入っている時期にあたっていた。そのため、カトマンズ盆地にあるチベット寺院をいくら訪ね回ってみても、私のような新参者などが、ゾクチェンについての有意義な情報に出会える機会はほとんどなかった。

ヒマラヤの麓の盆地に目算もなく放り出された感のある私はあてもなく、いくつものチベット寺院を訪ね歩いた。バターランプのむせかえるような匂いの充満する本堂に足を踏み入れてみると、壁面をいっぱいに覆い尽くす色鮮やかな神々の像が、私を迎え入れてくれた。六道輪廻図《ろくどう》、ブッダ、さまざまな菩薩たち、宗祖像、憤怒尊、寂静尊、ダーキニー天、ときには見たこともない魔物たちがいる……それらの像は否応なく私を圧倒し、魅了した。しかし……そうした像たちは、私の目的ではない。これらの像の下に隠されている別の精神の地層を見出そうとして、ここまでやってきたのではないか。「アフリカ的段階」という言葉を、その頃の私はまだ知らなかったが、名前を与えられていないある直感が、魅惑の虜になろうとする私を押しとどめた。

そこにはマルクスの言うアジア的段階に特有の、増殖する象徴の原理の表現が満ち溢れていた。もしも人がこの表面の顔に幻惑されて、その奥に潜む非象徴・非表象のアフリカ的段階の精神に触れないいまま、寺院を出て行ってしまったら、その人は永久にチベット的精神を誤解し続けることになるだろう。その頃の私はまだこのような表現を手に入れていなかったが、別の言葉でそれと同じことを考えていた。しかしたとえそれがわかったところで、増殖する象徴の群れの裏側に出て行く道は、私にはまだ完全に閉ざされていた。

歩き疲れた私は、カトマンズに戻って、ニューロードの奥、広い王宮広場に面したところにある、外国資本によって当時オープンしたばかりの洒落たカフェのソファに体を沈めた。薄暗い店内にはヒッピー風の外国人がたむろしていて、気だるそうな表情でさかんに葉っぱを吸っている。店内に充満するその煙のせいで私の頭もクラクラしていた。自分が何をしているのか、私にはわからなくなっていた。もう何日も同じ無駄の繰り返し。ゾクチェンに手の届かないもどかしさに、私は絶望的な気持ちになりかかっていた。ソファの横には、前の客が置いていったらしい手作りの薄いネパールの観光パンフレットが転がっていた。私は何気なくそれを手にとった。

3 バクタプールのマオイスト

「カトマンズの喧騒に疲れたら、あなた、バクタプールに行きなさい！」と、その観光パンフレットが陽気な英語で私に語りかけた。かつてカトマンズ盆地の支配者であった「マーラ王朝」は、カトマンズ（古名カンティプール）、パタン（ラリトプール）、バクタプール（バドガオン）という三つの王都が並立する国だった。その中でも最も由緒の古い都がバクタプール。周囲に広がる菜の花畑に囲まれた、丘の上にそびえ立つ城塞都市である。

パンフレットは言う。市街地は東西に分かれ、にぎやかな西方部には王宮広場とそれを取り囲むダウンタウンが広がっていますが、古都の静けさを求めているあなたは、奥まった東方部に散策の足を運ばれるのがよろしいでしょう。そのあたりはバクタプールの起源の地です。そこであなたは、ネパール一円にその名も高いタレジュ寺院に行き着くでしょう。王国の聖処女クマリの信仰は、じつはカトマンズのタレジュ寺院ではなく、ここで発祥したのです。

この都市の住民のほとんどが「ネワール」です。ネパールの現在の支配階級である「ネパール」よりもずっと古くからこの盆地に暮らしてきた人々の末裔たちです。話されている言語も印欧語系のネパール語とは異なるアジア系のネワール語。ほかの二都市が仏教とヒンドゥ教の混交宗教を信奉しているのに対して、バクタプールは純粋なヒンドゥ教都市を堅持してきました。どうです、いけているでしょう。「さあ、あなた！　新設のトラムに乗ってバクタプールに向かいましょう」。

気がつくと私はバクタプール行きの真新しい市街電車《トラム》に飛び乗っていた。中国製のその電車の車内は広々としていて、ネパールのほかの乗り物のように山羊も鶏も同乗してはいなかった。カトマンズの市街を抜けると、すぐに田園地帯が広がった。途中にあらわれた競技場から盛んな歓声が湧き起こっていた。驚いたことにそこから日本語の歌が聞こえてくる。隣の乗客に尋ねてみると、いま国立競技場で日本から来た「ゴダイゴ」というバンドのコンサートが開かれている最中なのだという。ガンダーラ、ガンダーラ、愛の国ガンダーラ……いい気なものだ。私にとってガンダーラはとうてい手の届かない遠くにありそうだというのに。

トラムの停車場は城壁の麓に作られているので、街に向かう人々は広大な菜の花畑の中の坂道を、だらだらと登っていかなければならない。街に近づくと道の両側では盛んにろくろを回す人たちがいた。バクタプールの西方部分のダウンタウンには、土器作りカーストの住む一区画があり、そこではどの家でも庭先を仕事場にして、大きなろくろを回転させながら素焼きの土器を造っていた。こうしてできた素焼きの土器に入れて、バクタプール名産のヨーグルトは造られる。

王宮広場には古い寺院の塔を改造したカフェが最近開業して、そこで「王様のヨーグルト」とも呼ばれるこの名品を、安い値段で食べることができた。あの観光パンフレットの言っていたことはほんとうだった。古いネパールの都市世界が、ここにはまだ息づいていた。私は観光パンフレットに教えられたように、街の東半分を占める旧市街のほうに向かって、なだらかな坂道を登って行った。

いたるところに狭い路地があって、私を奥へ奥へと誘っていた。石畳の道の両側には、繊細な彫刻を施した窓を持つネワール様式の背の高い建物が連なっていた。西方部分を占めるダウンタウンでは、こういう建物の一階部分はほとんどがさまざまなショップやレストランになっていたが、このあたりの家はその多くが古くからの住宅のままになっている。その一角に、小さな本屋がひっそりと店を開いているのに気づいて、私は中に入っていった。

ヒンディー語やネパール語や英語やフランス語で書かれた本が、本棚にぎっしりと詰め込まれていた。ベケットやジョイスも置いてあった。オースティンやミシマもあった。もちろんマルクスやレーニンの本もある。それがヒンドゥ教の研究書やインドの料理本やネパール郷土史の本と渾然一体で並べてあった。これだけでも驚きなのに、奥の片隅を覗いた私は、そこに意外な系統の本が何冊も、身を隠すように並べてあるのに気づいて、興味を持って近づいていった。そのとき奥に座っていた本屋の主人らしき男が、太い黒縁のメガネの奥から警戒心をあらわにして私のほうを窺っていることに、私は気づいていた。

そこには毛沢東の著作の英語訳、フランス語訳、ベンガル語訳などが、幾冊も並べられていた。ポケットサイズの『毛沢東語録』にいたっては、日本語のものやハンガリー語やスワヒリ語のものも置かれていた。私はそれらの本を手に取って、パラパラとめくっていた。すると静かに近寄ってきた本屋の主人が背後から私に語りかけてきた。「そういう本に関心があるのですか?」

私はおおいにあると答えた。じっさい私は中国に展開されていた文化大革命におおいに関心があった。私は本屋の主人に、高校生の頃に北京放送で習い覚えた革命歌のひとくさりを歌ってみせたあとで、自分が三年前に文化大革命直後の中国を訪問したときの、悲しくも滑稽な思い出話をした。

漢方医にしてアクティビストとしても有名な医師の持つ中国との太いパイプを利用して、文化大革命下の中国への訪問団が組織されると小耳にはさんだ私は、そこにうまく潜り込むのに成功した。出発の日が近づくにつれて、私の期待はいやがうえにも高まった。

「天の半分は女性が支える」と宣言しているその社会で、女性はどんな風にふるまっているのか。僻地《へきち》での労働に送られた下放《かほう》青年たちは、土にまみれながら何を考え体験したのか。「造反有理《ぞうはんゆうり》」を国是とするそこでは、社会秩序はどのように生成され維持されているのか。国全体が別種の狂気に襲われているとき、ほんものの狂気はどのように扱われているのか。精神病院での治療には薬物や電気ショックが用いられているのか。芸術の状況はどうだろう。あのすばらしい雑技団《サーカス》は健在だろうか。お笑い演芸は革命下でも面白いのか。人々はどんな冗談を言い合っているのだろうか……それらの疑問を、私は自分の目で確かめることができるのだ。これが興奮せずにおられるだろうか。

ところが出発の数日前あたりから、新聞やテレビは、中国で文化大革命派がいっせいに打倒され始めているというニュースを伝え始めた。そこには暗黒の日々の終結を祝って、爆竹を鳴らして喜んでいる民衆の映像まで添えられていた。訪問団の面々は複雑な思いを抱えて中国に出発した。

上海に到着した私たちはバスに乗せられて、いきなり「少年宮」に連れて行かれた。たくさんの少年少女たちが訪問団を熱烈に歓迎してくれた。いかにも優等生という感じの子供たちばかりで、少女たちはうっすら化粧までしていた。私たちは少年宮の大きな池に案内されて、長い竹竿を手渡された。池には四体の人形らしきものが浮かべられていた。リーダーの少女が、抑揚をつけたよく通る声で歌うように叫びだした。通訳がそれを律儀に翻訳する。「日本の同志のみなさん。反革命の四人組《スーレンパン》が打倒された喜ばしい時節に、ようこそ中国にいらっしゃいました。さあ、その竹槍で憎い四人組を突き刺して、水に沈めてやりましょう。友誼万歳！」

訪問団の面々は自分たちがいったい何をしに中国に来たのかわからないという怪訝な表情で、胸に江青、張春橋、姚文元、王洪文などの名札を縫い付けてある四人組人形を、かわるがわる手渡された竹竿で突いて、水に沈めた。そのたびに、少年少女たちから割れるような喝采が湧き上がった。文化大革命の終結万歳！　私たちは悄然として、中国の旅を始めた……。

この話を聞いていた本屋の主人は、笑いを爆発させた。ひょっとしたらこの主人はきまじめな中国派なのではないかと疑っていた私は、この反応に少し意外な感じを持った。しばらく会話を続けているうちに打ち解けてきた主人は、私にこう打ち明け始めた。

私はマオイスト（毛沢東主義派）ではあるが、文化大革命を否定して権力を奪取したいまの中国の体制は支持していない。つまりよく言われる中国派ではない。私にはいく人もの仲間がいて、皆がたいがい私と同じような考えをもっている。いまバクタプールはそういうマオイストたちの拠点となっている。バクタプールはネワール族の都で、そのネワールたちがネパールの現体制に反対する運動を始めようとしている。山岳地帯には、いくつかの解放区も準備されつつある。地主から土地を奪って、貧農に公平に土地を分配してやっている。そういう山地の解放区を拡大していって、いつの日にかカトマンズ盆地をすっかり包囲して、国王を追放し民主的なネパールをつくる。ここには「農村が都市を包囲する」というマオの戦術が生きている、と本屋の主人は語った。

そのとき彼が私に語ってくれた夢は、三十年ほどたってネパールの現実となる。カトマンズ盆地に依拠する王党派政権は、ヒマラヤの山地からの赤い勢力とインド平原からの国民会議派によって包囲され、ついに王制は廃止に追い込まれた。数年後には民主的選挙をつうじて、マオイストの首相が誕生することになる。[2]しかし私がバクタプールを訪れた頃は、まだその運動は盆地の内側では抑え込まれていたので、カトマンズに滞在する旅行者のほとんどは、山岳地帯の村々でそんな運動がひそかに進められていることを知らされていなかった。ましてやバクタプールのような観光スポットの都市が、その運動を支える秘密の拠点となっていたことなど、知るよしもなかったろう。

だがバクタプールの裏路地では事情が違っていた。そこではマオイズムの思想が、未来の革命を夢見てひそやかに語られていた。あの観光パンフレットは、私をそこに引き寄せるために、あの店のソファの横に何気なく転がっているふりをしていたのかもしれない。私は象徴の威力の外に出て行く考古学的回路を探し求めていたが、その探究の過程でマオイズムが重要性を持っていた時期がある。しかしゾクチェンに探究の的を絞り始めてからは、私はそのことを忘れようと努めていた。亡命のチベット人にマオイズムの話題もなかろうからである。忘れようとしていたその相手が、「私を忘れるな！」とばかり、バクタプールの裏路地に突然その姿をあらわしたという印象であった。

4　再見《ツァイチェン》 Tel Quel

一九七〇年代の初期、文化大革命の中国と西欧の一部の知識人は、強く共振しあっていた。毛沢東が発動した文化大革命は、権力闘争としての側面と思想闘争としての側面が、複雑に入り混じりながら展開していた。

「大躍進」政策の失敗などたび重なる失政によって権力を失いかかっていた夢想的な毛沢東が、実務の中枢を握っていた現実派の劉少奇たちに挑みかかったのが、権力闘争としての側面であるが、それには資本主義文明との全面対決という思想的側面が、固く結びついていた。毛沢東は劉少奇たちに「資本主義への道をひた走る犬（走資派の狗）」というレッテルを貼って、激しい攻撃を加えた。

この反資本主義闘争としての文化大革命に、六八年以後の西欧知識人とくにフランスの左翼的な知識人たちが、強い共感を抱いた。彼らはソ連の収容所的な政治体制に深く失望していた。権力を固定化させ社会を凝固させてしまう「スターリン主義」に反対していた彼らは、権力の動態化を唱えるマオイズムの思想にきわめて新鮮なものを感じ取った。じっさい文化大革命の初期のスローガンは「司令部を砲撃せよ」という詩のような呼びかけであった。司令部にいるはずの人間がその当の司令部を砲撃しろと、民衆に呼びかけているのである。このスローガンに、フランスの知識人たちは「権力のプロセ化（過程化とも訴訟化とも異議申し立て化とも訳せるだろう）」という、新しい政治思想を見出した。

「還元主義から創造性へ！」が、文化大革命を支持する西欧知識人の共通認識であった。還元主義は未知の現実をすでにできあがっている秩序にあわせて理解してしまおうとする。それどころかスターリン主義のソ連のように、既成の秩序に収まらない異質要素は、殺してしまうかシベリアの収容所に送ってしまう。これにたいしてできあがった秩序にたえず砲撃を加えて動態化するところから生まれてくるのが創造性である。現実の中国で何かおぞましいことが起きているらしいという情報は届いていたが、それでも現実に何が起こっているのかとはほとんど関係なしに、「マオイズム」は西欧の一部の知識人の間では、時代を切り開く有望な思想としての持ち上げられ方をしていた。

ゴダールのようなマオイストの映画監督もいたし、バデューのようなマオイストの哲学者もいた。ラカンのセミナーの聴講者の大半はマオイストだとの噂もあったし、レヴィ＝ストロースの神話学の講義にもマオイストが多数出席していた。マオイズムは七〇年代フランスの知的なファッションであった。そういう多種多様なマオイストたちの中で、とりわけ私の関心を引いていたのが、フィリップ・ソレルスをリーダーとする「テル・ケル Tel Quel」のグループであった。

このグループは前衛的な文学の創造者を自認する文学者の集団であったので、その関心は言語の機能という問題に集中していた。彼らは西欧文明が袋小路に入ってしまっているという共通認識をもっていた。その原因は、語り手を強く「主体化」してしまう機能をそなえた印欧語の言語構造にあると考えた。そこに父権的一神教のイデオロギーが結合して、西欧文明の土台はつくられた。その土台の上に資本主義が構築されて、現代世界はつくられている。

現代の西欧世界が世界中に撒き散らしているブルジョア文化が、そのことをあらわしている。西欧文明は世界中に拡散し、世界中で真の創造性を押し殺している。これはすべて、言語という象徴体系が生み出した困難である。そこで言語領域のマオイストの綱領はこうなる。「象徴機能の司令部を砲撃せよ!」。文学者として言語の象徴機能の最高の使い手として司令部に身をおきながら、そこに自ら砲撃を加える実践をおこなう。その実践の名が「アヴァンギャルド」である。

このアヴァンギャルド実践のための戦略図は、ソレルスの書いた『ダンテとエクリチュールの横断性』という文章によく示されている。ダンテの『神曲』は西欧文明の構造そのものを言語によって表現した最高の作品である。それは文明の構造を示すだけでなく、それを動態化し、プロセス化して、思考を極限にまで牽引していく力を持っていた。その意味で『神曲』を理解することは、人類の知性そのものの理解へつながっていく。このように考えたソレルスは、『神曲』をつぎのように読む。

地獄の底に降り立ったダンテは、そこに現世で悪をなした多くの罪人の姿を目撃する。誰もが悲しい表情を浮かべ、喜びをなくして、苦悶に表情を歪ませている。身体の動きは鈍重で、前に進もうとしても物質に阻まれてうずくまってしまう。最深部には大悪魔のルシファーが氷づけにされている。おのれの力を過信して、神をないがしろにしようとしたルシファーは、いっさいの運動を阻まれている。

煉獄《れんごく》の山に取り掛かったダンテとヴェルギリウスは、あたりに微風が動いているのを感じるようになる。悪をなしても信仰を失わなかった人たちが、おのれの罪を浄化するために、この煉獄山の登攀《とうはん》に挑んでいるのである。少しずつだが動きに軽さが蘇ってくる。頂上に近づくにつれて、罪を浄化された罪人たちの身体は透明度を増してくる。

ベアトリーチェの導きによって、ようやく天国に入ることができたダンテは、はじめて快感を味わうようになる。天国には心に悪を抱くことのなかった人々の魂が安らい、身体の透明度はさらに増して、動きも軽やかになっていく。言葉の運用もさわやかで、詩の言語に近くなっていく。天国の天井には光の穴が開いていて、最高の薔薇天に向かっている。ダンテはベアトリーチェの愛の力を借りて、薔薇天の光の渦の中に突入していく。光の渦のなんという速度、なんという輝き、なんという強度。天使たちが渦を描きながら歌を交わし合い会話し合っているが、人間の線形的認知能力ではとうてい理解することはできない。そこが人間の知性の限界である。

いちばん下の層に置かれた物質世界から始まって、交換の言語を語り合う世俗的な人間社会をへて（煉獄は商人を受け入れるために発明されたと言われている）、非物質で言語道断な天国に至る、三層の重層構造としてつくられているこのダンテの宇宙は、ギリシャ以来の西欧形而上学の基本構造を示している。そこにキリスト教が結びついて、この構造に超越神がセットされる。薔薇天の彼方に超越神がおり、人間はこの神の救済を求めて祈るのである。実に大掛かりなその構造は、『神曲』において言語論として表現されている、とソレルスは考える。

物質世界に言語が嵌入してくると諸存在のコミュニケーションが始まり、魂は相互の交通を実現できるようになる。それが地獄から煉獄へ至る道で起こっている。しかしそこでのコミュニケーションは、言語の統辞構造の束縛を受けているため、人間に課せられた「人間的限界」を超えることができない。天国に入ってようやく、その線形的統辞構造の楔《くさび》が外されていく。構造に自由な風が吹き込み、言語は軽やかさを得て、表現は多次元的に広がっていけるようになる。

このとき悦楽が身体をつらぬくようになる。言語は象徴化を免れた残余の力によって、多次元的な全体運動を実現しようとする。その運動をあらわしているのが『神曲』における「天使」の存在である。天使は象徴化によって統辞法に組み込まれてしまうのを免れた、宇宙的な力の表現であり、人間にあっては欲動的な力をあらわしている。そしてこの天使の運動をとおして、ダンテは人間に宿っている知性の純粋状態を描き出そうとしている。薔薇天を高速度で運動している天使こそ、極限状態の人間知性そのものである。

しかと眼を据えよ、その一点と最も近く接する環に。しかして知れ、その動きのかくも迅《はや》いは、内に燃えさかる愛の刺激、げにはげしいためと。

（ダンテ『神曲　天国篇』第二十八歌より、寿岳文章訳、集英社文庫）

アヴァンギャルドの文学とは、この薔薇天における言語活動に接近していこうとする「限界性の行為」であると考えるソレルスは、マオイストとしての活動を終結させる時点で、『パラディ（天国）』という大きな作品を書く。そこには句読点はなく、統辞法は解体して、全体にリズムがあふれ、身体的なセミオティック（この言葉はクリステヴァのもの）の運動性に律動している。悦楽的で、ジェンダーレスで（天使はＬＧＢＴの元祖である）、ボーダーレスな言語のユートピアがそこに実現されている。

文化における革命とはこのようなアヴァンギャルドの原理に導かれるはずのものであり、中国の文化大革命は「造反有理」を旗印に掲げることによって、理念において西欧のアヴァンギャルドの先を行くものとなった。テル・ケルの知識人は中国の文化大革命に、勝手にこのような理念を見ていたのであるが、一九七四年春に中国を旅したテル・ケルのメンバーたちは、それが自分たちの幻想であったことに気づくのである。

じっさいそれが最後になった。ソレルスはこれ以後マオイズムを捨てて、急速に西欧の正統であるカソリックの信仰に向かう。いやもともとカソリックであったソレルスが、東洋のマオイズムを創造的に誤用することによって、アヴァンギャルド文学の驀進を推し進めたにすぎないのかもしれない。すべてが西欧世界の内部での出来事として進行し、その世界の限界に触れてもとの世界に戻ってきただけである。

一九七〇年代の後半、カソリックに転じた彼を見ていた私は、「ソレルスを足で立たせる」と考えたものである。ヘーゲル哲学はじつに偉大だが、地面に頭をつけ逆立ちして思考しているとマルクスは書いた。ソレルスの革命的言語論も地面に頭で立っているように、私には思えた。ヘーゲルの観念論を足で立たせたとき、ヘーゲル哲学のすべてが弁証法的唯物論に変わるとマルクスは言ったが、西欧的マオイストの革命的言語論をひっくりかえして足で地面に立たせると、それはのちに私が「レンマ学」と呼ぶことになる新しい知に転化する。

薔薇天に充満しているのは、象徴化の体系に組み込まれてしまうことを逃れている別種の知性である。この別種の知性は身体で働くときは唯物論的なセミオティック律動や、境界を乗り越えていく流動性としてあらわれる。キリスト教はそれを天使として概念化した。しかしキリスト教では天使は超越神の威力のうちに組み込まれてしまうので、あらゆる事物を象徴化してしまう一神教の神の力から自由でいることはできなくなってしまう。

ダンテの宇宙体系をひっくり返して、すべての土台にこの象徴化を免れている唯物論的な力の空間を据えてみるとき、すべての光景は一変するだろう。薔薇天を突き動かしている知性的な力の運動を神の領域に吸い上げてしまうのではなく、その知性自身によって宇宙全体を立ち上がらせていくのである。そのとき精神の未知の宇宙があらわれることになるだろう。

こうして私は、西欧的マオイズムの革命的言語論からも、唯物論に物質の運動しか見ない毛沢東思想からも、決定的に決別することになった。知性の薔薇天は天井に開いた穴の向こうの超越性の領域に広がっているのではなく、私たちの精神と身体に内在する内部空間に広がっているにちがいない。その内部空間には象徴化を免れた「現実性」の力が充満している。そういう空間を、私はまだ出会ったこともないゾクチェンの中に探し出そうとしていた。

第二部　ゾクチェンとの出会い

5　ケツン先生に会う

ゾクチェンは、思いがけない形で、私の前に現れた。その数日前から、私はネパールへの旅人が一度は必ず通り抜けなければならない門と言われていた、猛烈なインド下痢に苦しんでいた。這うようにしてゲストハウスの近くにある薬局にたどり着いて、強力な止瀉剤《ししゃざい》を手に入れることのできた私は、久しぶりにホッとして、三階の部屋のベランダに出て、石油ストーブでお湯を沸かして、紅茶を入れようとしていた。

朝霧をとおしてふと下を見下ろすと、そこに一人のチベット僧の姿が見えた。西洋風の大きな邸宅の芝生の庭で、その僧は熱心にお経を経木に彫り込んでいる最中だった。私はなにかに突き動かされるように、まだフラフラする体を支えながら階段を降り、お屋敷の立派な扉の外から、その僧に呼び掛けた。「タシデレ（こんにちは）！」。私の知っているチベット語はまだそれくらいのもので、向こうからチベット語で話し返されたらどうしようと思っていると、僧は達者な英語で私に話しかけてきた。

少しお話がしたいのですがと伝えると、門扉がゆっくりと開かれ、中に案内された私はその僧と並んで芝生に腰を下ろした。プンゾーという私と同じ歳くらいの若い僧は、ニンマ派に特有のあずき色の僧衣をまとって、経木を彫る作業を淡々と続けながら、私の話に耳を傾けてくれた。

自分はチベット仏教の教えを学びたくて、日本からやってきたこと。とくにニンマ派の教えに関心があるのだが、お目当ての先生に出会うことができずに、もう何日もの間カトマンズ盆地をさまよい歩いていることなどを、その僧に熱心に伝えた。すると僧がこう言った。

「お目当ての先生とはどなたのことですか。ここはドゥンジョン・リンポチェ[1]の御宅ですが、残念ながら今は海外にいらしていてご不在です。私が力になれるとよいのですが」

私はバッグから二通の手紙を取り出した。それは出発の前日に、日本に滞在中のチベット人に頼んで書いてもらった紹介状で、草書体の達筆なチベット文字で書かれていたので、私には読めないものだった。

「この手紙には、あなたがお寺に入って出家したいと言っている珍しい日本人なので、便宜を図っていただきたいとあります。宛先はそれぞれ、トゥルシク・リンポチェとケツン・リンポチェとなっています」

このとき初めて、私は自分のお目当てとする先生の名前が、トゥルシク・リンポチェとケツン・リンポチェであることを知ったのである。紹介状を渡されるときに、それらの高僧の名前を確かに耳にした覚えはあるのだけれど、うかつな私はネパールに来てからそのことをすっかり忘れていた。それにもましてあきれたのは、自分がお寺に入って出家者になろうとしている奇特な日本人として、紹介されていることだった。しかし乗りかかった舟である。私はその場で出家も覚悟した。

「トゥルシク・リンポチェはエヴェレストの中腹にあるタンボチェ寺にお住まいです。この厳冬期に三千メートルを超える山の中で、厳しい出家生活を始めるというのは、なんとしても危険です。それに飛行機も飛ばないでしょう。春になってからお出かけすることを勧めます。それよりもあなたはもう一通の手紙にあるケツン先生を、訪ねてみるのがいいでしょう。ここから六キロほど東にあるボードナートという村にお住まいです。じつは私の弟も現在ケツン先生のもとで学んでいます」

「そのケツン先生のもとでは、ゾクチェンを学ぶことができますか」。私ができるだけ何気ない調子でたずねると、プンゾーは意外なことを、という表情をしながら、「なにを言っているのですか。ケツン先生はゾクチェンの達人ですよ。しかしあなたが学ぶことができるかどうかは、先生が決めることです。あなたに幸運がありますように。では地図を描いてさしあげましょう」

チベット絨毯の販売用チラシの裏に描かれたその地図には、カトマンズからボードナートまでの道順が、途中の町や村の名前といっしょに描きこまれていた。途中目印になるいくつもの仏塔《チョルテン》があり、その先に描かれたひときわ大きなチョルテンがボードナート村を示していた。

「ボードナートに着いたら、まず人に聞いてチニ・ラマの家を探しなさい。ネパール人なら誰でも知っている有名なラマです。そこの借家にケツン先生はお住まいです」

その朝に起こった出来事のすべてを、私は今でもくっきりと思い出すことができる。お礼もそこそこにゲストハウスの部屋に戻った私は、急いで身支度を整えて、ボードナート村へ徒歩で向かった。ゲストハウスのあるタメル地区から東の方角にまっすぐ伸びている道に沿って歩いて行くと、古代のリッチャビー時代にネパール最古の都が建設されたハリガオン（ハンディガオン）の古びた街並みに出る。冬のこの季節には濃い朝霧がいつまでも盆地を覆っている。その霧の中から突然、目の前に牛の顔があらわれて、何度もびっくりさせられた。しばらく田園が続くと、チャービルの村に出る。ここには大きなバザールがあって、色とりどりの野菜や香料や布などが売られている。いつもならバザールで何時間も過ごす物好きな私が、その日は周囲には目もくれず、ひたすら東へと歩き続けた。

＊　　＊　　＊

ようやく晴れてきた霧の向こうに、巨大なチョルテンの姿が浮かび上がってきた。朝には霜柱が立って凍っていた道路も、この時間になるとぬかるんでくる。自動車の轍《わだち》がそこをかき回して、道路はさながら洪水の後のようである。道路の両脇には、さまざまな小さな商店が立ち並んでいる。亡命からすでに二十年は経過して、多くのチベット人たちの生活は安定し始めていると見えて、ボードナートの村に出来ている商店や食堂の多くが、チベット人の経営になるもののようだった。

タンカ（仏画）や数珠や線香やチベット服などを商っている商店の一つに入って、私はプンゾーに教えられたとおり、チニ・ラマの家をチベット人の店主にたずねた。私はチニ・ラマが何者であるかも知らなかったので、家をたずねるついでに、「ところでそもそもチニ・ラマとはどういう人なのですか」と聞いた。

「そんなことも知らんでチニ・ラマのとこへ行くのか。いいか。チニ・ラマは中国ラマと自称してるけど、ほんとうは山地に暮らすタマン族の出で、パタンかどっかで密教上師（ヴァジュラ・アッチャーリャ）の資格をとったと言われてる。ほんとうかどうだか。ボードナートに住み着いて、いまじゃチョルテンの寺のラマにおさまっている。大金持ちで、奥さんもたくさん持ってる。祭日になれば、いばりくさってタマンの弟子を引き連れて、チョルテンのまわりでプージャ（儀礼）をやっている。家はこの先を行って、五つ目の角を左に曲がって奥までいけばそこにある」

「そこの借家にお住まいのケツン・リンポチェのことはご存知ですか」と私は聞いてみた。店主はそっけなく「知らない」と答えて、他の客の相手を始めた。

教えられた道をたどって行くと、チニ・ラマの大きな屋敷に行き着いた。庭には抜け目なさそうな目をした、中年のでっぷりした男がデッキに座っていた。私はこの男がチニ・ラマその人とにらんで、ケツン先生のお宅はどちらでしょうか、とたずねた。男は上機嫌で答えた。

「日本人か。（はい）。よく来た。よく来た。そこに座りなさい。（ありがとうございます）。仏教の勉強がしたいのか。（そうです）。それならばわしのところで勉強するがいい。（……）。チベット人の仏教もいいが、わしらのネワール仏教のほうがもっと力があるぞ。（あの、力がほしいのではなくて……）。まあいい、そのうちお前にもわかるだろう。チベット人のは雲をつかむような仏教だから、お前もすぐにこりゃあだめだと気がつくだろう。まあいい。ケツンさんの家は、入り口近くのあの家だ。またいつでも来いよ。わしはお前を待っている。（ありがとうございました）」

＊　＊　＊

ケツン先生の家の前に立つと、私は緊張で少し震えていた。はたして私はその先生に受け入れられて、ゾクチェンの弟子になることを許してもらえるだろうか。ここに自分の求めているような、象徴以前の人間の精神の最古層を開示する教えが見出せるのだろうか。それを学ぶためには出家もしなければならないのだろうが、私にはまだその心構えもできていなかった。私はさまざまな恐れに押しつぶされそうな気持ちになりながら、ゆっくりと外階段を昇って、先生のお宅の入り口に立った。

鐘を鳴らして戸口を開けると、一人の女性が出てきた。シェルパ族の女性であることは、一目でわかった。彼女はなにも言わず、入り口の脇の部屋を指差して、そこへどうぞと案内した。

部屋へ入ると、そこには中年のラマとまだ若そうな一人の僧がいた。ラマは大きな寝台の上にあぐらをかいて座り、床に立っている若い僧の話を聞いている最中だった。寝台の上にはたくさんのチベットの本が置かれていて、書斎も兼ねているらしい。若い僧は経文の書かれた紙片を手にして、その内容の説明をラマに質問しているらしく、ラマはそれにていねいな説明を加えているところだった。二人はそれを中断して、興味深げに私のほうに向き直った。

「いらっしゃい。日本の方ですか」

驚いたことに、そのラマは私に日本語で話しかけてきた。

ボードナートのチョルテン

「日本語がすこしできます。九年間ほど日本に住んでいましたからね。でももうたいがい忘れてしまいました。簡単なことなら日本語でお答えできますが、難しいことは無理なので、パッサン・ドルジェ、君が英語で通訳しておくれ」

私はそのとき、自分がチベット仏教を学ぶためにネパールにやってきたこと、とくにニンマ派に伝わるというゾクチェンの教えを学びたいと考えていること、そのためにはなにも厭わない決意であること、すぐにでも出家をしてお寺に入りたいことなどを、日本語と英語で一生懸命に説明した。私の話を静かに聞いていたラマは、穏やかな声でこう語り始めた。

「日本人でゾクチェンを学びたいと言ってやってくる人には、初めて会いました。なぜ私がゾクチェンパ（ゾクチェン行者）だと、あなたはわかったのですか。日本にいるときも、そのことは限られた人たち以外にはほとんどしゃべったことがないので、知っている人は少ないはずです。日本の学者は本に書いてあることには関心を示しましたが、じっさいに自分がゾクチェンパになろうという人は、ついに現れませんでした。あなたが最初の人です。あなたは勘違いされているようですが、ゾクチェンを学ぶのに出家は必要ありません。私の見るところ、あなたには小乗の出家は向いていないようです。たとえ出家しても、すぐにやめたいと思う性格と見ました。それよりも、最初から大乗を学びなさい。大乗の教えの頂上にゾクチェンがあります。私も出家をしない大乗の生き方をしていますから、ちょうどいいでしょう、私の家にいっしょに住み込んで、生活をともにしながら、ゾクチェンを学んでいきなさい」

そのときすでにゾクチェンの教授が始まっていたことを、あとになって私は気づくことになる。

「ゾクチェンは文字に書き記すことのできない教えです。朝の光や、真昼の青い空や、日没の光、鳥の声や、川の音、風の動きなど、自然のいろいろな出来事があなたの心を開いてくれる教えです。いいですか、あなたはいままで学校や本から学んできたことのすべてを、いったん忘れてしまいなさい。本を読むこともしばらくやめなさい。なにも考えないようにして、ゆったりとなんの心配もせずにくつろいで、心にいろいろな考えが浮かんできても、空の雲が流れていくようにやり過ごしてしまいなさい。そうすればあなたのほんとうの心の姿が自然に現れてきます。考えを気にしてそれに引っかかってはいけません。考えはいずれ空に溶けて消えていく雲のようなものにすぎません。パッサン、君が先生になってこの方にチベット語を教えてあげなさい。言葉ができるようになったら、私はあなたにゾクチェンを教えていくことができます」

これがケツン先生と私の出会いであった。劇的なことなどはなにもなく、淡々として自然で、静かなうちになにか決定的なことが起こっているという、不思議な感覚があった。カトマンズへ戻ってゲストハウスの荷物をまとめてから、私はその日の夕方に再びケツン先生のお宅にやってきた。

6 太陽を見つめるヨーガ

私に与えられたのは、外階段を上った右の脇にある、ふだん書庫として使われている小部屋だった。そこからだとベランダをとおして、向かいの間の様子がよく見えたが、ケツン先生はその部屋を居室兼瞑想部屋としていた。そのため、私は自分の部屋に居ながらにして、当時まだ多くの謎に包まれていた「ゾクチェンパ」の日常をうかがい知るという、幸運に恵まれたのである。

朝の五時に私は目を覚ました。ベランダの向こう側の先生の部屋で、体を床にうち当てているようなゴトンゴトンという音がひとしきりした後で、ベッドのきしむ音が聞こえ、それから早口で何かの真言《しんごん》を唱えているような声がした。心地のよいリズムにのって、上昇したり下降したりしている。ときどき「パッ」という破裂音が挿入されて、しばらくなにも聞こえなくなる。最後にそういう沈黙が十数分も続いて、瞑想に入っている様子が想像された。

すると突然、東に向かって開いている大きなガラス窓が、バタンと勢いよく開かれた。見ると、あのシェルパ族の女性が大きく窓を開けていた。あたりはまだ暗かったが、ランタンヒマールの方角の山々には明るい光が差し始めてきていた。私はそっと寝袋から出て、気付かれないように部屋の扉を開けて外に出た。ベランダの向かい側の部屋をのぞくと、開け放たれた窓から、ケツン先生が太陽に向かったままの姿勢で、瞑想をしているのが見えた。

朝日が昇り始めると、先生の全身を光が包んだ。先生は目を少しだけ開いて、じっと太陽の方角を見つめていた。かすかに口を開いて、ゆっくりと呼吸をしているようにも見えたし、呼吸は止まっているのかとも感じられた。その姿勢のまま、身じろぎもしない。だんだんと朝日が高く昇ってくるにつれて、先生の目に向かって差し込んでくる光は強さを増してくる。それでも先生は身揺るぎもしない。太陽の運行に合わせて、視線はピタリと太陽のほうに注がれている。一時間たってもその姿勢は変わらない。二時間ほどが経過して、太陽光線が昼間の強さに近づいてきた頃、ようやくこの光のヨーガは終了した。しばらくの間、目を閉じてなにやら唱え言をしていた先生は目を開き、ベランダの向こう側でじっと自分のことを見つめている私に気づいて、にっこりと微笑みかけた。

このときケツン先生がおこなっていたのが、ゾクチェンの体系でもっとも高度なヨーガと言われている「トゥガル（跳躍 thod-rgal）」であるということを、私はその日のうちにパッサン・ドルジェから教えてもらうことになる。パッサンは「ヨーガ」という言葉の意味もそのとき説明してくれた。ヨーガは「合一する」という意味で、健康法のそれとは意味が違う。超越的なものと合一して、この世界の意味を知るためにヨーガはおこなわれる。若い弟子たちは皆そのヨーガの存在は話に聞いて知ってはいたが、じっさいに先生がそれを実修する姿を見たことはない、とパッサンは言った。私は自分の幸運に感謝した。

＊　＊　＊

朝日を見つめながらじっと瞑想するケツン先生の姿を見ていた私は、心理学者のカール・グスタフ・ユングがアフリカで目撃した光景の印象的な描写を、思い出していた。ユングは彼の『自伝』の中で、その光景をつぎのように描いている。

ナイルの源流地帯を旅していたユングは、日没とともにあたりを圧する夜の暗さ、深さに圧倒される思いであった。危険と恐怖が支配する世界に包み込まれ、それに対抗するには呪術に頼るしかない、そんな気分になってくる。だから、この地方では日の出は、格別の輝きを持っていたのである。

この地方の日の出は、日々新たに私を圧倒する出来事であった。劇的だったのは、地平線上に太陽が急に昇ってきたときの光輝よりも、それに続いてひき起こることの方にあった。私は夜明け直前に、キャンプ用の椅子を持ち出して、かさアカシアの下に坐る習慣をつけた。私の前には小峡谷の底に、黒い、ほとんど暗緑色のジャングルが細長く横たわり、谷の反対側にはジャングルの上に聳《そび》える台地の外輪があった。まず、光と闇との対照がくっきりと鋭くなった。それから諸事物がはっきりとした形をとって光のなかに現われ、光は緊密な輝きとなって峡谷を満たした。谷の上方にみえる地平線はまばゆいばかりに白らんだ。次第に輝きをましてくる光は諸物の構造にまで透過するようにみえ、諸々の事物は、まるで色ガラスの破片のように、ついには透明に輝きだすほどにまで、内側から輝いてくるようになった。(……)それは一日のうちの、もっとも聖なる時間であった。私は歓喜して飽くことなくこの光輝を眺めており、むしろ時を超越した恍惚にひたっていた。

(カール・グスタフ・ユング『ユング自伝Ⅱ』河合隼雄他訳、みすず書房)

ユングたちのいた場所の近くには高い懸崖があって、そこにはヒヒ(狒々)の群れが住んでいた。ユングは、毎朝日の出になると、ヒヒたちが懸崖の尾根に並んで座りこみ、身じろぎもせずに太陽の方をじっと見つめる様子に気づいて、深い感動を覚えた。ヒヒは、この日の出の時間以外のときは、森の中に降りて行って、木々につかまって「しきりにがあがあと啼き、金切り声を立てて、やかましく徘徊し」ている連中である。ところが暗闇から太陽が天空に輝く光として現れるときだけは、世界を救済する偉大な神を礼拝するかのように、厳粛な面持ちで太陽を見つめるのである。

そのとき私は、人間の魂には始源のときから光への憧憬があり、原初の暗闇から脱出しようという抑え難い衝動があったのだということを、理解した。大いなる夜がくると、万物は深いメランコリックな音調をとって、魂はすべて名状しがたい光への郷愁にとらわれる。それは閉じこめられた思いであって、原始人の眼にうかがわれるものであり、われわれはまた動物の眼にもそれをみる。動物の眼には悲哀があり、この悲哀が動物の魂と関わっているのか、まだ無意識のままでいる存在からわれわれに語りかけてくる胸を刺すようなメッセージなのか、われわれにはわかっていない。この悲哀はアフリカの気分と、その孤独の経験を反映している。それは母性的神秘であり、原初の暗黒である。したがって朝の太陽の生誕は、圧倒的な意味深い体験として、黒人たちの心を打つ。光の来る瞬間が神である。その瞬間が救いを、解放をもたらす。（……）それは神的（傍点直した）な根源的夜であって、数え切れないほどの幾百万年もの昔から、今日と変ることはない。光への憧憬、意識に対する憧憬なのである。（同前）

地平線に現れる太陽の光輝に注がれる、ヒヒの眼と、アフリカ人の眼と、チベットのゾクチェン行者の眼と。ここには動物界から人間の精神界までを貫く、生命の本質につながる光の通路の存在が示されている。私はそのときはじめてゾクチェンのヨーガを目の当たりにしたが、その光景はただちに私の連想を、ユングのアフリカ体験に結びつけたのである。ゾクチェンというチベットの高度な哲学体系の頂点にあるものが、アフリカのナイル源流地に住むヒヒや原住民の体験に直結している！　私は自分の選んだ道の正しかったことを実感した。

のちになって私は（ケツン先生から『イェシェ・ラマ』[2]という本をとおして、ゾクチェンについて私が本格的に学び出していた頃のことである）、ユングの描いたこのアフリカの荘厳な日の出の光景とそれについてユング自身のめぐらした思索について、ケツン先生と話し合ったことがある。太陽を見つめながらヨーガをしているチベットのゾクチェンパと、ジャングルに突き出た断崖上で太陽の出現を見つめているヒヒとは、どこか似ているのではないかと、私は冗談まじりで話した。これに対する先生の答えは意外なほどに真剣なものであった。

「その西欧の学者の考えたことは、仏教の考えたことと一部分はとてもよく似ていると思います。ブッダ（チベット語でサンギェー sangs-rgyas）がこの世界に出現する以前は、人間の心も動物の心も、そこに描かれているアフリカのヒヒや原住民と同じような状態にありました。人間は自分の心のほんとうの顔（ランゴ＝ほんらいの面目）を見たことがなく、煩悩に流されるままに妄想的な世界を生きていました。そのため、自分の内面にある心の本性が、じつは光であることを知らず、むしろそれが自分たちにはどうしようもない暗黒の力だと、思い込んでいました。だから夜が恐ろしかったのでしょう。分別知には制御できない力が心の内側から湧き起こり、それが夜の闇とつながっているように、感じられたのでしょう。朝の光が差してきて、ようやくその恐怖が消えていくと、ヒヒも人間もホッとすることができました。日の出を見ることはほんとうにうれしかったのだと思います。

＊　　＊　　＊

しかしブッダが現れて、心は暗黒の力に支配されている無力なものではなく、ほんらいまばゆい光（'od-sal）であるということを、教えてくれました。自分の心の本性は光であり、人間はそれを如実に知る＝見ることができる、ということを、ブッダは教えてくれました。なぜその光を人間が見ることができないのかといえば、光を鈍い物質性の混りこんだ「クンシ（kun-gzhi またはアーラヤ識）」に変化させてしまう妄想知の働きで、光がすっかり暗雲に覆われてしまっているからです。仏教の修行はその暗雲を払って、心の内面からほんらいの面目である光を、あらわに引き出してくることを目指しています。

ゾクチェンパはその光をじっさいに眼の外に飛び出してくるようにすることで、ほんらいの心の動きを見届けようとするため、朝の太陽を見つめるヨーガをします。身体の内部の奥深いところにいる光を、リクパ（心の本性 rig-pa）の跳躍する動きをとおして、じっさいに見るのです。ですから私どもゾクチェンパは朝日の昇ってくるのを見つめて、とても幸福な気持ちになりますが、それは光で闇を払っているのではなく、太陽の光で心の内面の光が外に出てくる様子を見て、幸福な気持ちになっているのです」

「意識」というものについて、そこにはユングの知らなかった真実が語られているように、私には思われた。意識の光に照らされない領域を、ユングやフロイトは心の暗い領域である「無意識」と名付けたが、ゾクチェンにとってそのような無意識は存在していない。むしろ心に闇の領域を生み出しているのは、意識という妄想知の働きである。

私は一人のゾクチェンパの日常をつうじて、しだいにこのような哲学的思考の世界に深く入り込んでいった。ケツン先生は最初の日から、太陽を見つめるヨーガの姿を私に見せることによって、私をひとおもいにその世界に連れ去ったのである。

7　ガンジス河畔のウパデーシャ

パッサン・ドルジェと私は、ケツン先生の講義がお休みの日になると、いっしょに誘い合って、バスを乗り継いでネパールのさまざまな聖地へ出かけた。カトマンズ盆地は八千年ほど前まで大きな湖だった。ヒマラヤの造山運動の終末期に山麓南部に巨大な隆起が生じて、山岳地帯からの水がせき止められてしまったからである。のちにこの隆起した山塊に断層崩壊が走って、湖の水が流出を始めた。こうして古カトマンズ湖はしだいに干上がって盆地を形成することになったのであるが、古代に湖水があった痕跡は、盆地の南部のそこここに残されていて、興味深い景観をつくりだし、その多くがヒンドゥ教や仏教の聖地になっている。

　そのような聖地の一つに、ヤンレーシュがある。南部扇状地の突端に位置するパルピン村のはずれにあるヤンレーシュは、もともと古代からのヒンドゥ教の聖地であったのだが、チベット仏教の有名な聖者であるパドマサンバヴァの伝説と結びついたため、すっかり仏教聖地となってしまった。多くの奇巌や洞窟があり、それらの一つ一つがパドマサンバヴァの伝説で彩られている。[3]

　私とパッサンがなんどもこのヤンレーシュを訪れたのは、そこにさまざまなタイプの古風な行者たちが住んでいて、当時でもめったに見られなくなっていた昔ながらの修行法を守っていたからである。

　ここでは数メートルも伸ばした長い髪を頭上に結い上げている「トクデン」と呼ばれるドゥク

パ（ブータン流）・カギュ派の行者を、何人も見かけることができた。この行者たちは身体から不思議な熱を発生させる「ツンモ」というヨーガの達人たちで、鳥のように軽やかなたたずまいをして、いつも微笑んでいた。中世風の「チュウ」（これについては後述する）のやり方では、墓地が修行場に選ばれたものである。そこでヤンレーシュに集まったチュウ行者は、パルピン村の近くのヒンドゥ教の大聖地ダクシンカーリ（飲血の恐るべき大地母神カーリを祀る聖所）にまでわざわざ出向いて、そこで毎週おこなわれているヤギや鶏の流血の供犠を遠くからながめながら、太鼓を叩きつつ瞑想をしていた。

しかしなんといっても、ヤンレーシュにはたくさんのゾクチェン行者が住んでいた。ゾクチェンパを探し出すのにあれほど苦労していたのが嘘のようで、ここに来るとゾクチェンパが思いもかけない数で群れていた。彼らは少し奥地のアスラ洞窟の近くに住んで、おもいおもいのやり方で、好きな時間にヨーガに励んでいた。日の出と日没の時間には、皆が同じように太陽を見つめるヨーガをおこなうが、それ以外の時間は自由にアレンジされた個人的なタイムテーブルにしたがって、ゾクチェンのヨーガをおこなっていた。

昼間には彼らは瞑想小屋の屋上に上がったり、人気のない場所へでかけてそこの大岩の上に座り込んで、雲ひとつない青空をじっと見つめるヨーガをおこなっていた。一時間でも二時間でも、そうやって青空を見つめ続けるのである。日没が近くなるとまた同じ場所にやってきて、今度は沈む太陽を見つめながらヨーガを始める。そういう姿を見て私が、オーストラリアの人類学者の報告書で読んだ、アボリジニーの老人のやっている「空を見つめる（sky gazing）」瞑想のことを思い出していたことは、言うまでもない。私は彼らがそうやっているとき、なにを見て、なにを体験しているのか、知りたかった。しかしそういう質問をしても、彼らはただ微笑むだけで、なにも答えてくれなかった。

「そんなことを質問したって無駄だよ。自分で体験してわかったことにしか意味はない、というのがゾクチェンだからね」と、パッサンは兄弟子らしく私をたしなめた。「文字に書き表せることは、大事なことの痩せたガイドラインみたいなもので、あとはそれを自分の体験で豊かにさせていくしかないんだ。ロンチェンパの本を読んでごらん。冒頭には、ここに書かれていることはあくまでも私が体験したゾクチェンであって、客観的な知識などではない、と必ず断ってから語り始めている。みんなが承認する真実なんてない、そんなのはむしろ嘘だというのだね。君も早く自分でやってみるしかないのさ」

パッサンはずいぶん立派な見解を弁じ立てながら、私をナーガ（龍）の洞窟の前に建てられているお堂に案内していった。今日はそこでカギュ派の有名なトゥルク（活仏《かつぶつ》＝生まれ変わりのラマの意）が、ナローパによる「マハームドラー」の重要なテキスト『ガンジス河畔のウパデーシャ（ガンガーマ）』[4]について講義をするというので、私たちはヤンレーシュにでかけてきたのである。

マハームドラーとゾクチェンの考えは、とても近いところにある。マハームドラーがインドの行者たちの伝統に忠実であるのにたいして、ゾクチェンは中央アジア系の思想家たちの創造によるところが大きい、という違いはあるが、こと哲学的立場については、両者はほぼ同一の「見解lta-ba」に立つ。それなので長い歴史のなかで、時間をかけてお互いの間には深い交流ができてきた。

お堂の中はすでに聴聞者でいっぱいだった。僧もいる、行者もいる、一般の信者もいる、英語

初期の頃のケツン先生のネパールにおける仏教学校

の通訳付きしかも録音可というので、たくさんの外国人も集まっていた。なんとか座る場所を見つけて、私たちが床に腰を下ろすと、やがて僧が現れ講義が始まった。

＊　＊

活仏がチベット語で語り始める。それをアメリカ人の通訳者がすらすらと英語にしていく。

「この教えを伝えてくれたナローパはインド人で、インド北東部にあった有名なナーランダ仏教大学で論理学と修辞学の教授をしていた人物でした。しかし言葉による理解に明け暮れる毎日の中で、いつしか自分のしていることに深い疑いを持つようになり、言葉を超えた真実の理解に到達したいと願って、大学でのポストを捨て、東インドにむけて旅に出たのです。「ティローパ」という行者を探せ、という夢のお告げにしたがって。

ようやく探し当てたティローパは、世間の評判の高い学者でも尊崇を集める聖者でもなく、漁師の暮らしをしている得体の知れない貧しい一介の行者にすぎないように見えました。しかしナローパはこの人物こそが、自分の探し求めるティローパその人だという確信を持っていましたから、その行者が彼に課すたくさんの困難な課題に耐えて、ついに頭でっかちな知識人としての限界を突破して、ティローパの信頼を得るに至りました。

これからみなさんにお話しする『ガンガーマ（通称）』は、そのときティローパがガンジス河のほとりで、ナローパに与えた最初のマハームドラーの教え（ウパデーシャ）であったと言われています。ナローパはのちにそれをはるばるチベットから自分のもとへ学びにやってきたマルパという青年に、口頭で伝えました。マルパはそれをチベットに持ち帰って翻訳し、雪の国の宝物としました。それが私たちのもとに伝わったのです。

マハームドラーとは「空《くう》の叡智」という意味の言葉です。それはなにかの対象事物についての知識ではありません。私たちがなにげなく対象としている世界も、それを知覚し分析している心の働きも、それ自体としては実体のない「空」であるという深い認識をもとにして、世界と人間について思考する叡智のことを、マハームドラーと呼んでいます。「マハー」は「大きい」、「ムドラー」は「シール（印）」を表していますから、人間にもうこれを超える知性の形態はない、という承認印を押す気持ちがこめられています。

ではお聞きください。私は現代の人にもわかるように、表現をやさしくしてお話ししてみようと思います」

『ガンジス河畔のウパデーシャ』

学者のナローパ、あなたは私を師と固く信じて、いくたの苦しい試練を乗り越えた。あなたはじつに幸に恵まれた人間だ。さあ、心を集中してこの教えを聞きなさい。

マハームドラーに教えるものはない、空《そら》[5]になにもないように
それと同じように空にはよりどころとするものはなく
マハームドラーとしてなにものにも支えられていない我々の心もまた
ほんらいはなにも作為せず、原初の状態に休らっている。

心を縛る結び目がほどければ、まちがいなく心は自由になる
空《そら》をみつめれば、見えるものでできた景色が消えていくように
心が心をみつめていれば
思考は消えゆき、無上の悟りがおのずから生まれる。

たとえば水蒸気の雲は空へ昇って行き
どこにも消えゆくことなくどこにも留まらない
それと同じように心に生まれた思考もまた
自らの心の働きであることを知るとき、湧き起こる思考は透明になっていく。

たとえば空間の本性に色も形もない
それに明暗の染みをつけるものもなく変化もしない
それと同じように我々の心の本質には色も形もない
それに明暗や善悪の現象で染みがつくこともない。

たとえば光輝は太陽の本質であり
一千劫《カルパ》もの暗雲に閉ざされようとも汚されることがない
それと同じように我々の心の本質は透明な光であり
一千劫もの間輪廻をさまよい続けようとも汚されない。

たとえば我々は「からっぽの空間」とよく言うが
その言葉で名指しされる存在は空間にはない
それと同じように我々は「透明な光でできた心」とはよく言うが
かく名指しされるものの真存在はどこにもない。

このように心の本性は常に空間のごときであり
心の空間に含まれない現象は存在しない
身体活動を停止してヨーガ行者はくつろいで座す

言語表現はない、それは空虚なこだまだから
意識に思考を浮かべることなく、水に映る月のごとき現象を見つめる
身体に本質はなく、竹の幹のようなもの
心は空間のごときもので、思考が対象とする世界を超え出ている
かくのごとき状態に、否定も肯定もなく、くつろいでとどまるがいい。

心にとどめるものがなにもないことがマハームドラーであり
そのように瞑想してそれを常態とすることが悟りへの道である。

（私訳）

活仏の説明が始まる。

ここまでが『ガンガーマ』の前半部ですが、すでにマハームドラーの本質があますところなく語られています。ティローパはナローパに「マハームドラーに教えるものはない」と断言しています。この言葉はマハームドラーの超越性を示しています。どのような言葉の概念によっても、技を尽くした表現によっても、どんなに巧みな比喩によってもあらわすことはできず、いっさいの表象を超えたところにマハームドラーはあります。マハームドラーは空《そら》の空間とよく似た性質を持つ、心の空間そのものです。その空間は言語的なものとは異なるできあがりをしているので、それを表象であらわすことは不可能なのです。
そういう青空のように純粋な心が、あらゆる有情《うじょう》（意識を持った存在・生命体）に宿っているの

です。その原初の空間である心を、輪廻の行為で汚染することはできません。マハームドラーとしての本来の心には、色も形もないと言われています。いっさいの属性を持たないのが心ですが、その心の空間においていっさいの現象は生起しています。いっさいの現象がそこで生起していながら、心の空間自体にはなんの変化も起こらず、現象によって汚染されることも、影響を受けることもありません。しかし輪廻の中を生きているかぎり、有情にはそのような空間が心の内部に広がっていることが見えないのです。

　マハームドラーの教えは、有情の心をそのような（マハームドラーとしての）空間に開いていこうとするものです。思考や感情の流れを止めて、ゆったりとくつろいで、心の内部をみつめるときに、心の空間が自ずと開かれてきます。心の本質がまばゆい光輝としてあらわれてきます。ティローパがナローパに伝達しようとしているのは、まさにそのことです……。

＊　＊　＊

　マハームドラーの思想がその実践者によって直に語られるのを初めて聞いて、私の心はすっかり高揚していた。とりわけこの活仏が、マハームドラーには「支えるものがない」と語ったとき、私は大きな驚きを感じた。心の原空間（スパティウム）[6]には底がない、無底であると言っているのである。言葉を支えとして、そこを土台にしてひとつの世界を構築することもできない。なにかの世界を構築できたと思っても、支えるものがなにもないのだから、それはたちまち無底の空間を落下しはじめ、ばらばらに解体し、無限の空間に飛散し、溶け入っていく。

「マハームドラーを生きる」ということは、そのような支えるものがいっさいない、無底の空間そのものを、我が心として生きて行くことを意味する。このような考えとよく似た思想に、私は西欧のキリスト教の世界でも出会ったことがある。マイスター・エックハルトとヤーコブ・ベーメの思想である。彼らは「神は無底である」と主張した。神はなにかの表象によってこの宇宙のどこかに支えられるのではなく、堅固な宇宙的土台の上に据えられた玉座にいるのでもなく、支えも底もない空間そのものが神という存在である、とエックハルトたちは考えた。

正統的なキリスト教の世界では、そのような無底の神の考えは異端として否定された。しかしマハームドラーの思想は、神を必要としない仏教思想の中で、心こそがその無底の空間そのものであると考え、そのような心の空間に自らを開いていく生き方を探究してきた。ここにはマオイズムなどをはるかに超える、奥深くしかも徹底して非暴力的で革命的な思想が追求されている。そんなマハームドラーの思想に、たくさんの「善男善女」が熱心に耳を傾けているのである。午前中に始まった『ガンジス河畔のウパデーシャ』の講義が終わる頃には、あたりはすでに夕闇に包まれていた。

8 準備を整える（ゴンドゥ）

ゾクチェンの本格的な教授が始まる前に、私は「ゴンドゥ（前行 sngon-'gro）」をすませておかなければならなかった。準備のための訓練といったような意味である。古代の文献を見ると、ゾクチェンではいまのように形式的に整備されたゴンドゥはおこなわれていなかったのがわかるが、いつのまにかゾクチェンにも他の新派がやっているような形式が持ち込まれて、今日見るようなきちんとしたものに整えられた。

　それによると、志願者は最低でも、十万回の五体投地、十万回の発菩提心《ほつぼだいしん》、金剛薩埵《こんごうさった》瞑想、曼荼羅供養、グル・ヨーガをおこなわなければならない、とされている。私はなんとしても短期間のうちにこれらの「義務」を果たしてしまいたかったので、ボードナートから離れたどこかの山の中の修行場で、集中的にゴンドゥをしたいと、先生に申し出た。許可はすぐに下りて、私は「チュウミク・チャンジュ」という聖地へ行くといいと勧められた。

　季節はモンスーンを迎えようとしていた。インドとの国境に近いマハーバーラタ山地の森林を奥に分け入ったところに、チュウミク・チャンジュという小規模な聖地はあった。パドマサンバヴァの龍退治の伝説と結びついたその聖地には美しい泉があって、地元のネワールの人々とチベット人巡礼者に守られていた。その森の中に仏教寺院が建てられ、もう長いことブータン人のラマ一家がその寺に住み着いて世話をしていた。私はこの寺の床下にある納屋に寝泊まりして、寺の本堂でゴンドゥの行をさせてもらうことになった。

　朝は四時に起き上がって、すぐに五体投地を始めた。それくらい早起きしないと、一月近くでこの行を終えることはできまいと判断されたからである。早朝の一回目のセッションを終えて、ブータン人のラマ一家と赤米の朝食を終えると、しばしの休息をとることができた。私は寺の本堂の縁側に腰掛けて、雨を眺めた。

　モンスーンの雨の降り方には、独特のリズムがあった。屋根に叩きつけるような激しい降りが一時間ほど続いたあとに、ふっと止む。しばらくしてパラパラという軽い雨音が始まり、やがてそれは再び激しい勢いに変わって、地面は水しぶきで煙ったようになる。激しい雨が森の中に吸い込まれていく。その様子を私はなにも考えずに、じっと見つめる。さまざまな感情が湧き起こっては流れていった。

　ケツン先生はここに私を送り出すときに、こう言った。「山の中に一人でいると、いろいろな思考や感情が湧いてくるけれども、湧いてくるに任せてそれを眺めて過ごしなさい。怒りの感情が湧いてきたら、押さえつけずに、湧いてくるに任せ、怒りをがまんしないで大声を出してどなってもいい。ただそういう気持ちを、雲が空を流れていくように眺めるようにしていなさい。悲しみも喜びもみんなそうやって心に湧いてくるがままに任せて、ただ雲のように眺めるといい。そうすればそのうち、思考や感情は自分の心そのものでなく、青空のほうが自分のほんとうの心だとわかってくる」

　昼も夜もほとんど一日中間欠的に降り続く激しい雨の音を聞いている私の頭の中に、ビートルズの『アクロス・ザ・ユニヴァース』[7]の曲が繰り返し流れてきたのには驚かされた。当時の私はあまり熱心なビートルズ・ファンではなかったからである。

Words are flowing out like endless rain into a paper cup
They slither wildly as they slip away across the universe
Pools of sorrow, waves of joy are drifting through my opened mind
Possessing and caressing me

降り止まない雨のように流れ出る言葉は紙コップに注がれて溢れ、激しい流れとなって宇宙を横断して流れ去っていく。
悲しみの水溜まりと喜びの波は開かれた僕の心を漂いながら僕を包み込み、優しくなでていく。

（私訳）

この曲はインドの瞑想文化から大きな影響を受けていた頃のジョン・レノンによってつくられている。開放的な精神状態と生き生きとしたメタファーが、みごとに結合した傑作だと、私も思う。ここには自由状態に置かれた意味生成の動きが、とても巧妙に捉えられている。

雨のように流れ出る言葉はシニフィアン（表現）となって、紙コップの器のようなシニフィエ（内容）に注がれてくるが、いつも過剰になって紙コップから溢れてくる。象徴表現を試みるとかならずそこに「象徴化の残余」が発生してくる。その「象徴化の残余」が詩的表現の構造に乗せられ激しい流れとなって、人間の心の外に広がる「宇宙」へと飛散していくのである。悲しみや喜びの感情は、開かれた私の心を空に浮かぶ雲のように漂いながら、私を包摂《ほうせつ》し、愛の抱擁で包み込む。

このジョン・レノンの詩が、当時のテル・ケル派に代表される現代の詩的言語論と同じヴィジョンを語ろうとしていることに、私は気づいた。両者の認識は、ある意味でマハームドラー＝ゾクチェンの入り口に立っていると言える。どちらも詩的言語の生命力は「象徴化の残余」の中に潜んでいることを出発点としているからである。象徴化をまぬかれた心的力動は、形も色もたない流れとなって神経組織の中を流動していく。そのときそれまで安定を保っていたイメージは、形を崩して散逸を始める。詩はその瞬間をとらえて表現する。表現されることで、無定形の力動は現象化されて現実の表面へと向かう。ところがマハームドラー＝ゾクチェンはその流動の奥へと踏み込んでいくのである。

マハームドラー＝ゾクチェンは心の中で作動し続けている象徴化の働きそのものを停止しようとする。そこには紙コップはいらないし、心には無底の空間が広がっている。西欧はその無底の空間に踏み込んでいくことを拒否した「有」の文明である。ジョン・レノンの詩は最後に「なにものも僕の世界は変えられない Nothing's gonna change my world」と繰り返し歌う。しかし精神の考古学者になるためには、私はジョン・レノンとは逆に、まず「my」や「world」への固執を消滅させなければならないのだった。そうしないと、象徴化の強力な磁場を離れて、アフリカ的段階の精神に踏み込んでいくことはできない。なにかが私を変えるのではない。something も nothing も同じ有に属しているからだ。無によって、自然に私が変わっていかなければならないのである。

ほぼ二ヶ月かかって、私はゴンドゥの行をあらかたやりとげることができた。その頃になると、急に雨が上がり強烈な陽光が射してくる短い時間が、一日の間に何回もあった。そんなとき私は本堂の縁側にゆったりとブータン人のラマ僧と並んで腰掛けて、とりとめもない話をする余裕ができた。

東ブータンのタシガン近郊の寒村に生まれたラマは、一人の女性と恋仲になったが周囲に反対され、二人して駆け落ちをしてこの聖所にたどり着いたのであった。粗末な小屋掛をして住み着き、住職のいないこの寺の世話をしているうちに、里の住民の信頼を得るようになって、頼まれて寺の住職になった。二人の子供ができ、男の子のほうは僧になることを望んでいる。娘はおてんばだが、もう尼になりたいなどと言っている。さて、どうしたものか……。

そんな話をしているとき、私たちの目の前に突然、ミラソポが現れた。ミラソポとは寺のある森の中の丘よりもさらに上のほうにある洞窟に一人で住んでいるネワール族の男で、ときどき洞窟を出て寺を訪ねてくることがある。いつも裸足で、岩だらけの山道を平気で歩いている。村の人に聞いた話では、ミラソポはもとネパール軍の軍人だった。しかし海外出兵から戻ってみると、妻が他の男性とカトマンズへ駆け落ちしてしまっていた。妻を愛していた彼は絶望して、村の裏山の中に駆け入って、その洞窟に住み着くようになった。端正な顔立ちをして小柄で痩せて不思議な雰囲気をたたえている人物で、その名前がチベットの名高い聖人ミラレパを連想させたので、村人の中には彼を聖者のように考えて、食料や生活用品を差し入れしている者たちもいた。

ミラソポはキノコの入った籠を、何も言わずに私の前に置いた。どうやら贈り物らしい。私がお礼を述べていると、ミラソポはブータンラマに向かって、なにやら皮肉な表情を見せながら、一言二言しゃべって、その場を立ち去っていった。ブータンラマがどうしたのか妙に憤慨しているので、なにを言われたのかと聞いた。

「ミラソポめ、わしらが哀れだと抜かすのだ。自然にしていてそのままで神様と一体となれずにいるから、五体投地をやったり、ご祈禱をしたり、お経を読んだりして、なんとか神様の気を引こうとしているのだと。そんなことをしなくとも、自分なんぞは神様といつも一体だ、だからわしらのことを哀れだというのだ」

ミラソポは急所を突いている、と私は思った。五体投地の行をおこないながら私が気にしていたのも、じつはそのことだったからだ。あらゆる宗教的行為は自然ではない。ところがゾクチェンやマハームドラーは一切の作為を捨てて、心の自然に立ち返る思想である。もっとも自然な教えが不自然きわまりない宗教的行為に取り囲まれている。

しかし不思議なことに、ミラソポの皮肉を聞かされても、その頃の私はまったく動揺しなくなっていた。私は、学者だったこともあるナローパのように、頭をからっぽにして、すばらしいバカになって、身体だけの存在として苦しい作務に耐えることによって、「私」という紙コップの底を抜いてしまおうとしていた。そうしなければ、自分のような言語と意味の奴隷が、「自然まみれ」の精神に近づくことなどはとてもできないと思ったからである。

第三部　精神のアフリカ的段階を開く

9　チュウ

ゾクチェンへの準備を整えるためのゴンドゥ（前行）をすませた私は、ボードナートに戻って、しばらくの間「チュウ chod」と呼ばれている、ゾクチェンとは別系統の瞑想の訓練に打ち込むことにした。

チュウは十一世紀にチベット各地を放浪していた南インド出身のヨーギン、パダンパ・サンギェが伝えた「シチェ」の教えから派生した特異な密教である。シチェは「すべての苦しみを鎮める（ドゥンガル・タムチェ・シバルチェ）」という『般若経』の有名な一節に由来する名称で、その名のとおり、『般若経』の思想に依拠した密教の体系である。他の密教のほとんどのものは『般若経』を土台としつつも、仏教の心理学である唯識論や如来蔵《にょらいぞう》思想をへて、密教にたどりついている。ところがシチェはダイレクトに『般若経』に結びついている。パダンパ・サンギェという思想家は、とても独創性のある人だったのだろう。

チュウはそのシチェから派生したチベット独自の密教である。「男のチュウ」と「女のチュウ」の二系統があるが、パダンパ・サンギェの弟子だったマチク・ラプドゥンという女性によって広められた「女のチュウ」が、今日まで隆盛を保ち続けている。チベット民謡風の魅力的な声明《しょうみょう》とシャーマニズム的伝統を生かした複雑な音楽劇風の観想法によって、チュウはチベット仏教のどの派にも愛好されている。[1]

ボードナートに住むようになってすぐに、私はこのチュウをおこなう人々の姿に関心をそそられていた。夕方になるとンガッパ（密教の行者）の住む家からは、トントンという太鼓の音とチャリンチャリンという鈴の音が聞こえてきた。楽器の音に合わせてンガッパの歌う歌が聞こえてきた。なつかしいアジアの民謡のようでもあるし、気迫を込めた呪歌のようでもある。

仏塔《チョルテン》の周りをいっしょに散歩していたチベット人の友人に「あれはなに？」とたずねると、「ああ、あれはチュウさ」という何気ない返事が返ってきた。それを聞いて私は思わず胸が熱くなった。ああ、これがチュウの実物なのか。私は日本にいた頃に、じっさいには見たことのないチュウについて、さまざまな妄想をめぐらしていたことがあった。その妄想はチュウをとてつもなく恐ろしい密儀に仕立て上げてしまっていたので、そのチュウとこんなにカジュアルな出会いを果たしてしまったことに、私はいささか驚いていた。

私はネパールに出かけてくる前、大学院で宗教学を学んでいた。そこでルーマニア出身の偉大な宗教学者、ミルチャ・エリアーデの『シャーマニズム』という大きな本を読んだことがある。北半球を中心として地球上の多くの場所で、かつてはシャーマンが活躍していた。シャーマンは各地でいろいろな名前で呼ばれたが、人間の世界を超えた超越的な領域とコミュニケーションする能力を持つ人々と考えられていた。エリアーデはそうしたシャーマンの事例を、地球上の広い範囲で収集して、分析を加え、シャーマニズムの本質を明らかにしようとした。
そのなかでチュウの記事に出会ったのである。エリアーデは長いことインドで過ごしていたが、実際のチュウを見たことがない。古い記録や報告書などをもとにエリアーデによって描かれたチュウは、おどろおどろしい悪魔払いの雰囲気に満ちた儀礼であった。

チベットには、明らかにシャーマニズム的構造を有するチュー（*gchod*）という名のタントラ儀礼がある。それは自分の肉体を悪魔に食わすために奉納する、というもので、「悪魔」や祖霊による、未来のシャーマンのイニシエーション的解体を想わせる。ブライヒシュタイナー（R.Bleichsteiner）は次のように要約している。すなわち「人間の頭蓋骨で作った太鼓や、大腿骨を削って作ったトランペットに合わせてダンスが始まり、霊を酒宴に招く。瞑想の効あって、女神は抜身の剣をもって姿を表わす。女神は供犠者の頭に飛び上がり、彼の頭を切り取り、切り刻む。すると、野獣と悪魔とがぴくぴく動いている遺骸にとびかかり、肉をむさぼり食い、血を飲む。その時発せられる言葉はジャータカ（*Jātakas*＝前生譚）に関係があり、仏陀が前世で、いかにして飢えた獣や人を食らう悪魔に、自分の肉体を委ねたかを述べている。しかし、こうした仏教者の寓意にもかかわらず、儀礼は最も原始の時代に遡った不気味な秘法にすぎない」[2]、と。

こんな文章を読まされたら、いやでもチュウの儀礼に関心を持たないではいられないではないか。私は図書館にこもって、「最も原始の時代に遡った」というその「不気味な秘法」の想像に浸っていた。そのチュウの実物がこんな身近なところで日常的におこなわれているのだ。私はなんとかしてその実物が知りたいと思った。いや、それだけでなく、その瞑想を自分でもやってみたいと思った。

そんなことを思っていたある晩のこと、階下に住むタマン族の美しい女性（この人はチベット人の貴族の末裔と結婚していて、ケツン先生の住まいの階下の部屋に住んでいた）が、供物を載せたお盆を持った若いメイドといっしょに、そっと先生の部屋を訪れるのを、私はカーテンの隙間から偶然のぞいてしまった。ケツン先生は二人を静かに迎え入れると、小声でなにやら話しあったのち、しばらくしてあのチュウを始めたのである。

私は好奇心に駆られて、そっと部屋を抜け出て、少しだけ開いていた先生の部屋の扉の隙間から、中の様子をのぞいてみた。そのとき後ろに人の気配がしたので驚いて振り返ると、寝間着姿のミクマラ（先生のお世話をしているシェルパ族の女性）が立って、ニヤッとしながら、私の後ろから中をのぞこうとしていた。みんなこの「悪魔払い」の儀礼には関心があるらしい。

薄暗い部屋をのぞくと、先生の前には大ぶりの太鼓、金剛鈴、そして人の大腿骨からつくった骨の笛が、並べられているのが見えた。しばしの瞑想ののち、先生はおもむろに取り上げた人骨の笛を口にあてて強く吹いた。始めは短く、次に短く三回、ついで抑揚をつけながら長く吹いた。骨の笛は、どこか粘り気のある迫力のある音を発した。西洋音楽で使われるどの楽器とも似ていない音で、私には音の「匂い」までが感じられた。

両手の持ち物を太鼓と鈴に持ち替えて、先生はゆっくりと歌い始めた。その歌を聞いて、私は日本民謡の馬子唄《まごうた》のなつかしい声調を思い出していた。打ち鳴らされる太鼓と鈴の音に合わせて歌われる歌が、いくつかのパートに分かれていて、パートが変わるごとに「パット」という掛け声が発せられ、それをきっかけにメロディとリズムが変化していった。全体の調子は短調の暗さで一貫しており、後半部に入るとともに、緊迫感が増していき、最後は瞑想の静けさの中に沈んでいくのだった。

四十分もかかるセッションが終わった。床に座り込んでチュウの儀礼を見守っていたタマン族の「施主」たちもやっと緊張から解放されて、くつろいだ雰囲気を取り戻して、ケツン先生となにやら話し込んでいた。先生はふっと私の方に視線を伸ばして、「ナカザワさん、そんなところに隠れていないで、こちらへどうぞ」と呼び掛けた。

先生は少しおどけながら、扉の後ろでチュウの一部始終をのぞいていた私を、部屋の中に招き入れた。

「入っていらっしゃい。これはチュウという瞑想の儀礼です。あなたははじめて見たことと思います。階下に住むMさんがこのところ心身不調で、誰かが自分のことを呪っているのではないかと怖がっていました。Mさんは裕福だし美人だし旦那さんは立派だし、誰かが彼女を妬んでいたとしても不思議はありません。苦しんだ挙句、彼女は私にチュウの儀礼をしてほしいと頼んできました」

Mさんがさらに詳しい説明をしてくれた。

「毎朝、お小水の中にちいさな虫が出てくるのです。私のことを憎んでいる誰かが、食べ物に何か悪いものを混ぜたに違いありません。悪い虫を私の体から追い出してください」

「わかりました。これから数日間、チュウの儀式を続けてみましょう。きっとよくなるはずです。でも毎朝のお小水の観察を忘れずに」

二人が出て行ったところで、私は先生にこうたずねた。

「チュウのことならここに来る前に本で読んだことがあります。行者が自分の体を解体して悪霊たちに捧げてしまうのですね。それがなんで呪術とか病気治療とかと関係があるのですか」

「チベット人は原因のよくわからない病気にかかった場合などに、原因は妬み心を持った餓鬼や悪霊が、恵まれた境遇にある人間たちに負債を払うように要求して、悪さを仕掛けていると考えたりします。この世の幸福や富を人間が自分たちだけで独り占めにしてしまったおかげで、自分たちの取り分が減らされてしまい、そのおかげで自分たちはこんなに苦しんでいる、と悪霊たちは考えるのです。そこで人間たちに自分たちから奪った負債分を返せ、と要求してきます。チュウの行者は自分の体を解体して小さく裁断し、大鍋で調理して、人間が彼らから奪った負債分を甘露（アンブロジア）の料理にして、悪霊や餓鬼に振舞ってあげるのです。そうすると、彼らはお返しをされて満足して帰って行きます。それといっしょに、彼らの仕掛けた病や不幸も消えていきます。それで人間と悪霊は貸し借りなしとなります。人の幸不幸もこういう見えない存在との貸し借りの関係につながりがあると考えられてきました」

この説明を聞いて私はその意外さに驚いた。ケツン先生はチュウの儀式の意味を、悪魔払いの象徴論ではなく「贈与論」で思考していたのである。贈与社会では世界を満たすエネルギーは一定であると考えられていたから、贈与がおこなわれるたびに、贈与物といっしょにエネルギーの欠損がおこる。それを補填するために返礼が必要になる。こういう思考法は狩猟採集社会のものであるが、その思考法がチュウに残っていた。
チベット人はその思考を拡張して、人間の病気や不調の原因を、一種の宇宙的な意味を持つ貸借関係として理解しようとしていた。もらったのにお返ししないでいると、不調になるという考えである。エリアーデのロマンティクな解説とは大違いの、ドライな経済人類学的なチュウ理解が、そこにはあった。人間の生存の意味を、複式簿記の精神で理解しようとしているのだ。[3]
人間が葦《あし》のようにか弱い存在で、すぐに病気になりやすいのは、人間が悪霊や餓鬼に表象されている「自然」から、一方的な富の収奪をおこなっているからなのである。人間のこの強欲な行為を、見えない存在たちは怒っている。彼らは人間が自分たちから奪ったものを返却しろと要求し、失われた貸借関係のバランスを回復するために人間を病気や不幸にして、借りを返せと求めている。チュウはそういう状況に、複式簿記の精神をもって立ち向かい、行者自らの身体を投げ入れることによって、宇宙のバランスシートを取り戻そうとしているのである。
こういうチベットの考えからすれば、私たち現代人には地球的規模のチュウが必要だということになりそうである。私たちは自然から無際限に資源やエネルギーを取り出しているが、それは自然の側からすれば、自分たちの富が人間たちによって奪われているに等しい。当初は自然のおこなう「純粋な贈与」であったものが、近代になってからは、返礼を伴わない人間の側のおこなう強奪に変わってしまっている。その結果、地球上の富のバランスシートが壊されてしまった。この状況を変えるためには、人間は自分がいちばん大切にしている価値物を放棄して、それを自然に返済していかなければならないだろう。現代人にはそういう贈与論的な革命が求められている……しかしそんな観念的な思想だけで、現実を変えることはできるのだろうか。

「先生、チュウの儀礼をすることで、ほんとうにあの人の病気は治るのですか」

「治ると思います。なぜなら、Mさんの食べ物に異物を混ぜている人がいるとしたら、それが誰かはすぐにわかるからです。気づいていないのは、心優しいMさんだけです。私がチュウをやれば、その人は私のことを警戒して、二度とそんな真似をしなくなるでしょう。そうすれば自然と病気も治ります」

意想外な贈与論で私を驚かせたばかりの先生は、こんどはシャーロック・ホームズばりの推理で、現実界の人間関係の問題を、病気治療の現場に持ち込もうとした。どうやら先生にはMさんの食べ物に異物を混入している犯人がわかっているらしい。

「えっ、ではチュウの儀礼で治しているわけではないのですか」

「儀礼だけでは病気を治すことなどできません。現実的な知識といっしょになって、はじめてそれは力を発揮するようになります。チュウは外国の人がよく言っているような悪魔払いのための瞑想としてできたものではありません。悪魔払いはチュウの付録のようなものにすぎません。それにチュウでは、人間に災いをなす悪鬼や餓鬼たちは、はじめから悪をなす存在だったわけではなく、もともとは純粋な霊であったものたちだと考えられています。それが満たされない気持ちや嫉妬の感情によって、人間に対して恨みを持つようになってしまいました。チュウではそういう悪鬼たちに限りない慈悲を抱いて、行者みずからが自分が一番大切にしている自分の身体を、彼らにあげてしまうのです。悪をなす存在を滅ぼすのではなく、まだお返しのできていなかった負債を体でお返しすることによって、彼らの心を満足させ、ふたたび純粋な霊に戻してあげようとする、これがチュウの教えです」

チュウの思想にすっかり感動してしまった私は、自分もチュウを修行することができますかとたずねてみた。チュウを修行するには「ナムカ・ゴチェ（空《そら》の扉を開く）」という古代から続く有名な灌頂《かんじょう》[4]を受けなければならない、と物知りのチベット人から聞かされていたので、ハードルはそうとうに高そうだと思い込んでいたからである。するとケツン先生からは拍子抜けするほどに簡単な許可が下りた。

「いい考えです。ゾクチェンの修行を本格的に始める前に、あなたもチュウを学んでみるといいかもしれません。これを習っておけば、チベット人のいるところならどこへ行っても重宝がられて、食べ物をいただくことができるでしょう。チュウは「乞食の修行」とも言われています。なにせ貧乏すぎて他にあげるものがないので、自分の体をあげてしまうのですからね。幸いあなたはロンチェン・ニンティク（306頁で後述）の灌頂を受けましたから、ジグメ・リンバのチュウである『カンドゥ・ケギャン（ダーキニーの哄笑）[5]』を修行することができます。三日後の朝に、もう一度ここにいらっしゃい。チュウの瞑想のやり方を教えてあげましょう。それとソナムさんに頼んで、必要な道具を一式あつらえておいてください」

＊　＊　＊

チュウの修行を始めるのに必要な道具類をあつらえるのは、そんなに難しい話ではなかった。ダマル（小太鼓）、ディルブ（金剛鈴）、ドルジェ（金剛杵）は、知り合いの仏具屋に頼んで、私にもすぐに調達することができた。しかしきれいな音で鳴る上質のカンリン（人骨笛）は、なかなか手に入れることができなかった。

古物商には何軒もあたってみたが、良い出物には出会わなかった。中古品はどれも汚く、吹いてみても粘っこい嫌な音しか出なかった。そこでソナムが思いついたのは、パルピンに住むブータン人のことだった。

「なんでも噂では、このブータン人はたくさんの人骨のコレクションを持っていて、それで骨の小太鼓《ダマル》や人骨笛《カンリン》を作っているということだ。新品のほうが良い音が出るに決まっている。そこへ出かけてみよう」

私たちはさっそくバスに乗ってパルピン村に出かけることにした。いつまでも途切れることのない菜の花畑の中の道を走って、ようやくバスはパルピンの村に着いた。バス停を降りて歩き出し、村はずれまで歩くと、畑の向こうに小さな家が見えた。おめあてのブータン人はその家に住んでいると、私たちは聞いてきた。

抜け目のないソナムは、道で立ち話をしている人たちの中からすぐに相手を見つけ出した。ソナムは初対面の相手の手を握って用件を告げた。すると、ブータン人は微笑みながら、私たちを自宅へと誘った。

レンガ造りの小さなネパール民家の中に入ると、そこには西洋人の若い女性がいて、人骨を削る作業に没頭していた。私は部屋の中を見渡して、思わず後ずさりするほど驚いた。そこには一メートルはあろうかという高さに、人間の頭蓋骨が山をなして積み重ねられ、その後方には同じような高さの大腿骨の山ができていた。床の敷物の上には制作中の小太鼓や笛がきちんと並べられ、周りには削りかすとなった骨粉がいくつもの小山をなしていた。

若くて美しいその女性は、私たちを見て軽く会釈すると、部屋の角へ行って、お茶を沸かす支度を始めた。涼しい顔をしたブータン人は、私の反応を面白そうに観察しているようだった。ソナムは驚いた様子もなく、さっそく交渉に入った。

「軽くて乾いた音のする形の良い新しいカンリンが欲しいのだけれど、どれか見繕ってもらえませんか」

「ちょうど完成したばかりのカンリンで、そういうのがありますが」。そう言ってブータン人の骨職人は一本のカンリンを取り上げて、ソナムに手渡した。ソナムはそのカンリンを手にとると、吹き口を手のひらでポンポンと叩いて鳴りを確かめた後、口にあてて強く息を吹き込んだ。カンリンは乾いたよい音で鳴った。節を付けて吹いても、カンリンは正確に節の変化を再現した。

「これは上物ですね」。ソナムが嬉しそうな顔をしてそう言うと、ブータン人はかすかに微笑んだ。

しかし私はあいかわらず驚いていたので、たぶん聞いてはいけないこんなことを質問してしまった。

「こんなにたくさんの人骨を、いったいどこで手にいれるのですか？」

すると一瞬ちょっと困った表情を見せた後で、ブータン人がおもむろにこう応えた。

「あまり人には言わないでくださいよ。この骨は火葬場《ガート》で手に入れます。バグマティ川にはいくつもの火葬場があるでしょう。真木を積んで死体を燃やしたら、燃え残った骨は川に流されます。その骨を下流で待ち構えていて、網を仕掛けてすくい上げるのです。ガンジス川にはさらに大きな火葬場がありますから、そこではインド人が骨を拾っています。そういうインド人の骨もここにはよく持ち込まれます。あなたが手にしているその骨もそうです。この大腿骨の立派な反り具合から判断するに、これはインド人のおばあさんの骨ですね。あなたはよい買い物をした。どうか修行にお励みください」

そう言って、ブータン人はその骨の笛をくるくると新聞紙に包んで、私に手渡した。私はお茶を運んできた女性に身の上話を聞こうとしたが、ソナムがそれを目で止めた。「人には人の事情があるものさ」。ソナムの目はそう語っていた。「君は好奇心を抑える訓練をしたほうがいい。それは目でわかってしまう」。帰りのバスの中で、隣に座ったソナムから、私はそうたしなめられた。

しかしいずれにせよ、こうして私はたった五十ルピーで、すばらしい音色の新品のカンリンを入手できたのである。この骨笛をケツン先生に見せると、すぐに吹いてみて、すばらしい品物だと感心してくれた。

＊　　＊　　＊

それから二日ほどかけて、私はケツン先生から、楽器の扱いに始まって詞章の歌い方や歌っている間におこなう観想法にいたるまで、チュウのやり方を丁寧に教えてもらった。左手に持った大太鼓と右手に持った金剛鈴の動きを合わせながら、長い詞章を歌っていかなければならない。その間に人骨笛も吹き鳴らさなければならない（これが意外と難しいのである）。初めのうちは観想のほうはそっちのけで、私は楽器の操作と民謡風の歌の朗唱にてんてこ舞いの忙しさだった。周りの人に迷惑をかけてはいけないだろうからと、私は近くの川のほとりまででかけて、練習をした。

　そのうちにようやく、楽器の扱いにも慣れ、長い詞章をなんとか暗《そら》で歌えるまでになった。そこでジグメ・リンバの書き込んだト書きに合わせて、観想を付けていくようにした。想像で目の前にできるだけ鮮やかな映像を思い浮かべる。映像と言っても、女神が出てきたり、悪鬼や餓鬼が集められたり、大鍋で自分の体を煮込んだりと、チュウはまことに奇想天外な筋書きを展開する。この映像の展開に合わせて、楽器演奏と詞章の謡がおこなわれる。ミュージシャンもそこのけの忙しさで、この長い音楽劇を一人で演じるのである。

　その音楽劇の展開をもう少し詳しく解説しよう。[6]

「パッ（phad）」という強い掛け声とともに、いきなり私の意識だけが裸の女神に姿を変えて、自分の身体の外に飛び出すのである。すると意識をなくした私のものだった身体は、どうっとばかりに地面に崩れ落ちる。私は意識と身体を分離して（そのように思うのである）、骸《むくろ》となった自分の身体を、上空から冷徹に眺め下ろす。

　身体を脱出した私の意識は裸体の女神のアバターをまとって、空中に煌々《こうこう》たる輝きを放つ。私の意識である中心の女神からは、東西南北あらゆる方角に分身が飛び出して行き、空中には美しい女神たちの曼荼羅（キルコル）が出現する。

　女神は手に持った曲刀で、地面に倒れている（かつて私のものであった）身体の眉間の部分を切って頭蓋骨を切り離し、それを大きな鍋に変えて炉にかける。そこにきれいに切断した身体の破片を投入して、ぐつぐつと煮込む。すると鍋の中の肉は清らかな甘露に変容していく。調理が完了する頃には、鍋はきらきらと輝く液体に満たされているようになる。

ここで歌の調子ががらっと変わる。強く人骨笛が三度吹き鳴らされると、全体のテンポがぐっと早くなり、どこか威嚇的な調子も混じるようになる。周囲に集まってきた悪霊や餓鬼のための祝宴の開始である。女神はマナーの悪い悪霊たちを叱ったり叩いたりしながら、きちんと鍋の周りに座らせる。こうして『不思議の国のアリス』に出てくる「マッド・ティー・パーティ」を思わせるような異形の祝宴が始まるのだ。

悪霊や餓鬼たちは手に手にストローのようなものを持って、鍋の周囲に近づく。そしてストローを鍋に差し入れて、甘露の液体を吸い始める。この様子は「ピゥ」という大麦で作ったお酒を飲むときのチベット人の姿を彷彿させる。このお酒は深鉢に盛られた大麦の小山の中にストローを突っ込んで、みんなでぐびぐびと飲む。

鍋の中の液体を飲んだ悪霊や餓鬼の体はしだいに透明になっていく。自分の身体を犠牲にして、自分らにこんな豪勢な贈り物をしてくれた私＝女神の慈悲心に感謝して、彼らは帰っていく。悪霊も餓鬼ももともとは純粋な心を持った仏なのである。仏であったその者たちが、嫉妬や怒りで汚されることによって、悪の存在に頽落《たいらく》してしまった。

恵まれた者たちが、彼らから誇りや財産などを奪うことによって、この世で幸福な暮らしを得ていることに、悪の存在に頽落してしまった者たちは怒り、幸福な者たちを不幸や病気にしようと、さまざまな計略を仕掛けてきた。その怒りや嫉妬は、自分の体を贈与物に変えて、負債を返済しようとする人間の心を見て満足して、仏であった自分の本性を取り戻して、戻っていくのであった。

＊　　＊　　＊

アングラ演劇を思わせるチュウの瞑想を繰り返し練習しながら、私はしだいにあることに気づいていった。チベット人は自分の体というものが、自己への執着のいちばんの根源であると見抜いている。私がいちばん大事に思い、それを失うことを何よりも恐れているものとは、自分の体にほかならないのだ。体は自己愛の根源をなし、とくに体の外貌は自分を表すものとして格別の愛着の生まれる部位である。体は私にとって最高の価値を持つ財産であって、もっとも失いたくない価値物である。

その愛着の深い最高の価値物を、チュウの瞑想ではまるで廃棄物のように打ち捨ててしまいなさい、と修行者に命じるのである。そして打ち捨てられた愛着物を、きれいな贈り物に仕立て直して、悪霊たちにいさぎよく贈与してしまう。

自分の体にたいするこの態度は、現代人のそれとまったく対照的である。現代人は自分の体をもっとも重要な所有物と考え、それを失うまいと執着する。寿命を延ばすためには医学を発達させ、スポーツをおこない、さまざまな健康法に余念がない。それに付随して、現代人の多くは動物とはちがって、自分の外貌をひどく気にしている。見ばえにこだわるルッキズムは、いまや現代文明の強力なイデオロギーの一つである。

チュウの儀礼では、自分の体が鍋の中に投げ捨てられた。ところが現代人は自分の身体に執着するのと引き換えに、大量消費の文明がつくりだした膨大な廃棄物（ゴミ）を、生活圏の外に投げ捨てている。体はいつまでも健康で美しくありたい、そのかわりに消費された事物（食べ残された食品、壊れた家具や道具、読んでしまった本などなど）は、無用なゴミとしてできるだけ早く目に見えないところに消えていって欲しいのである。

　私は若い頃にフランスの美術家のイヴ・クラインとアルマン・フェルナンデスによるヌーヴォ・レアリズムに、強い関心を抱いていた。イヴ・クラインは自分の体を空中に投げ出していく作品で人を驚かせたが、その友人アルマンはゴミによる肖像画（「ヴィルグレのジャックの肖像」一九六五年）を描いて、世間に挑戦した。その当時アルマンはこんなことを語っていた。

「私たち一人一人［が何者であるか］は、自分が投げ捨てるものに等しいのである。ひとは、まず、さまざまなものを集め、蓄積し、結局はあとになってそれを選り分けて捨てる。その残りによって、少なくともその一部は、定義されるのである。残り物、捨てられた物、落とし物、これらは、私たちの罪の、徳の、習慣の、身振りの、労働の、昼の、夜の、痕跡なのである」[7]

　ある精神分析学者が言っている。「私に君が手放すものを言ってみたまえ、私は君が誰だか当ててみせよう」。大量消費文明の中にいる私たちは、自分の体を手放さないように執着するかわりに、自分が買い集めたたくさんのオブジェの山を仕分けして、その中から大量のものを捨て去っている。捨てることは消費の一形態であり、その人が捨てるものを見ればその人がわかる、というのはたしかである。

　ところがそれに対して、消費文明の外にいたチベット人たちは、少数の持ち物を大切にするかわりに、自分の体を瞑想の中でいさぎよく捨て去ろうとするのである。喜んで自分の体を捨て去ろうというチベット人に出会ったら、「君が誰か言い当てよう」と大見得を切っていた精神分析学者は、なんと言うだろう。しかしこれは異常な考えでもなんでもないのである。

チュウの思想では、自分がなによりも大切にしている体を、世界の外部に追いやられている者（悪霊として象徴化されている）や捨てられた事物たちに、惜しげもなく分け与えてしまうのが、最高の純粋な愛（慈悲）の行為と考えている。体への愛着は、自分の姿を自分のものと認めて愛するようになる鏡像段階とともに発生する。そのときに自我が生まれる。鏡像段階に人間が身にまとう鎧である自己の身体イメージを突き抜けなければ、純粋な愛にはたどり着けないと、チュウの思想は言っているように思われる。愛を突き詰めていったところにあらわれる、鏡像段階以前の原型的な愛の実在を思考しようとする点で、チュウはキリスト教の愛の思想とも多くの共通点をもっている。

私は人類学者としての好奇心から、チュウを体験しようとその瞑想を始めたはずだった。しかし私は夜の川辺で一人チュウをおこないながら、何度も泣きそうになった。自分の周囲に呼び集められた想像上の悪霊や餓鬼たちの姿を見て、私は深い悔恨の情を感じた。私が子供の残虐さで殺してしまった多くの小さな生き物たち。私の身勝手さゆえに苦しめてしまった女性たち、無造作に食べている牛や豚の家畜たち、あのとき切り倒した木……これら世界の外に打ち捨てられたものたちの多くは、私の貪欲の犠牲者たちだと、私はまざまざと感じた。

満たされることのない愛への貪欲やモノへの貪欲が、それらを消費したあとにまるでゴミのように意識の外に捨ててきたことを、私は深く後悔した。チュウは私に、人類学者などである以前に自分が未熟な一人の人間にすぎないことを教えてくれた。その人間を未熟さから抜け出させようとする実践が、チュウなのであった。

10 セムティ（心とは何か？）

モンスーンが明けてカトマンズに戻った私は、日中は仲間となった若い僧たちの暮らす寺にでかけて、いっしょに勉強をしたり、食事や雑談を楽しんでいた。そのうち若い僧たちの中でもとりわけ口の軽いツェリンが、私に「前行が終わったゾクチェンパは、次にセムティの試験を受けなきゃならないんだよ」と、知ったかぶりをして語った。

「セムティってなんだい？」「それはね」とツェリンがしゃべりだそうとしたとき、年長のソナムが「ツェリンそこまで。ナワジャカさん（その頃私はそう呼ばれていた）はそれについてまだ何も知らない。あれはなんの予備知識も持たないで受けたほうがいいんだ。自分でもよく知らないことを、さも知っているように語るのは、由々しい戯論《けろん》だぞ」と、軽口を制した。ツェリンがそこで恥ずかしそうに黙ってしまったので、およそ試験というものの苦手な私の心には、「セムティ」という試験のようなものの、なにやら恐ろしげな印象だけが残ることになった。

それから三日目の夜のことである。ケツン先生が深夜、部屋の扉をかすかにノックして、部屋に来てくださいと扉の外からささやくように私に告げた。着替えてから先生の部屋に入ると、密教僧の袈裟《けさ》を羽織った先生が教座に座っていた。私は床に腰を下ろした。すると先生はこんなことを語りだした。

「あなたは熱心に心をこめて前行をすばやくなしとげました。そこで今夜からセムティというゾクチェンの教授を始めます。セムは心という意味のチベット語で、ティはそれについての解説という意味です。あなたは今夜から心とは何かを学ぶことになります。これまで大学などで多くのことを学んできたあなたは、すでに心についてのたくさんの現代的知識を身につけているでしょうが、それらの知識はすべて心そのもの（セムニー sems-nyid）に関するものではなく、現象化した心（セム sems）についての世俗的知識（クンゾップ kun-rdzob）にすぎません。あなたはまだ自分の心のほんとうの姿を見たことがありません。見たこともない心のほんとうの姿について、外側から観察したり実験したりして、ああでもない、こうでもない、と推測しているあやふやな知識をもとにして、クンゾップの心の学問はつくられています。しかし、ゾクチェンはその心そのものに入っていき、心についての本物の知識（ヨンテン yon-tan）を与えてくれます。私は五十数年もかけて、ただ心のことばかりを学んできた人間です。世の中の仕事に関してはまるで無能な人間ですが、こと心についてだけは、あますところなくわかっているという自負が、私にはあります。その知識への第一歩が、今夜から始めるセムティの中にあります」

ここまで一気に語ったあと、ケツン先生は突然威厳のある声で、次のように私に問いかけた。

「心はどこからやってくるか。これについて一日考え抜いて、明日の夜、私のところに自分の得た答えをもってきなさい」

問いかけのあまりの直截《ちょくさい》さに、私はびっくりしてしまった。いくつもの概念で周りを取り囲んでから、中心に置かれているものの本質を問うというのではなく、単刀直入に一気に問題の核心部に飛び込ませていく、というゾクチェンの教授法の単純さに私はおおいに感動したが、それと同時に、そのあまりの単純さに恐ろしくもなった。自分がいきなり険しい山の稜線に立たされてしまったような感覚に襲われた。心はどこからやってくるのか。このような問いを、私はそれまで考え抜いてみたことがなかったのである。

自室に戻った私は、それから寝ずにこの質問について考え続け、次の日の夜、皆が寝静まってから先生の部屋をこっそり訪れた。

ケツン先生が問う。「心はどこからやってくるか。あなたの得た答えを聞かせてください」。

おそるおそる私が答える。「心には二つの層があるように思います。外界に向かって開かれていて、現実の世界で起こる出来事に対応できるようにつくられている意識という心の層と、その奥にあって現実とは違う自由な流れにしたがって動いている無意識という心の層の二つで、心はつくられています。私たちがふつうに心というときには、意識の心のことをさしています。しかしその意識の心の働きには、無意識の心の層が影響を与えています。ですから心がどこからやってくるのかと言えば、この無意識という心の層からやってくると言えると思います」。いまから考えると恥ずかしい限りだが、そのとき私の答えたことはフロイトやラカンの心理学のへたな焼き直しである。

ケツン先生が楽しそうに私に問いかける。「では、その無意識の心というのはどこからやってくるのですか」。

追い込まれながらも私は応戦する。「生命からです。心は生命からやってきます……でもそうなると生命はどこからやってくるのか、となりますよね……どこまで後退していっても、この問いには限りがありません……」。

「なぜそんな際限ない後退に追い込まれてしまうのか、そうなってしまうのがクンゾップの思考の宿命だからです。有から有へと転変をとげていくのが、クンゾップの思考の本質です。心はどこからやってくるのか、というゾクチェンの問いかけは、それとはまったく別の思考の場所に立つことを求めています。あなたはすっかり追い詰められてしまいました。チュウミク・チャンジュでの体験を思い出しながら、心はどこからやってくるか、その問いをもう一晩、考え抜いてみなさい」

そう言ってケツン先生は、私に部屋に戻ってしっかり考え抜くようにと促した。しかし次の日の夜も、私はまたもやセムティに失敗してしまった。こんどは、心は物質から生じないことを弁じてみたが、心はどこからやってくるのかという肝心の問いからはますます外れていくばかりで、話の途中ですっかりがっかりして、うなだれて部屋を出て行く始末だった。

「自分の心を内側から見つめ直して、考えや思いがどこから湧いてくるのかを、しっかり見届けることだ。自分が体験したことだけをもとにして考えてみなさい」と、部屋を出て行こうとする私に、先生が厳しさを含んだ優しさをこめて語りかけてくれた。無駄な知識はすっかり捨て去るようにと言われて、山の修行場に出かけたものの、私の心の中にはどっさりとその無駄な知識が積みかさなり、ゾクチェンが求めているような単純素朴な自然思考を阻んでいる、と思えた。

＊　　＊　　＊

一人の部屋に戻った私は、チュウミク・チャンジュの寺の本堂で、早朝三千回の五体投地を終えたところで、縁側に座って雨を眺めている自分の姿を、思い起こしていた。単純な身体動作を続けているうちに、自分の心に次々と浮かぶ感情や思考は、しだいに消えていった。そして休憩をとっている間、私の心にはなんの思考も感情も浮かばなくなっていた。

その様子は、まるで青い空にもくもくと湧いていた雲がしだいに空に吸い込まれて、最後には空に消え去っていくように思えた。その一連の過程は比喩ではなく、自分の心に浮かんできた物質的イメージそのものであった。思考と感情とイメージと身体が一体になって、私の心の内面空間にこの光景を映し出していた。私は先日ヤンレーシュのお堂で聴聞した『ガンジス河畔のウパデーシャ』に何回も出てきた「空（ナムカ）」という言葉を思い出していた。心はどこからやってくるのか。私にはいまや確実にその問いへの答えがつかめたような気がした。心は「ナムカ」からやってくるのである。

「先生わかりました。心はナムカからやってきます」。翌日の深夜、あらためて先生の部屋の扉を開いた私は、たしかな声でそう言うことができた。「ナムカはなにもない空です。心はその空と同じでもともとなにもありません。その心に、いろいろな思いや考えが雲のように浮かんでは、消えていきます。心は空なのです」

私のその答えを聞くと、ケツン先生はとてもうれしそうに微笑んだ。「ようやく一歩前に進み出すことができましたね。ではお聞きします。その心はどんな形をしていますか。どんな色をしていますか」

「形はありません。いや、どんな形にもなれますが、本体は変化しません。空のままです。空にはいろいろな形をした雲が、際限もなく湧いてきますが、空そのものには変化はありません。色も付いていません。どんな色にも成ることはできますが、本体は空のままです」

そう答えている私の内面では、マハームドラーの思想が高らかに鳴り響いていた。その思想を、私は外から受け取ったのではない気がした。自分の体験の内側から湧いてくる考えを形にしようとしたら、自然とそれがマハームドラーと同じ表現になっていた、という印象であった。思想は体験と一体でなければならない。このセムティをとおして、ようやく観念の虜であった自分から、私は一歩外へ抜け出すことができたような気がした。

「ではあなたはもう、心がどのようにしていまここにあるか、理解していますね」

「はい、理解できたように思います。こうしていてもいろんな考えや感情が心に湧いてきますが、それらを雲として浮かべている心というものを、たしかに感じ取ることができます。見ることもできます」

「空《そら》のように空《くう》である心には、つぎつぎと際限もなく妄想である思考や感情が湧きあがってきますが、それは空である心そのものにリクパ（rig-pa）という力が内蔵されているからです。あなたが自分の心の本性がこのリクパであることに心底から気づくことができたら、あなたは妄想のつくりあげている世界から抜け出すことができます。しかし心の本性がリクパであることを知らずにいれば、あなたは妄想の世界を輪廻し続けることになります。では、セムティの最後の質問をしましょう。心はどこへ行くのですか」

「はい、心はナムカから生じて、ナムカに戻っていきます。ですから心はどこにも行きません。それにもともとなかったものなのですから、どこにも行きようがありません。台風の嵐のような思いがどんなに心で猛威を振るっていたとしても、いずれは空に吸い込まれていくことになります」

「よろしい。あなたはセムティを通り抜けることができました。ちょうど三日かかりました。チベットの普通のやり方だと、心はどこからやってくるか、心はどのようにしていまここにあるか、心はどこに行くか、という三つの質問に一日ごとに答えていくのですが、あなたは出だしがひどくまずかったけれども、最後は一気に突破できました。明朝から『イェシェ・ラマ』の講義を始めましょう。タシデレ（おめでとう）！」

あとで先輩の行者たちから聞いたところでは、ゾクチェンの全体系の中で、このセムティがもっとも緊張した試練であったと、多くの人が回想していた。精神を飛躍させなければ、セムティが求めている状態にたどり着くことは難しい。その試練の門が最初に置かれている。この試練はなにかを教えるのではなく、なにかを気付かせようとしている。それを単純きわまりない、しかし答えようとすると恐ろしく難しい設問をとおしておこなっている。古代の哲学とは、おそらくこういうものであったのだろう。

11　四大元素の声を聴く

『イェシェ・ラマ』の伝授が始まってから、私はしばらくの間、ゴカルナの森に出かけて長い時間を過ごした。ゴカルナは「王の森」とも呼ばれていたネパール王室付属の森で、ボードナートの村からヒマラヤのヨルモ地方につながる街道の脇に広がる広大な森である。その当時は大規模な改修が始まったばかりで、森の奥のほうはまだ手つかずのまま放置されていたため、筵《むしろ》を担いだ私などが入り込んでいっても、制止したりするものは誰もいなかった。私はそこで、ゾクチェンの正行のための加行（正式加行）を、ひそかにおこなっていた。なにしろその中には、「狂人のように叫び転げまわる」行とか、「裸になって地面を這う」行などが含まれていて、とてもボードナートでは思うさまおこなうのが無理な項目が、たくさん含まれていたからである。それにゾクチェンの正行のための加行には、「精神のアフリカ的段階」にとっては見過ごすことのできない、徹底して「自然まみれ」になるための修行法が含まれていた。それをおこなうには、鹿や猿が近くに寄ってくるようなこの森は、最適の場所であった。

そのことに気づいたのは、『イェシェ・ラマ』の伝授が始まった第一日目であった。作者のジグメ・リンバはその本の冒頭で、ゾクチェンの他の教えとは異なる特徴点を列挙したあと、正式加行の説明に入っていくのであった。そこにこう書いてある。「ゾクチェンの教えを説いた六百四十万詩頌の教えを集約しエッセンスを抽出した『タタル・ギュルバ』[8]という書物につぎのように書かれている。真実在の三様態（三身 sku-gsum）を学ぶ道筋として、自然元素の潜在力を熟知しておくために、土、水、火、風という四大の声を学び、正しく理解することが肝要であると。そして四大元素の声（音）のヨーガについて詳しく述べているが、最近ではそれを実修する人も少ないので、この修行は省略してよろしい」。私の目はこの記述に釘付けになった。

この文章には、ゾクチェンの最古層の教えを保存している『タタル・ギュルバ（音声の変状）』には、自然界の四元素である土、水、火、風の波動（音声）を聴き取ることによって、自然元素の潜在力を体得するための古いヨーガのやり方が説明してあるが、十八世紀の最近ではこういう古い修行をやる人たちも減り、それについて書かれた書物も見かけられなくなっているので、この行はスルーしてもよろしいと言うのである。

しかし私には、それはぜったいに自分には許されないことであるように思われた。このヨーガこそ、「精神の考古学」にとって最重要な意義を持っていることが、直感できたからである。そこで私はケツン先生に、この「四大元素の音声を聴く」という古い行のやり方を教えてもらえないだろうかとお願いした。

先生は始めびっくりしたような顔をしていたが、すぐにいつもの微笑に戻っていた。あなたがなにを求めているのか私にはよくわからないが、あなたにはゾクチェンをいまではあまりやられていない古いやり方で教えたいと考えていたので、四大元素の声を聴くヨーガについても教えましょう。チベットにおける私の師は、十四世紀のニンティクの大成者であるロンチェンパ（一三〇八～一三六三）の教えどおりのゾクチェンを伝えようとしていましたから、私は師からこのヨーガのやり方を学びました。

そう言って先生は、私が居室に使っていた部屋に入っていき、しばらくして数冊の大きな本を抱えて戻って来た。そのうちの二冊が『タタル・ギュルバ』を含んだ『十七古タントラ全集』[9]の一冊とロンチェンパの『ツィクトンズ（詞義宝蔵論）[10]』であることはわかったが、あとの二冊は草書体（ウメ）のもので、まだウメの読めなかった私にはタイトルを読むことができなかった。

＊　＊　＊

教座に戻ったケツン先生が語りだした。

四大元素の声を聴くヨーガは、かつては正式加行の第一番目に置かれていた修行ですが、現在ではそのとおりに学ぶ人は少なくなってしまいました。しかしそれはこれから存在の真理への難路を歩もうという者にとっては、とても重要なヨーガとなります。私たちは身体を通路として、心の秘密に踏み込もうとしていますが、その心と身体の両方にとって、自然界の四大元素の働きはもっとも基本的なものなので、あらかじめその働きに習熟しておく必要があります。まず四大元素の音声のヨーガを修し、つぎにサンサーラ（生死輪廻の世界）とニルヴァーナ（輪廻の世界を抜け出した解脱の状態）との境界を見極めるヨーガを修し、それから身体・言語・意識の三つの門を浄化するヨーガをおこなう。これが正式加行の正しい順序です。

四大元素の声を聴き取るために、ゾクチェンでは古くからつぎのような訓練を課してきました。概要は『タタル・ギュルバ』に記されています。このタントラは最初期のチベット人のゾクチェンパによって作成されたものですが、原型はそれよりもずっと古くに出来ていたのであろうと考えています。そこにはこう書かれています。

『タタル・ギュルバ』（抜粋）

三身（真実在の三様態）を修学するためには、
四大元素の霊妙な欲動を知ることが肝要であり
十、水、火、風の四大元素の声を聴くことを
よろしく修学することで達せられる

水の元素の声は洗い流す働きをなし
空行母《くうこうぼ》（ダーキニー）の音がよく聴き取れるようになる
これを不断に修学する者はさだめし
応身の様態を得るであろう
土の元素の声は冷やし鎮める働きをなし
大梵天の音を備えるようになる
これを熱心に修学する者はさだめし
応身の様態を得てさらに
また報身《ほうじん》をも成就するであろう
火の元素の声を聴く能力が増すと
ヴィシュヌ天の音声を顕すことができるようになる
この音声をよく聴き取る者はさだめし
法身の徳を獲得するであろう
風の元素は清涼にして猛々しく
金翅鳥《きんしちょう》（ガルーダ）の王の威力ある語を得る
これを長期間にわたって祈り続ける者はさだめし
真実在の三様態をともどもも受けるであろう
（私訳）

以上が『タタル・ギュルバ』という古いタントラに書かれたヨーガの概要で、じっさいにどんな風にしてこのヨーガを実修するのかについては、『ドンマ・ナンチェー（燈火の顕現《けんげん》）[11]』というヴィマラミトラの伝承を伝える別の本につぎのように詳しく説明されています。ここでは四大元素に「空《くう》」が加えられて、五大元素の声を聴く行となっています。

『ドンマ・ナンチェー』（抜粋）

静寂な場所におもむいて
柴木の束を集めて火を燃やし
両手を伸ばしたほど離れたところに
落ち着ける座を用意して座り
身体の神経叢《そう》（チャクラ）に意識を集中してから火をみつめ
リクパを目を通して引き出して火の中に投入しなさい
獅子の坐法を保って火をみつめ続け
火の元素の声に聴き入り
ばちばちと火の爆《は》ぜる声に耳をすまして
大楽と妙香を楽しみつつ修し
これに自身の心を結合させていくのである
縁のある者ならば半月ほどで
修学の成果が得られることは間違いがなく

ラサにある十七世紀の壁画に描かれた「四大の声を聴くヨーガ」の図

神通力のあるナルジョルパ（瑜伽師）になる。
水の元素の声を聴くナルジョルパは
さきに述べた加行を修しつつ
秋に農作物の実る頃
無人の谷で水流の激しい場所を選び
激しく水しぶきの散る水流をみつめ
身体の要所をまっすぐにして
リクパの要点を水の中心に集中して
象の観法をもって流れの方向を凝視する
これで変化が現れないときは
声を立てずに頭を地面につける
水の振動のわずかな動きでも聴き取るようにする
そうすれば三ヶ月の修習によって
本覚を成就することとなる
意識を耳に集中して
たえず四大の声を聴き取ろうとすれば
かつてない霊妙な成果が得られ
多様なヨーガの法を知り
意識の混迷を取り除く儀礼の働きをなす。

風の元素のもろもろの声を知るためには
以上のような加行を続けながら
渓谷の入り口や山のてっぺんに
窓のある静謐な部屋を設け
耳の感覚を風の吹いてくる方向に
注ぎ続ける訓練を続けるならば
縁のある者ならば一ヶ月の間には
成就を得ること間違いがなく
ヨーガの妙なる感覚を獲得できる。
土の元素の声は舌などに住し
出入りの感覚器官は多種多様である
常に手技の動作の訓練を怠ることなく
段階的訓練に六ヶ月を費やせば
自在な決定果を得ることができる。
空《くう》の元素の声を聴くには
ヨーガの友らと山に登り
山頂で身体の要所をまっすぐにして横たわり
空を見つめて虚空に目を凝らすのである
ゆっくりと呼吸を吐き出しながら

晴れた青空に心を集中すると
三年の修行によって鳥のごとく空を行くことができる。
この修行を懈怠《けたい》なく続けることによって
世間にも有益をもたらし
すばらしい達成を得ることができる。

（私訳）

ここまで解説を進めると、ケツン先生は教座の上で、そこに書かれていた「獅子の坐法」と「象の観法」と「象の坐法」をじっさいにやってみせてくれた。とくに象の坐法などは、地面に体をぴったりとくっつけるもので、なかなか艶かしいところのあるポーズであった。動物に変身して自然元素と一体化するというこのヨーガは、いかにも精神のアフリカ的段階にふさわしいものに思えた。

「あなたが最近よくでかけているゴカルナの森の裏には大きな川が流れていて、その上流には滝や崖などもある美しい場所があると聞いたことがあります。そこへ出かけて四大の修行をしてみるといいでしょう。パッサンに頼んで助手をしてもらうといい。数日間キャンプする必要があるからね。キャンプするときは、毎日居場所を変えなさい。同じ場所に滞在し続けてはなりません。そうしないと土地神が怒る、と言われていますゝ」

ケツン先生はそう言って私を送り出した。

それからの数日間を、私は若い僧のパッサンとともにゴカルナの森の奥の渓谷に入って過ごした。キャンプ道具の一式をシェルパの友人から借りて、河原や丘の上でキャンプしながら、いっしょに四大元素の声を聴く行をおこなったのである。

カトマンズ市内に流れ込んでいるバグマティ川の上流にあたると言っても、さすがにこのあたりまでくると水は透明に澄み切り、おだやかな流れから荒々しい急流にいたるまで、「水の元素」はさまざまな表情を見せて流れていた。一日目は小さな滝のある中流の河原にテントを張って、水の声を聴くヨーガを集中しておこなった。

滝のすぐ脇に大きな岩があったので、その上に象のポーズをしてうずくまった。しかし象の坐法による呼吸法がうまくできず、私は地面に体をつけて水の振動を全身で受け取るポーズに切り替えて、滝の振動に心を凝らすことにした。水は形を定めずに流れていく。平地へ出て優しい流れに変わっていく直前の水は、ドウドウと地面を踏みならして激しいダンスを踊っている女神のようだった。その激しい振動を体内に取り込んで同調させているうちに、心の内面に広々とした黒い空間が広がっていき、その空間に透明で無数の水の粒子が乱舞しているような感覚を私は味わっていた。

夜になると私たちは誰からも見られていない河原に、集めてきた枝や木を積み上げて、火をつけた。タントラに書かれていたように火から二メートルほど離れた場所に、それぞれの居場所を作って、火を見つめるヨーガをおこなった。「火の元素」は「水の元素」を超える強烈な作用を、私の心にもたらした。水は下に流れていくが、火は上へ燃え上がるのである。火の内部に目を凝らすと、激しい空気の乱流によって、火は上へ下へと渦を巻いていく。その渦がさらに上方へと立ち昇っていく。木の爆ぜる音に耳をすませながら、呼吸を整えて私は自分の心を火の中に飛び込ませようとした。火の元素と一体化した私の心が、渦を巻きながら火柱を立ち昇らせていくように感じられた。私たちは火が消えるまで、ちょろちょろと燃える残り火を見つめ続けた。その小さな火にさえ、声が宿っているように感じられたからである。その声は真っ暗な夜の闇に吸い込まれていった。

翌朝、川べりの気持ちのよい空気を吸いながら、私たちは風の声を聴こうと試みた。風が耳を撫でていく。私はチベット人が家や仏塔に張り渡すたくさんのタルチョウという旗のことを思い出していた。風にパタパタとなびくタルチョウには、旗の一枚一枚に「風の馬（ルンタ）」の経文が描かれている。私は自分がその旗になろうと思った。風の元素が私の体を撫でていく。すると私は柔らかく体をくねらせて踊る。風が乱流となって私の体にぶつかってくる。私は激しくゆさぶられて、必死で旗を結いつけている綱にしがみついて、耐えるのである。

昼食をすませて私たちは、丘に登った。土の元素は主に舌をとおして、多様な感覚器官から出入りを繰り返しているという。この出入りは、手の運動と連動しているというので、手を突き出したり引っ込めたりする動作を繰り返した。しかし事物を冷やし鎮める働きをもつというこの土の元素の感覚は、なかなかつかみにくいもので、土の元素に入り込んでいくことは、火や水の場合のようにはうまくいかなかった。それよりも、仰向けになって呼吸法を整えて青空を見つめる空の元素のヨーガは、気持ちのよいものだった。この空の元素の体験が、いずれゾクチェン正行の「テクチュウ（境界を突破する khregs-chod）」のヨーガにつながっていくのだと、パッサンが教えてくれた。

私はなぜゾクチェンが新参者たちに、セムティのあとこの四大元素の声を聴く行をやらせようとしたのか、よく理解できる気がした。セムティでは心が人間的心作用を超えた、はるかに広大な空間性を備えていることを教えようとしていた。そしてそのあとに、今度はその心という空間性を、自然元素の活動する物質性を備えた空間に、そのまま直接つなげようとしているのである。ゾクチェンでは、人間の言葉と火や水の声とのつながりを回復しようとしている。それも比喩ではなく、あくまでも現実的事態として、ふたつの領域をつなごうとしている。

私は大学生の頃フランス語教本で出会って以来ずっと愛読していた、物質的想像力の哲学者、ガストン・バシュラールの本の、つぎのような美しい一節を思い出していた。

> （物質的想像力という私の主題は）つぎのことを証明することである。すなわち、水の声はほとんど隠喩などではなく、水の言語は直接の詩的な現実であり、小川や川は無音の風景を不思議なほど忠実に音声化《ソノリゼ》するのだ、ということである。つまり音を立てて流れる水は、小鳥や人間にたいし、歌い、話し、繰り返し話すことを教えるのだ。要するに水のことばと人間のことばに連続性があるということの証明である。逆にいうと、あまりにも無視されてきた事実、人間の言語活動に有機的にいってひとつの流動性《リキディテ》があるということ、言語の総体の中に一定の流量があり、子音群の中にひとつの水があるということを主張したいのである。この流動性が特別

の心的興奮、つまり水のさまざまなイマージュをすでに喚起しているひとつの興奮をあたえる、ということを証明したいのである。

（ガストン・バシュラール『水と夢　物質的想像力試論』、及川馥訳、法政大学出版局）

水だけではない。火や、土や、風にも、彼らの「声」や「ことば」があって、それが小鳥や人間に歌ったり話したりすることをうながしてきたのである。ゾクチェンは人間の心と物質的自然の活動の間にも、ひとつの連続性があることを示し、じっさいにそれを回復しようとしている。人間の心理や思考などは宇宙の中のごくささやかな部分でかろうじて聞き分けられる微弱な振動にすぎないものだが、それとても自然界の四大の奏でる壮大な声部との連続性を失ってはいない。「水の声はほとんど隠喩などではなく、水の言語は直接の詩的な現実であり、小川や川は無音の風景を不思議なほど忠実に音声化する《ソノリゼ》」というバシュラールの表現には、奥深い存在の理法が語られている。四大（ないし五大）元素は科学が明らかにできる物質構造をあらわしているのではなく、存在の基底材であるダルマダーツ（法界）の音声化されたゲシュタルト（形態）をしめしている。

音声というのは実体ではなく存在様態をあらわす「半物質（半ば物質的で半ば非物質的）」である。この音声には多様なゲシュタルトが内蔵されていて、大きく分類すれば四つか五つに集約される、というのが古代哲学の基本的な考えである。水の元素、火の元素などと呼ばれているのは、そうした存在様態をあらわしており、そのゲシュタルト性は物質となって現象するようになっても、物質構造の中に保存されている。

そうした諸元素の「ことば」や「声」を人間の心に取り込むことによって、ふたつの領域の間に通路をつくりあげ、物質と呼ばれている川や森や火や土や風と、小鳥や人間の「ことば」をつなごうとしている。四大元素の声を聴く行が成功すると、心には歓喜がわきおこってくると言われているのは、そのためである。「田舎に着いたときの愉快な気分」がベートーヴェンに第六交響曲を作曲させているが、そのとき彼の心には自然元素の「声」とつながるいくつもの通路が開かれていたはずである。

＊　＊　＊

昔のやり方からすればずいぶん短い期間であったとはいえ、五日間のキャンプを終えてボードナートに戻った私は、周囲の世界にたいする自分の知覚が変化しだしているのに気がついていた。ボトルの中の水を見ても、コンロに燃える火を見ても、牛が草を食べている原っぱの土を見ても、そこにある物質の中に自分の知覚が滑り込んでいってしまうような、奇妙な感覚である。「元素」の音声を聴く訓練に熱中したおかげで、さまざまな物質はそれぞれに特有の波動を持っていて、それらの波動は四つの基本的な物質の声音の合成としてできていると感じるようになった。家の壁は土と水を混ぜ合わせてできている。その壁に体をつけていると、水の流れる運動性が土の中で冷やされて停止させられているのが感じ取れる。そうなると、硬い物質に見える家の壁が、中に含まれる水の運動性によってかすかに振動しているように思えるのだ。壁は生きていて、土と水の混成でできた特有の声音を発して歌っているように感じられるのだ。しかし残念ながら、人の間に立ち混じっての暮らしを再開してから一週間もたつと、その能力は急速に私の中から薄らいでいってしまった。

それでもこの数日間のうちに自分の中に形成された「全体運動」の感覚は、むしろ日毎に確かなものになっていった。自然をつくっている諸元素が互いに結び合ったり反発しあったりしながら、大きな力の流れとなって運動しているという感覚が、しだいに強くなっていったのである。私たちがふつう「自然」と呼び習わしている「自然」などというものは存在しないのだとも思われた。自然は現れては消滅していく諸元素のゲシュタルトの戯れなのであって、そこには「自然」という対象は存在しないのである。

私には四大の声を聴くこのキャンプをとおして、ヘルダーリンの自然讃歌の詩の意味などが、はじめてわかったような気がした。ヘルダーリンは音声化《ソノリゼ》された諸元素の全体運動の中から出現するものに、はじめて「自然の魂」と呼びかけている。

冷たい泉の湧く谷に
若やかな茂みの緑が
静かな岩壁をめぐって戯れ
天上の気が枝を透かして光った時
花の雨にしとどに濡れて
静かな酔心地にその香を吸い
光輝に包まれて金色の雲が

高みから沈みこんで来た時――
はるかな裸の荒野をさすらうと
ほの暗む山峡の底ひから
巨人が哮《たけ》ぶかと　流れの歌が轟き（……）
その時あなたは示現した　自然の魂よ！

（ヘルダーリン「自然へ」『ヘルダーリン詩集』、川村二郎訳、岩波文庫）

四大元素の全体運動の中から、立ち現れてくるものがある。古代ギリシャ人が「ピュシス」と呼んだもの、ゾクチェンが「ナンワ snang-ba、励起力《れいきりょく》」と名付けているなにものかが、そこから立ち現れてくる。「自然」はその全体運動に被せられたレッテルにすぎない。

四大の声を聴くヨーガは、ゾクチェンの体系の中で「真実在の三様態を説明する（クスム・ナティ sku-gsum-sna-'khrid）」という修学の課目に属する。「クスム＝三身」は仏教用語から借りてきた概念であるが、ゾクチェンはそれに独創的な解釈を与えて、存在の説明に用いている。この重要な現象学的概念については、おいおい詳しく説明していくとして、ここでは潜在性から顕在性へと展開していく過程でとる存在の三つの様態の変化という程度の意味で、ざっくりと理解しておいてほしい。四大はこのような三様態を内蔵する、存在の示す四種類の基本的波動をあらわしている。そのため四大の声を聴くことをつうじて、人間はダルマカーヤ（法身 dharmak-ya）、サンボガカーヤ（報身《ほうじん》）、ニルマナカーヤ（応身）の三様態がむきだしの状態で相互変容を起こしている現場に、実態的に立ち会うことができる。

「声を聴く」とは、そのような三様態の相互変容の様子を、全身の神経を総動員して感知することを意味している。四大の声が渦を巻いて響き合っているこの空間こそ、ゾクチェンが開こうとしている心的空間（チベット語でロン klong と呼ばれる原空間《スパティウム》）にほかならない。そのために、正行の準備段階（加行）の最初の部分に、このようななかなかハードルの高いヨーガが置かれることになったのであろう。

四大の声を聴くヨーガが開くこのような原空間《スパティウム》は、恐ろしく複雑な構造をしている。それを言語の「ロゴス」的仕組みによって表現することは不可能である。そのためにゾクチェンでは心的空間と言語的なものを慎重に腑分けする。ところが西洋哲学ではそれらはひとくくりに「ロゴス」という概念によって表現され思考されてきた。

たとえば古代ギリシャの哲学者ヘラクレイトスは、ゾクチェンパと同じように、パン焼き窯の中に燃える火を見つめながら哲学的思索を続けた。そして燃える火の中に「ロゴス」が不断に立ち上がってくるさまを見出したのである。ハイデッガーはこのヘラクレイトスの思索の中に西洋的思索の原初を見出そうとしている。[12] しかしゾクチェンの四大の声を聴く瞑想は、同じ火の中に不断に渦巻き状の全体運動を続ける、西洋的「ロゴス」とは別種の知性的なるものを見出していった。私はのちにそれを「レンマ的」な知性として再発見することになる。

12　コルデ・ルシェン

ゴカルナの森に出かけて「コルデ・ルシェン[13]」の訓練を始めようとしていた朝、ケッツン先生は小さなトルマを数個と揚げ菓子の入った包みを手渡してくれた。トルマというのは、チベット人の主食である麦こがしにバターを練りこんでつくった、奇妙な形をした儀式用の食べ物で、神々への供物に用いられるもの。揚げ菓子のほうはカプセと言って、正月や祭日に各家でたくさんつくられているお菓子である。

「森に入って、コルデ・ルシェンの行をする場所を決めたら、茣蓙《ござ》を敷いてその上にこのトルマとカプセを並べて、簡単なお供物の祭壇をつくりなさい。そしてそこの土地神に向かってこう祈りなさい。これから私はあなたの護っている土地の上で、あきれるほどに非常識な行動をおこないます。しかしそれはこの世界にいるありとあらゆる有情《うじょう》（意識を持った存在・生命体）の幸せのためにおこなう修行です。ですから私のあきれたひどい行動をごらんになっても、怒って私を脅したり追い出そうとしたりしないでください、と。そうお願いしてから、六道《ろくどう》の生き物たちを思う行から始めなさい」。先生は真顔でそう言った。

森に入ると、私は以前から目をつけておいた奥の空き地に向かい、そこに茣蓙を敷いて小さな祭壇を設けた。『イェシェ・ラマ』には、「人が誰も近づいてこない、まったく人目につかないような場所を選んで、この行をおこなうべし」とあるので、ここはまさに最適な場所だった。衣服をすっかり脱ぎ捨てた私は、素っ裸で森の中に立った。まわりの木々を見上げると、何匹もの猿がこの奇妙な行動をする人間のことを見下ろしていた。猿たちは私が置いたトルマとお菓子に関心を持った様子だったが、丸裸の人間を恐れてか、それ以上は近づいてこようとしなかった。

「コルデ・ルシェン」は直訳すれば「サンサーラとニルヴァーナを分離する」という意味になる。水と油の混合した液体を分離機にかけて、純粋な水の部分だけを取り出そうというのに似ている。

人間は生と死がくりかえす輪廻する世界を生きているが、その状態をつくりだしているおおもとは、身体と言葉と思考をとおしてたえまなく活動している心《セム》の働きにある。しかしこの心は純粋な心性（心そのもの、セムニー）が変性したものであり、このセムとセムニーの混成体として、人間の心作用は動いている。セムはサンサーラと一体で働いている。そのため、混合体である心作用からこのセムの部分だけを「油」として分離して、純粋な「水」であるセムニーと分けやすくしておくというのが、このコルデ・ルシェンという訓練の目的である。

ゾクチェンでは人間という実存を、つねに体の働き（身）、言葉の働き（口）、意識の働き（意）という三つの側面から考察していく。そこでコルデ・ルシェンの行も、身、口、意の三つの面からアプローチされる。森の奥に身を潜めた私が裸になって、猿たちに見つめられながら、莫蓙の上に立っているのは、第一の行である「六道に輪廻する有情」の生存条件を理解するためのヨーガをおこなうためである。

仏教では有情を、神、阿修羅、人間、餓鬼、畜生、地獄の六つのカテゴリーに分ける。それぞれの存在カテゴリーの心作用は、それぞれのセムの構造の違いによって条件づけられている、と考えるのだ。それぞれの存在は、自分に与えられたセム構造の内部から、世界のことを捉えている。有情は各自のまわりに、各自のセム構造に適した世界のあり方を「仮想」して、その仮想世界の中で「世界」というものを体験するのである。

そのために同じ空間の同じ場所が、すべてに満ち足りた神々には快感を与えてくれる「神の世界」と見える（仮想される）のに対して、神々に対する嫉妬に満ちた阿修羅たちの目には、憎らしい不平等の「世界」と見える（仮想される）のである。「コルデ・ルシェン」では、それぞれの

十七世紀の壁画に描かれたコルデ・ルシェンの行をする姿

仮想世界を生み出す心構造に自分のセムを変容させ、そのとき見えてくる「世界」を単なる知識としてみるのではなく、あくまでも一つの実在としてリアルに体験させようとする。そうやって人間の心作用を分離機にかけるだけではなく、あらゆる可能世界の心構造を分離させ、人間もさまざまな姿をした仮想世界であるサンサーラを生きる有情の一員にすぎないことを、この加行の段階で理解させようとするのである。

それぞれの存在カテゴリーについて、最低でも三日の行が必要であると言われた。森の中に三日いて、神々の存在条件をじっと観察しているのは、じつに退屈な観察作業だった。物質的にも精神的にも満ち足りた世界というものを仮想してみても、私にはちっとも楽しいと感じられなかったからである。つくづく自分はこの世のセレブ生活には向いていないのだということを自覚させられた私は、四日目からの阿修羅の行に喜び勇んで入っていった。子供の頃から自分の中に阿修羅のセム構造が根深くセットしてあることを、私は自覚していたので、このさい思うさま自分の心を阿修羅にして、憤怒に満ちた視線でこの世界を眺め直してみようと考えた。

阿修羅のセム構造が仮想する世界では、あらゆる不正と不平等が横行している。それはこの世をセレブの構造と仮想している神々が、この世の富や幸福を独占してしまっているからである。阿修羅は半分人であるデミゴッド（半神）であるから、そうした富や幸福に近づくことも不可能ではない。しかし神々は阿修羅を自分たちの一員とは承認していないので、阿修羅は疎外感に苦しめられて、激しい憤りを抱くのである。

その憤りを声に出してわめき、どなり、武器を手にして戦いに出る勢いを見せるのも、おおいにけっこうである。自分のセムの内部に阿修羅の構造がセットしてあるのを感じるのなら、なおさら熱心に阿修羅の仮想世界に没頭するがいい。そうした上で、自分の心に知らず知らずに湧き上がってくる阿修羅の気持ちを、セムニーから剝離させるのである。阿修羅のセム構造がそれであなたの心から消え去ってしまうわけではないが、もうあなたはそれに縛られたり、引《ひ》き摺《ず》り回されたりすることはなくなる。空（ナムカ）に浮かんだ阿修羅の心の雲が流れ去っていくのを、静かに観察することができる。そうやってサンサーラとニルヴァーナが分離していく。あなたは一歩、自由に近づく。

裸の人間が地上で騒ぎ回っている様子を、樹上から興味深げに見下ろしていた猿たちは、そのときさぞや面白い見世物を楽しんだことであろう。だが猿たちよ、哺乳類の仲間を出て人間のほうに向かって進化の道を進んだ君たちのセムにも阿修羅の構造は棲みついていて、オス猿たちはボスの地位をめぐってしょっちゅう醜い覇権争いを続けているではないか。嫉妬とマウンティングは霊長類である我々の宿命である。私のこの姿を見て、猿たちも気づいておくれ。霊長類であることは、けっしてセムの完成を示しているのではない。猿も人間も、まだ途上にある存在なのである。

七日目からは、人間の実存をセムとセムニーの分離という観点から観察する行に入った。人間の生存条件をどう考えるのか、ゾクチェンのテキストは「生老病死」というありきたりのテーマ以外とりたてて何も指示を与えていない。あなた方は人間のセムのことはもうよく知っているでしょう。人間であるあなたが、自ら体験してきた人間の心というものを観察素材にして自由に考えてみるがいい、という鷹揚《おうよう》な態度で、修行する者を投げ出している。

私は人間の生存条件を「言葉」の側面から観察することにした。人間は言葉をつうじて思考し、言葉によって人間関係をつくり、言葉に基づいて環境を構成している。ようするに人間のセムは言葉によって構造化されているのである。私たちが自分のセムと内的対話をおこなうときも、自分の内部で紡ぎ出される言葉の糸を追っている。言葉は時間の流れにそって伸びていく線のような構造をしている。そのためにセムの内部で言葉が発動するたびに、時間の流れが確かなものとして整序されていく。人間のサンサーラはつねに言葉と共にあるのである。

それならばニルヴァーナに言語活動はあるのか。あるとしたら、それはどんな変容を受けることになるのか。そもそもニルヴァーナの原空間《スパティウム》で、その言葉はどんな変容を受けることになるのか。そもそものであってはいけない。時間の流れにしたがって事物を線形に並べることで、サンサーラの言葉はニルヴァーナの言葉に制限を加えているからである。いちどきにすべてを表現できる言葉でないと、ニルヴァーナの言葉にはなれない。そうなると、詩的言語はサンサーラの言葉とニルヴァーナの言葉の中間にあるということになる。天使の言語活動があるならば、やはりそういうものだろう……私はそんなことをとりとめもなく考えた。

人間はこの言葉によってつくられる仮想現実を介して、生物に必ず訪れる生老病死というリアルと直面する。そのために、動物たちは自分の死を恐れたりしないのに、人間だけは言葉がつくる「私」というものがあるために、自分の死を恐れることになる。生物的な死とともに「私」が消えてしまうことを、仮想的な「私」は認めることができないからだ。ブッダはこの問題に取り組んで、仮想的な「私」の滅却《めっきゃく》に至った。その状態が「ニルヴァーナ」と呼ばれるものである。

樹上の猿たちをもっとも喜ばせたのは、私が「畜生」の行をおこなっていたときであろう。この行を始めるとき私はケツン先生に、動物を家畜動物に限ってその苦を思えというのは、いかにも仏教的な辛気臭い考えであるし、家畜の生存条件だけに限定するのでは生物としての概念が狭すぎるので、すべての生物にまでカテゴリーを拡張してルシェン（分離）したいと申し出ると、先生は好きにしなさいと笑われた。仏教の生物概念にはどこか狭量なところがあり、そのままではコルデ・ルシェンのゾクチェン思想には合わないと思われた。

それに私は大学で生物学を学んでいた時期があるので、ぜひともこの機会に長いこと関心を抱いてきたヤーコプ・フォン・ユクスキュルの「環世界」説を、ゾクチェン的な実践に読み替える試みに取り組んでみたいとも思っていたのである。近代の自然科学に比べれば、古代的な自然哲学の探究法はいかにも素朴である。しかしその二つがたどり着こうとしているのは、じつは同一の真理なのである。

＊　　＊　　＊

ユクスキュルの環世界説は生物学的にはつぎのように要約される。

生物が自分の環境内での事物、出来事を、いかに体験しているのかという問題は、主体から環境の中への一定の物へと結びつつ、そしてさらに、その物から主体へと戻る線の網目が走っている関係の場の配列の問題であると理解される。目に見えない糸でできたこの網目の中で、環境の中立的な事物が環境世界の客体へと変化し、その中で生物はけっして脱落することなく安住できるのである。[14]

エストニア出身の生物学者ユクスキュルは、ハイゼンベルクが原子レベルの実験過程にはどうしても観測者の意識が関与してきてしまうので、物質領域においても主体と客体を分離することは不可能であるという「相補性原理《そうほせいげんり》」を打ち立てようとしていた頃に、生物学において「環世界」という思想を提起した。この二つの考えは、思想的にとてもよく似ている。

ユクスキュルはあらゆる生物が環境と一体になった各自の世界をつくりあげているので、生物学においても主体と客体を分離することはできず、各生物が内側から構築している多世界の集積として、世界はできていることを主張した。そうなると人間が観察している世界だけが唯一の客観的世界ではなく、すべての生物は自分に与えられた生存条件を通して、それぞれの生物の世界を見ているのだと考えられるようになる。鳥類の生存条件は「鳥の見ている世界」をつくる。それは違う生存条件を持つ蛙の体験している「蛙の見ている世界」とは異なっている。同じ場所と環境が、生物ごとに異なる世界に変貌するのである。これは仏教の存在思想とそっくりな考え方である。

環世界説から帰結されるもうひとつの重要なことは、自分の生存条件にフィットした環境を周囲につくりあげている生物は、自分は環境であり、環境は自分であるという、自己と環境の一体感のうちに生きていることである。水と魚はひとつである。鳥と大気は一体であり、そこには環境から分離している「私」はないのだ。動物への生成変化を試みるとき、「私」の意識を働かせてはいけないし、周りの世界を対象化してはいけない。「我花を見る、花我を見る」状態を徹底化させないと、この状態は実現できない。

そういう視点から、私は多様な生物に変容することによるコルデ・ルシェンを試みようと思った。この森に来る途中出会った牛の群れに見た潤んだ牛の目を思い浮かべながら、その目の内側に入り込んで、牛の内部からとらえられる世界を想像しようとした。プチプチと千切りながら草を喰むときの感覚、ひっきりなしにゲップが出てくる、尻尾でハエを追う、蛭《ひる》が目に潜り込んで血を吸おうとしているのを岩に擦り付けて落とす。他の牛の様子が気になったのかあたりを見回して、また地面に顔を近づけて草を喰べだす。

つぎは鹿に変容する。向こうの茂みからこちらを覗いている鹿に、心の照準を合わせた。鹿の目の内側から世界を見ると、目の前に裸の人間が奇妙な動きをしているのが見える。鹿である私はとっさに方向を変えて、その場を離れようとする。人間が立ち上がって手招きをしている。罠だ。私は一目散に逃げる。陽光の差し込んでくる森の中を飛び跳ねながら、私（＝鹿）は私（＝人間）から逃げる。

そして猿である。私は木の幹に擦れて肌が痛いのものともせずに、樹木によじ登っていった。猿たちが驚いて騒ぎ出す。威嚇するものもいるが、私自身が猿なのであるから、たとえ攻撃を受けても引き下がるまいと決心していた。その様子に怖気付いたのか、猿たちは鳴きながら遠くに退いた。

私は昔、友人の演劇青年から聞いたことのある暗黒舞踏団での70年代の合宿のさまを思い出していた。舞踏の刷新を企んでいたダンサーたちが結成した暗黒舞踏団では、ダンサーが動物や植物など他の存在に「生成変化」することをめざした。そうやってアートにおいても支配的だった人間中心主義を超克しようとしたのである。そこで蟬になることを求められた彼は、ほぼ一日中、樫の大木にしがみついて過ごさなければならなかった。あの頃、リアリズム演劇やバレエダンスに反抗して暗黒舞踏を始めた人々は、そういう訓練によって「演ずる」ということの概念を拡張しようとしていたに違いない。俳優が別の人格に生成変化するだけでは不十分だと考えた彼らは、昆虫や鳥などの生存領域への生成変化を目論んでいた。コルデ・ルシェンもそういう生成変化を私に求めていた。私は猿のように身軽に枝を飛び渡ることはできなかったが、猿たちとほぼ互角に渡り合うことができて満足だった。

さらに無理を承知で土中のミミズにもなろうとした。裸のまま、地面の上を這いずって数時間を過ごした。土も食べてみた。私は想像の中でモグラの気配を感じて、ぞっとした。全身に警戒信号が発せられた。私＝ミミズは土中で息を潜めた。すると少し離れた脇の土中を、あわただしくモグラが土をかき分けながら進んでいくのが感じられた。私＝ミミズは助かったのである。

森の小鳥はしじゅう私のまわりで囀《さえず》っていたので、小鳥になるのはごく自然だった。私は一羽のヒヨドリに狙いを定めて、アイヌのいう「動物の耳と耳の間」に自分の心の居場所をつくった。そこからなら鳥の心になって世界を見渡せると思ったからである。私＝ヒヨドリは人間の私を樹上から見下ろしているような気持ちになった。その枝から飛び立つと、空中から森が見渡せる。体と羽根のまわりを渦を巻いた大気が包み込み、背後に勢いよく駆け抜けていくと、私＝ヒヨドリの体は空中をぐんと前に押し出されていく。地上に小虫が見える。私＝ヒヨドリは急降下してその虫をついばむ。その瞬間、こんどはその小虫になって、空中高く持ち上げられた。

もっと小さな生き物にもなろうと思った私は、近くの沼に行って水中を覗き込み、学生の頃顕微鏡でしょっちゅう覗いていたゾウリムシになってそこに泳ぎだした。細胞膜に当たる水の感覚が気持ちいい。植物の小さな破片が触れたので、私＝ゾウリムシはそれを食べた。眼の細胞に注ぎ込んでくる陽光を浴びると、力が湧いてきた。体をくねらせて私＝ゾウリムシはまた泳ぎだす。そして突然真っ暗になる。魚がやってきて、私＝ゾウリムシを飲み込んだのだろう。死の感覚はない。私＝ゾウリムシはこの魚の一部となって生存を続ける。私＝ゾウリムシのセムは消えてしまう。しかしセムニーは死ぬことがない。

生物になるルシェンの行を終えた日には、私は泥だらけ土まみれになって、先生の家に戻った。「動物になった気持ちはどうでした」と先生が楽しそうに問いかけてきた。「先生、とうとう私は涙が出てきました。私は彼らだったのですねえ。いや彼らが私だったのですねえ」。「わかりましたか。どんな小さな生き物にもセムがあり、だから生き物のことをセムチェン（セムあるもの、有情）というのですが、そのセムはおおもとのセムニーが生存条件によって変状したものです。このセムニーはまたダルマカーヤ（法身）とも言われて（これについては後述する）、あらゆる生き物の中にまったく平等に内在しているものですから、人間と有情とはもともと平等なのです」

この言葉を聞いて、私は深い感動におそわれた。自分が幼少期からおぼろげに感じていた思想に、いまはっきりと哲学的表現が与えられたからである。ユクスキュルの生物学思想の彼方には、ひとつの確たる存在論が開かれている。しかもその存在論はただ「考えられたもの」であるのではなく、じっさいに生きて体験されるものである。ゾクチェンは現代人にはいささか子供っぽく見えるかもしれない実践をとおして、おそろしく深遠な哲理を、いや、ある種の科学を伝えようとしている。

＊　＊　＊

残りの「餓鬼」と「地獄」の行は、私にはまったく楽しい思い出である。餓鬼になるためには、三日間の断食をおこなわなければならない。私はお腹を減らして、森の中で過ごした。私の行動が妙にのろのろしているのに気づいた猿が、地上に降りてきて私のまわりを取り巻き始めた。警戒心を緩めたのかもしれない。この森の猿たちとはもうかれこれ二十日あまりも近くで過ごしていたのだから、お互いに親近感が生まれてきても不思議はなかった。私が持ってきていた供物のトルマを猿にあげると、手からひったくって持ち去り、少し離れたところで食べ始めた。ああ、おいしそうだこと。しかし私は他人が食べているのを見ていることしか許されない。なにしろ「餓鬼のセム」構造にはバターが血に、トルマが糞にしか見えないのだから、お腹が空いていても食べようという気が起きないのである。

思いもかけなかったことだが、このとき私は折口信夫が『餓鬼阿弥《がきあみ》蘇生譚』に書いていた「餓鬼阿弥」のことまで思い出してしまった。毒殺された小栗判官は焼かれずにすんだので、死体が残ったおかげで蘇生した。しかし、耳も口も人の心も失った餓鬼となってしまった。私は飢えているだけではなく、耳も口も失くし、人間のセムも失くしてしまったゾンビに変化しようとした。折口信夫は人間の共同体の外に出されてしまった漂泊の芸能者の心意を、この餓鬼阿弥に託して表現しようとしたが、このとき彼は文学をとおして一種のコルデ・ルシェンを実践していたのではないだろうか。いや人間のセムの外に出ようとする文学そのものが、コルデ・ルシェンの一形態なのではないか。そんなことを思いながら、餓鬼に変化した私は土まみれになって森の中をはいずり回った。

夕方になって茣蓙をかついでふらふらしながら先生の家に戻り着くと、先輩格のソナムが待っていた。「明日はいっしょにカトマンズに出かけよう。みんないっしょだ。僕らも今日でちょうど『サンワ・ニンボ』[15]の講義もすんだから、お祝いの食事会でもしなさい、とケツン・リンポチェからのお許しも出ている」

これはきついお誘いだった。「だめだよ。僕はいまルシェンの修行中で、日中は全裸で過ごしているんだ。まさか裸の人をカトマンズの食堂に連れていくわけにもいかないだろう」と、私はやんわりと断った。

するとソナムは「その点は心配ご無用。食堂に行くのも餓鬼の日の修行のうちさ。というか、餓鬼の日のルシェン修行中の仲間を食堂に連れて行って、苦しい思いをさせるというのは、僕らの間の習わしだ。裸にならなくてもいいから、せいぜい餓鬼らしくぼろをまとってついておいで」と、楽しそうに告げて帰って行った。

カトマンズのチベット料理屋でギャコ鍋[16]を囲むその日の食事会は、まさに地獄の苦しみ、いや餓鬼の苦しみであった。三日間なにも食べていなかった私には、ほんらいは餓鬼として嫌悪すべき血の鍋にしか見えていないはずのギャコが、この世のものとも思えないご馳走に思えた。みんながおいしそうに食べているのを恨めしそうに横目で見ながら、私＝餓鬼は飢えながらじっと我慢していなければならなかった。すでにルシェンをすませている二人ほどの先輩たちは、私の状態をよく理解していたので、なにかと優しく振舞ってくれたが、それでもせいぜい水を勧めてくれるだけだった。「これは血ではないと思って、我慢して飲むといい」。しかし私にはコップ一杯の血がたとえようもなくうまかった。

翌朝は、久しぶりにご飯を食べて、また森にルシェンをしに出かけた。最後の「地獄」のルシエンのはじまりである。私は手近にあった仏教入門書などを読み直して、伝統的な仏教の地獄の描写を頭に入れてから出発した。森の奥につくと、私はいつものように裸になった。この季節のネパールでは、日中は降り注ぐ陽光で汗ばむほどの暑さなのに、建物や樹木の陰に入ると、ふるえるほどに寒かった。

私は太陽の強烈な光の中へ出て、地獄の熱を思ってみた。しばらくしてから今度は寒い木陰に入って、地獄の寒冷を想像しながらヨーガをおこなった。こんなことで地獄の苦しみがわかるはずはないのだが、先生から言われていたのは、想像力を最大限に使って、いまここにある世界をそのまま地獄に変えてしまえるほどになりなさい、というものだった。

「いまここにある世界も、生存条件が違っていると、地獄の世界として体験される。ああ、これは生き地獄のようだ、とよく人が言うだろう。あれは自分のセムが地獄の生存条件を受け入れてしまっているために、いままでの快適世界が地獄の世界に変貌して体験されるのだよ。その意味では地獄はどこか遠いところにあるのではない。いまここが地獄なのです。いまここに体験されている世界は、じつは六つの異なる仕組みをした世界が同時に、同じところに積み重ねられている世界にほかならず、あなたはたまたま幸運にもそこを人間のセムをとおして体験しているのにすぎない。六道に生きる者たちすべてに慈悲をもたなければならないと仏教で教えられているのは、そのためです」

「四大の声を聴く」行とこの「六道の生き物を内面から体験する」行は、ひとつながりになっている。ゾクチェンの「正行のための加行」を構成するこれらの訓練をつうじて、私は確実に「自分」というもののアイデンティティを壊し始めていた。私は土の元素、水の元素、火の元素、風の元素に越境していく存在なのである。私のセム（心）は、神にも、阿修羅にも、生物にも、餓鬼にも、地獄の住民にも越境していくことができる。こうしてすっかり柔らかくなったセムをさらに飛躍的につくりかえて、セムをセムニー（心そのもの）にまで解放しようとしているらしいというのが、この時点でもひしひしと感じられた。

* * *

コルデ・ルシェンの行はまだまだ続いた。「法身＝セムニーは音声となって現象化する」というゾクチェン的現象学の思想をさらに展開するために、コルデ・ルシェンではこの世界を満たしている「あらゆる音声」を真似るという訓練を、さらに推し進めるのである。生物はさまざまな方式をつうじて音声（波動）を発しているから、それらをできるだけたくさん観察して模倣するのである。しかもそこには龍や薬叉《ヤクーシャ》やガンダルヴァなどという、神話的な非存在の音声も含まれているからやっかいである。「六道のヨーガ」を終えた私は、衣服をつけることを許されて、ふたたび森の奥に戻り、今度はあらんかぎりの声をふりしぼる発声の行に、数日を過ごした。

ゴカルナの森はヒマラヤの鳥たちの楽園である。鳥の鳴き声のポリフォニーが森に充満している。私は鳥の音声を真似ることによって、この世界に向かって立ち上がってくるセムニーの力を感じようと試みた。鳥という音声存在に向かうセムニーは、なんという純粋な現象化をとげることであろう。セムニーに内蔵されている構造化へのゲシュタルト（形態）が、結構を崩さないまま直接的に鳥という音声存在に変容を起こすのだ。この直接性が「自然」の純粋さを生み出している。

それに引き比べて、人間のセムの発する音声の、なんという雑駁さ、不純さ、混乱ぶりであろう。古い時代のニンティクの本には、このとき善なる声も、悪なる声も、美なる声も、醜なる声もすべて吐き出せ、とあるから、私は心の内につぎからつぎへと湧いてくる悪なる声を、情動をこめてわめき散らした。その悪口のレパートリーの豊富さに、私は自分でも呆れてしまった。私のセムはまさに悪なる声の製造工場であった。そのあとモーツァルトの美しい旋律を歌った。しかしすぐにモーツァルトもそう言えば悪口名人だったことに思い当たって笑った。覚えているかぎりのきれいな詩を口ずさんでもみた。聖書に出てくるイエスの言葉を静かに口に出してみたりもした。悪から善へ、醜から美へ、人間の音声はなんという多様さと広がりをもった感情や思考を発することができるのかに、私はあらためて驚いた。しかしその多様性と自由さとを引き換えに、人間は鳥たちの遊ぶ楽園《パラダイス》を追放されたのである。

13　身口意の浄化

三週間ほどの間、私は森の中で「狂人と見まごう」エキセントリックな行をおこなって過ごし

三業浄化のコルデ・ルシェン二態

たあと、コルデ・ルシェンの次の段階に入ることになった。コルデ・ルシェンの後半は、身体、言語、意識の働き（三《さん》業《ごう》）を浄化するヨーガにあてられている。今度は身体の働き（身）、言語の働き（口）、意識の働き（意）を浄化して、それぞれの働きを法身＝セムニーの仕組みに適合できる構造につくりかえる作業をおこなうのである。私は先生のお宅の近所の空き家になった古いネパール民家を借りて、この行を集中的におこなった。

　私たちが無意識のままおこなっている身体、言語、意識の動きをいったん止めて、セムの構造とは異なるセムニーの原理によって、身口意《しんくい》を再起動させる。これまでおこなわれてきたルシェンの作業によって、身口意の働きがすべてセムの秩序にしたがっておこなわれていることを理解している修行者は、そこを別の原理で動かすことによって、アーラヤ識（無意識）の自動機械である状態から、自分を分離させようとするのである。

　それにしても、それを実行するニンティクのやり方は、まことに奇抜である。まず身体の働きを浄化するのが、「金剛座式」と呼ばれる姿勢を長時間とるやり方である。

立ったまま頭の少し上で両手を合掌して、首を引いて喉を軽く押さえるようにする。両方のくるぶしを合わせて踵を立てて立ち上がり、腰をまっすぐに保つ。そうしておいて自分自身を藍色の三鈷《さんこ》金剛であると、観想するのである。三鈷金剛がすさまじい火をあたりに放射する様子を想像しながら、長時間その姿勢を保つのである。この姿勢を長時間続けていると、ひどく体が痛くなってくる。しかしこの痛みや疲労によって、身体の働きに侵入してくるセムの妄想を遮断する、と説明されている。

　言葉の働きの浄化で大活躍するのは、「フーム（hum、）」という音と形と色を持った音声シンボル（字）である。この音声シンボルはシヴァ神とよく似た性格を持っている。すでに出来上がった存在物を破壊して、新しい存在物を生成してそこに立ち上がらせるという、破壊と生成両面を備えた力を持つ。そのフーム字をもって、身体の内部と外界の環境とをつくっている具象的世界を破壊して、生成の母体たる空《くう》の抽象に変容させるのである。

　それを実行するために、コルデ・ルシェンではいろいろな大きさのフーム字を観想しながら、音声といっしょに身体の内と外とを激しく運動させる。これは何段階もの過程でおこなわれる。最初はゆっくりと「フーム」音を唱えながら、外界にじっさいに見えている事物を動揺させながら、フーム字に変貌させていく。クンゾップ（世俗）にとってはさまざまな意味を持っていた具体的事物をこうして抽象的な文字に変えていく。これによって、事物にはそれ本来の本質（自《じ》性《しょう》）はないということが、実感される。

　外界がこうしてフーム字で充満した頃合いを見計らって、今度は外界の文字を毛穴から自分の体内に取り込んでいく。フーム字が腹中に充満する。そのとき内臓や筋肉や血液なども抽象物への変化を始める。この感覚が身体中に満ちてくるまで、この想像的なヨーガを続行するのである。

次の段階からは、フーム字はいっそう破壊的な力を発揮するようになる。暗い紺色のフーム字を、激しい発声とともに、外界に送り出す。フーム字は周囲の景色を貫いて走り抜け、あらゆる具象物を粉砕していくのである。この暗い紺色のフーム字は自身の体内めがけて突入し、身体をことごとく粉砕し尽くしていく。身体は実体性をなくして透明になっていき、まるで自分の身体が鏡の像のように感じられてくる。像はあるのに実体感がない、という状態が現出する。

なかでも面白いのは、自分自身を三十センチほどのフーム字に変えて、世界を空《くう》に清掃していくという行である。このフーム字はまるで蛇のように体をくねらせながら、地上を這っていく。山があったら山を越え、家があったら家を乗り越え、「まるで旅人のように」くねくねと進んでいく。すると蛇のくねっていった跡には空に浄化された空間が広がっていく。

この空なる空間は、蛇のくねくね運動が連想させるように、静止していない。たんなる無の空間ではなく、渦を巻く力の充満したスパティウムである。このスパティウムをゾクチェンでは「ロン（界 klong）」というセムニーの別名で呼ぶことにしている。言葉を浄化すると（言語の線型性を停止して一つの和音に凝縮する）、その跡には空なる「ロン」があらわれてくる。これは人間の言語だけに限ったことではない。あらゆる生物はそれぞれが固有の「音声」を備えているが、その「音声」のおおもとはこの力の充満する空なる「ロン」である。こうして「四大の声を聴く」ヨーガに始まった一連の加行が、一つの大きな主題に集まってくるようになる。

そこで、加行が始まる直前におこなわれた「セムティ」とまったく同じ問いかけが、加行をへて認識の深まった弟子に向かって、もう一度繰り返されるのである。以前のときはその問いに弟子が頭をひねって素朴な言葉で答えた。今度は先生がこの問いを思想的に深めて、弟子をいっそう深い心の観察に向かわせていく。学問的な解答を与えるのではない。さらなる深い問いに導いていく（導引 khrid）のである。

心観察への第一の導き「心＝セムはどこからやってくるのか？」

心は有（存在）の方面からやってくるのか、それとも無（非存在）の方面からやってくるのか。心が有からやってくると考えると、小乗仏教時代の有論に引き戻されてしまう。物質は微細物質に分割することができる。微細物質はさらに原子に分割される。原子をさらに分割すれば極微塵にいたる。心が有からくるとすれば、心は極微塵に宿ることになる。この分割には際限がない。超極微塵は有でもなく無でもない。だからそこにあるという心は有的なものではない。そこから考えてみれば、心がやってくる場所を有に見出すことはできないことがわかる。心はまるで夢のようであり、しかし歴然と現れる。心と心作用の発生場所をつかまえることはできない。ましてや心は心から発生するといっても、なんの解決にもならない。中観や唯識のような理論をいくら追求しても、真実には至らない。心は有からは生まれないのである。

では心＝セムは空《くう》方面からやってくるのか。空であっても心には形状や色や大小や方向などの諸性質がある。そうした性質を詳しく観察しなさい。セムがたんなる空であるとすれば、形状や色などの諸性質の存在を理解できない。心は有でも空でもないのである。そうすると心の観察者が拠り所とすべき対象世界は存在せず、思考や言説の能力を超え出た決定不能な境界に出てしまうであろう。ここに至れば、心には土台も根底もなく、生まれることも滅することもない、有でもない空でもない、無底の法身そのものであることがわかる。

心観察への第二の導き「心はどこにあるのか、何がそこにあるのか？」

心を外に向ければ環世界が出現する。心を内部に向ければ心理世界がうごめいている。いったい心というものは、私たちの身体のどこにあるのだろうか。このことを頭のてっぺんから足の先まで丁寧に調べてみなさい。どこにも心の居場所はみつからないだろう。では唯識のように心は無意識（唯識のいう「アーラヤ識」）にあるというならば、その無意識の根はどこにあるのか探ってみることだ。唯識の考えるアーラヤ識は虚妄である。アーラヤ識は無底の法身に溶けていく。その様子は、水に描いた絵が、描いたとたんに消えていくのに似ている。棘で皮膚を刺したりして、同じことが感覚等で起きていることを確かめてみるとよい。心のある場所を見つけることはできないのである。

心観察への第三の導き「心はどこへ去っていくのか？」

内外の環世界や心理世界を観察して、心に現れたところの形象、空性、存在、非存在などが、どこへ去っていくのかを、つぶさに観察しなさい。行動を生み出すのは心である。その心は空である法身に現れて、法身へ溶けいっていく。水に描いた絵を保つことができないように、空の雲を留めることができないように、心の来去住の在り処は見つけることができない。それが理解されれば、あなたの心は柔らかく、滑らかに整えられていく。極端な見解や二元論の思考によって、ゾクチェンの理解が妨げられるようなことはなくなっていく。輪廻する有情も輪廻を脱した涅槃のブッダたちも、区別はない。これが、コルデ・ルシェンの到達点である。

土や火や水や空気の元素の「音声」を聴く訓練に始まったコルデ・ルシェンは、ついに心＝セムの本性の理解への扉を開くのである。この訓練は徹底した「自然まみれ」の次元で開始された。いっさいの文明的な装備や道具立てを放棄させて、文字通り私を素っ裸の状態で自然のただなかに放り込んだ。しだいに人間の心＝セムの限界への認識に接近させていき、心のあらわれの多様性とあらゆる有情の平等の理解にまで誘って行った。そして最後には、心＝セムが無底、無根の法界に現れることを告げ知らせて、長期間にわたる加行は終了する。ここから、ゾクチェンの本番が始まる。いよいよ無底のセムニーに、直接素足で踏み込んでいくのである。

14　パッサンを野辺に送る

しかしそれから私は少しの間、足踏みをしながらその日の来るのを待たねばならなかった。数年前に手術をした父の具合がよくないという知らせを受けたので、しばらくの間日本に帰国しなくてはならなかったからである。数ヶ月後、父の後押しもあって私はふたたびネパールに戻ってきた。そこで私を出迎えたのは、仏教学校の生徒たちの間の張り詰めた空気だった。共に修行を重ねたパッサン・ドルジェが急性肝炎で入院し、日に日に容態が悪化しているというのだ。私は大急ぎでカリマティにある国立病院に向かった。

パッサンは病院の薄暗い廊下に並べられた粗末な板敷きの上に、点滴の道具をつけられて、黄ばんだ顔をして横たわっていた。私のことを認めると、無理をして起き上がって私の手を強く握ったが、ひとことふたこと言葉を交わしただけで、すぐにまた床に倒れこんでしまった。インドのオリッサ州から兄弟も駆けつけており、事態の深刻さがわかった。

暗い廊下の隅であまりに粗末な扱いを受けていたものだから、病院側に頼み込んで多少お金のかかる一人部屋に移してもらうと、ようやく少しだけくつろいだようだった。学友の若い僧たちもやってきて、パッサンを取り囲んで話しかけていたが、だんだんパッサンの応答が少なくなっていくのを感じた。

パッサンはインドのオールド・デリーに、『ミファム全集』[17]の印刷の仕事に出かけている間に発病した。印刷所のあるあたりはバリマランというたくさんの小さな町工場のひしめき合う地帯で、衛生状態はきわめて悪かったという。そこに寝泊まりしながらのハードな作業が祟ったのだろう。インドで発病してからネパールに戻ってくるまでの長時間の苦しいバスの旅も、病気の進行を早めてしまった。

午後になってケツン先生が病院に到着した頃には、パッサンの意識はすでに薄らいでいた。医師たちは手の施しようがないと診察にすらこない。刻一刻と死の時が迫っている感じだった。私はなんどもパッサンの手を握って語りかけてみたが、もう反応はなくなっていた。何度か小さく息を吐いたのを最後に、呼吸が止まった。

その間ケツン先生は椅子に座って深い瞑想に入っていたが、パッサンの様子が変化したとみると椅子から立ち上がって、パッサンの体の上に屈み込んだ。右手をパッサンの胸のあたりに置いて、なにかを探っている様子だった。そしていったん体から離れると、しばらくしてから再度同じ動作をした。今度は前よりもずっと確然たる動作で、胸のあたりに手を置き、何かを探り当てた様子で一呼吸置いてから、ゆっくりと手を胸の上方に滑らせていった。私のいる場所からはそこから先の様子がよく見えなかったのだが、力強い「パッ」という音声を先生が発するのははっきり聞いた。これは事物の分離や切断を強制する聖音である。パッサンの意識が身体を離れようとしているのを、私は感じた。

その場にいてこの様子を見ていた誰もが、チベットの古い死の作法のことを思っていた。[18] 先生はパッサンの体から意識が外に抜け出ていくのを誘導していたのである。私は私で、パッサンの身体の内部で物質的元素の解体が始まっているのを、ひしひしと感じていた。パッサンと私はコルデ・ルシェンの体験をいっしょに持って以来、四大（五大）元素のもたらす不思議な協和感覚で結ばれていたところがある。だからパッサンの身体の見えない内部で起きている変化を、まっさきに物質的元素の変容として感じ取るようになっていたのだろう。

パッサンが亡くなったことを確認した病院の医師たちは、すみやかにベッドを他の患者に明け渡すようにと求めた。私たちは仕方なく、遺体をもとの板敷きの上にのせて病院の入り口に運び、迎えがくるのを悲しい気持ちで待った。ようやくソナムが手配した軽トラックが病院に到着した。その軽トラックの荷台にパッサンの遺体といっしょに乗り込んだ私たちは、バグマティ川のほとりにあるサンカモル火葬場《ガート》に着いた。ブナ林の中にあるその冷え冷えとした火葬場の遺体安置所で、私たちは薄い布にくるまりながら寒い一晩を過ごした。

翌日は火葬に使用するための薪集めに、ほとんど丸一日を費やした。火葬場の管理人とは別に、火葬場《ガート》のある村には火葬用の薪を売るのを商売にしている男がいて（ずいぶん裕福そうだった）、相手がチベット人の僧侶と見ると足許を見て高い値段をふっかけてきたので、その男とのやり取りに時間を費やしてしまった。そんなわけでまだ生乾きの薪の束を乗せた軽トラックがやってきたのは、もう暗くなってからだった。私たちはチャパティを頬張るだけの粗末な食事をして、寒さに震えながら休んだ。

翌朝になると、朝早くにケツン先生たちが祭具一式を携えて、火葬場に到着した。ボードナートのニンマ派の寺の顔見知りのお坊さんたちもいっしょだった。チベット仏教では火葬は「ジンセー（sBying sreg）」という。「護摩（ホーマ）」の意味である。護摩の火を焚いて、その火で遺体を焼く。薪の束が高々と積み上げられ、その上に白い布に包まれたパッサンの遺体が置かれ、火がつけられた。通常の護摩と同じ要領で、油や香木やさまざまな種子などが、つぎつぎと火に投入されていった。生乾きの薪には火がつきにくく、あたりは濛々《もうもう》たる白煙に覆われた。その間も先生をはじめとするお坊さんたちは、煙にむせつつ太鼓や銅鑼を鳴らしながら複雑な儀式を続けていた。

一時間ほどしてようやく火葬の火が燃え上がり出した。パッサンの遺体も火に飲まれていった。私はこんどこそパッサンの存在が火の元素によって徹底的に解体されてしまうのを、痛烈に実感せざるを得なかった。一年ほど前に、バグマティ川のほとりに積み上げた小枝の燃える火の中に、いっしょに聴いた火の元素の力によって、いまはパッサンの体が焼かれて、諸元素がつくりあげていた彼の身体は跡形もなく消えていこうとしていた。私はその頃読んでいた古タントラ『日月の和合』の一節を思い出していた。

人の寿命が尽きるとき、
物質的元素の集合体としてつくられている身体は、
はじめに集合して生体をつくったので、
生の終わりにその集合体を解体していく。
身体を構成する五大元素が、
たとえば熱の過剰のような原因によって、
内的な均衡を崩すとき、
その人は寿命が満ちることなく急死するが、
寿命によって死んでいく人の場合には、
身体を構成する元素は元素のおおもとへと溶解していく。（……………）
身体を構成する土の元素は、土の元素のおおもとに溶けていき、
同じようにして、水も日も風も、それぞれのおおもとに溶けていく。
このようなプロセスが人の身体には起こるのだ。
土の元素が土のおおもとに溶けていくとき、
身体が重くなって食べることもできなくなり、
起き上がることも動くこともできなくなる。
水の元素が水のおおもとに溶けていくとき、
よだれや鼻汁が流れ出る。
火の元素が火のおおもとに溶けていくとき、

口や鼻は乾ききって、
身体の先端部は熱を失っていく。
風の元素が風のおおもとに溶けていくとき、
呼吸は困難となり四肢は硬直して、
眼はひっくりかえって剝けてしまう。
このような兆候があらわれた人は、
もはや生きられず、
すみやかな死が訪れる。

（私訳）

「四大元素の声を聴く」行をいっしょにやったパッサンの存在が、おおもとの元素に溶け入ってしまった。私たちは元素の集合体である身体を得てこの世に生まれ、生きながらえ、生の意味を探ろうとして、ともにゾクチェンの道に入った。そして外界の四大と内界の四大との間に通路を開くコルデ・ルシェンの修行に励んだ。そのパッサンの存在はいま物質的元素のおおもとへと飲み込まれていった。

四大（五大）が集合して生をなし、その四大（五大）がまた散り散りになっていくときに死が訪れる。私たちの人生は一つの競争だ、とゾクチェンの勉強を始めたばかりの頃、ケツン先生が私に語ったことがある。「妄想のうちに死を迎えるのが早いか、真実相を見届けるのが早いか、あなたの人生はいま競争に入ったのですよ」。燃え上がる火葬の火を見つめながら、私はパッサンの分も背負って、この競争に出ていかなければならないと思った。

第四部　ゾクチェンの扉が開く

15　瞑想小屋で

しばらく日本の慌ただしさの中にいたことと、ネパールに到着直後に起こったパッサンの死の衝撃とで、私の心はすっかり落ち着きを失ってしまった。これではゾクチェンの正行を始めるのは無理だと感じた私は、ひと月ほどチュウミク・チャンジュの瞑想小屋に籠もって、心の調律をおこなうことにした。

山の中をバスに揺られること数時間、車窓の景色はすっかり秋めいていた。峠の鞍でバスを降りて、私はなつかしい森の道をブータンラマの一家の暮らす寺に向かって歩いた。途中、前の滞在で知り合いになった何人ものネワールの農民たちに出会った。彼らは険しい山の道を、牛を追ってくだってきた。私を見ると満面の笑みを浮かべて、「ナマステ！」と挨拶してきた。この朴訥な笑顔は、以前に南九州の離島をフィールドワークしていた村でよく出会ったことがある。ようやく私はこの世界に戻ってきたのだ。この世界でゾクチェンの修行を再開できることに、私はいいようのない喜びを感じていた。

ブータンラマの一家はいつものように私を温かく迎えてくれた。本堂から少し離れたところにある瞑想小屋を、ひと月ほど貸していただけないかとお願いしてみると、その小屋はちょうど今日までカギュ派の有名なゴムチェン（瞑想の達人）が滞在していて、もうすぐご出立になるとのことであった。私はそのゴムチェンにお会いしてみたかったので、ブータンラマといっしょに小屋をたずねてみることにした。

ゴムチェンは小屋の前の石畳の上で、日向ぼっこをしていた。巨体の持ち主で、私にはそのラマの語る強いカム方言のチベット語がまるで理解できなかったので、会話のほうはブータンラマにまかせて、もっぱらゴムチェンの観察に回った。ゴムチェンの腕やまくりあげた太ももを見て、私はびっくりした。そこには血を吸って大きくなってまるまるとした蛭が、何匹も肌に食いついて離れないのである。ゴムチェンはその様子を、眼を細めながら眺めていた。そしてまるまる太った蛭から順々につまみあげて、石畳の上にそっと降ろしてやった。蛭が噛み付いていた傷口からはそのたびに血が溢れ出してきたが、それさえうれしそうに眺めているのだ。

お付きの僧が荷造りを終えて、こちらにやってきたが、彼はこの様子を見ると微笑みながら、石畳の上に転がっている太った蛭をそっとつまんでは、一匹一匹地面の草の上に降ろしてやった。血だらけになったゴムチェンの体をタオルできれいに拭くと、ブータンラマの手を握って丁寧にお礼をして、太りすぎで歩行の難しいゴムチェンの体を支えながら、重い荷物を背負って山を下っていった。

ブータンラマは蛭に注がれたゴムチェンの大乗菩薩としての広大な慈悲に感動して、涙目で私の方を振り向いて同意を求めた。私はといえば、これは中世に流行った肥満防止のための瀉血治療の一種ではないかなどと思って、この光景を眺めていたものだから、ちょっと恥ずかしい気持ちになり、万事に優しい考えをするラマに向かって大きくうなずいてみせた。

さっそくその日の夕方から瞑想小屋に籠もることのできた私は、十数種類にも及ぶコルデ・ルシェンの加行《けぎょう》をまた始めからやり直すことにした。四大元素とのヨーガ（融合）と六道輪廻への変容の行の感覚は、まだ私の中にしっかり残っていた。石畳の上に座って、目の前に広がる森を見つめていると、私は自分が周囲の植物や岩や石ころと、眼に見えないほどに細い紐《ひも》のようなものでつながっている感覚を、すっかり思い出すことができた。この感覚は、人類学者のカスタネダが呪術師ドン・ファンの弟子になって間もないころに教えられた世界の構造ともよく似ていた。細い紐は蜘蛛の巣のようにまわりに広がっていて、その細い紐をとおして植物の樹液が、私の中に流れ込んでいる感覚まで生じた。

小屋の前にはたくさんの鳥がやってきたが、彼らの歌を以前よりもはっきりと聴きわけることができた。「セムニー（心そのもの）は自らを音声化させて鳥をつうじて歌いかけてくる」という、ゴカルナの森で得た「悟り」は、まだ私の中にしっかり生きていた。しばらく日本にいた間に、私は共感覚の特異に発達した作曲家オリヴィエ・メシアンの『鳥のカタログ』という曲を聞いたり、彼の書いた本を読むことによって、この作曲家が音楽とは「存在＝神の音声化」であり、鳥こそはこの点において人間をはるかに凌ぐ音楽家であるという「発見」をおこなっていたことを知って、深い感銘を受けた。[1] 鳥にはたくさんの種類があるが、それらはすべて一つのセムニーの分節化された音楽なのである。森の中にはそういう音楽が充満していた。音声化されたセムニーまたは存在の振動は、日中は鳥たちの歌をとおして、夜は「しじま」の微振動をつうじて、音声の「紐」で私を世界につないでいた。

私はまだゾクチェンの正行を始めていなかったが、心（セム）の動きが自分の中に生じた瞬間に、その心の動きをセムニーに即座に溶解させていく要領をつかみ始めていた。私はコルデ・ルシェンの強力な作用にすっかり驚いてしまった。それはまさに「精神のアフリカ的段階」を開くような実践であった。実践の内容はまったく単純自然で、知的に高度なことなどまるで求められていない。それでいて、一心不乱にそれに打ち込んでいると、認識の構造が根本から作り変えられていくのが感じられる。認識の構造を変えることで、この実践はゾクチェンのつぎの段階をなす「テクチュウ（境界を突破する khregs-chod）」へと、ゾクチェンパの卵を確実に導いていくのである。

そのことは、言葉の業の浄化のヨーガによって、いっそうはっきりしてくる。このヨーガでは大小さまざまな「フーム」字を体内に満たしたり、外に送り出したり、天空へかけ登らせたり、はるか遠いところまで遊行させたり、雷電となって体を撃破したりする。この結果、体の内と外との境界感覚がしだいに消えていくようになる。内と外がひとつながりになって、最後は青空に溶けていく。このような体験を繰り返しているうちに、自分の身体がまるで夢の中の身体のように、薄い皮膜で外と分け隔てられているだけのものと感じられるようになる。

このような意識状態で、毎朝の水汲みをするために泉までの山道を歩いていると、とても不思議な体験をするようになった。自分の意識が同時に作動している二チャンネルに分離して、いっぽうのチャンネルではこれまでどおりの外の世界を見ているのだが、もういっぽうのチャンネルでは青空のような空《くう》を見ている。文字どおりの「ルシェン（分離）」がおこなわれて、いわば空と色が分離されながら同時に生起しているという、「色即是空、空即是色」の奇妙な体験が持続されるようになっていた。

加行の最初と最後にあらわれる「心の浄化をもたらす導引（セムティ）」が、こうしたコルデ・ルシェン体験を総合して、次の正行の段階へとまっすぐにつないでいくのである。ゾクチェンは唯識のように、現象（色）は心であり、心は空であるという考えをとらない。なぜなら空である心はリクパに内蔵された力（リクパイツァル rig-pa'i rtsal）の充満する原空間であり、この原空間には現象をつくりだすゲシュタルト（形態）に関する情報がたっぷりと詰め込まれているからである。セムティが修行者に、心は空でもなく有でもないことを直観的に理解させようとするのは、そのようなゾクチェン哲学への入り口を開こうとしているからである。心は空でもなく、有でもない。心（心そのもの、セムニー）とはどこか別のところに根拠があるのでもなく、支えをしている土台も存在しない。心はどこにも依るべきところのない無底の原空間に生起し、そこにあり続け、そこに溶融していく。そこから外に出ていくこともない。サンサーラとかニルヴァーナとか言われているものも、この無底の原空間に現象しているのであるから、ゾクチェンパはそれにすら執着してはならないのである。

コルデ・ルシェンのシンプルきわまりない訓練が、新参者の心をこのような地点にまで導いていく力を持っているのは驚くべきことであると感じた。瞑想小屋でこの訓練を繰り返すことによって、私はコルデ・ルシェンの加行が、精神のアフリカ的段階に属する素朴なアニミズムの直観と高度なゾクチェン哲学とをつなぐ、媒介者《メディエーター》の働きをしていることに気がついた。アニミズム的直観によって柔らかく開かれた心があらかじめ準備されていない心に、どんなにゾクチェンの思想を注ぎ込んだとしても、それは知的な理解の限界にとどまって、大きなゾクチェンパの人格を育てることはできない。直観と理性をつなぐ媒介者があって、はじめてそれが可能になる。

じっさいコルデ・ルシェンはアニミズム的直観を高め開発する高い能力を持っているように、私には感じられた。アニミズムのベースには、あらゆる生命を貫き流れている知的な流動体に対する直観が据えられている。その直観は素朴でナチュラルなものである。ゾクチェンはその直観を高度な哲学にまで高めようとしている。「精神のアフリカ的段階」の内部で大きな飛躍が図られようとしている。あまりに知的に発達しすぎてしまった学問的な仏教には、もうそういうことはできなくなっていた。ゾクチェンはそれに挑戦したのである。

* * *

昼と夜の区別のない行に疲れて寝る前には、懐中電灯の明かりをたよりに、短いテキストを繰り返し読んだ。それはカトマンズを出るときに親しくなったスイス人の友人の尼僧が餞別にくれた、『急所を突く三つの句』[2]というガラップ・ドルジェによる短いテキストである。ガラップ・ドルジェはゾクチェンの初祖と言われる人で、「インドの北西にある国」と言われていたウッディーヤナ[3]地方の出身、もろもろの伝承を突き合わせてみると、だいたい六世紀頃の人である。このガラップ・ドルジェがこの世を去る前に弟子たちに与えたのが、古風なチベット語で著された『急所を突く』の文で、ゾクチェンの教えの中でも別格な威信を持つものとされている。

『急所を突く三つの句』
Ngo rang thog tu sprad（ゴラン・トクトゥ・テー）
自分の面目に直に向かい合う

Thag gcig thog tu bcad（タクチク・トクトゥ・チェ）
その状態にしかと留まると決定する

Gdeng grol thog tu bca'（デンドル・トクトゥ・チャ）
解脱は必定と直に確信し続ける

（私訳）

「自分の面目」とは、妄想によって歪められていない自分のほんらいのセム、すなわちセムニーのことであり、そのセムニーに直接に対面する、という意味である。セムニーはたえまなくセムに変容してつぎつぎと妄想が湧いてくるが、思考を停止してセムニーの中にしっかり留まりなさい、というのが第二句の意味。妄想からの解放解脱は、そこに留まることによって確実にもたらされるという確信を持ちなさい、というのが第三句の意味である。
しかしそれは言葉の表面をなぞっただけの意味である。この三句にはもっと深い意味が隠されている。スイス人の尼僧からもらったテキストにはもう一枚のコピーが付けられていた。それはドゥンジョン・リンポチェが一九七八年にカトマンズで弟子たちに『急所を突く』の解説をした

人間に伝えられたゾクチェンの初祖ガラップ・ドルジェ

ときの記録で、ヴァジュラナータという外国人による英訳のコピーであった。[4] じつに鋭く簡潔な解説であるので、その全文を訳出してご紹介したい。

I　第一句「自分の面目に直に向かい合う」について。セムニーは瞬間的に生起する生き生きとした直接的意識であり、過去・現在・未来の時間性に関わるすべての思考を超越している。それ自体が原初的な知性（イェシェ ye-shes）であり、自発的に生起する本来的な意識（リクパ rig-pa）である。これを知ることが自分本来の面目に直に向かい合うことである。

II　第二句「その状態にしかと留まると決定する」について。サンサーラとニルヴァーナのどのような現象が現れようとも、それらすべてが本来的な意識であるリクパに内蔵された力（リクパィツァル rig-pa'i rtsal）の潜在力ないしは創造的エネルギーを示している。それを超え出ていくものはないので、人はこの特異にして唯一の意識（リクパ）にしかと留まることを決意しなければならない。そこで自らこの唯一無二の意識に留まり続け、それ以外のところに自由の場所などはないと確実に知らなければならない。

III　第三句「解脱は必定と直に確信し続ける」について。粗大な思考であれ繊細な思考であれ、どんな思考が心に湧いてきても、それらは法身（ダルマカーヤ dharma-kaya）の広大な拡がりの中に生起したものとして、生起と同時にすでに自己解脱している。法身においては空と色とは分離されないのである。そこですべての思考はすでに解脱していると確信しなければならない。

ガラップ・ドルジェの遺言は、野性味にあふれてとても魅力的だ。まさに「急所を突く」鋭さで、ゾクチェン思想の本質をわずか三句で言い当ててしまっている。じっさいこの遺言によく表れているように、初期のゾクチェンの教えはあきれるほどのおおらかさ、大胆さで際立っている。仏教哲学的な整合性などはあまり気にせずに、おおもとをなす大円満な思想に立って、実践の体系を組み立てようとしている。私はそういう初期ゾクチェンのおおらかさがとても好きだった。

これらの古伝承の多くにはじつに大胆な文言が書かれている。たとえば『書かれないタントラ』[5]という最古層の有名なタントラには、こんなことが書かれている。

『書かれないタントラ』
あらゆるタントラは説かれないものである
語られないものである
記号（区分）のない空間に
出て行ってしまっているものだから
説かれることがないのである

あらゆる伝授（ルン）はおこなわれることがない
考案（企み）のない空間に
出て行ってしまっているものだから

追求も獲得もできないのである

あらゆるウパデーシャは示されることがない
汚染されない空間に
出て行ってしまっているものだから
得られることがないのである（………）
対象世界はなく
心はなく
文字表現はない
それゆえに
どんなタントラもなく
どんな伝達もなく
どんなウパデーシャの教えもない
あらゆる言葉を超えて
この空《くう》には語るべきなにものもないのである

（私訳）

こんな大胆な文言を書き連ねている、いにしえのゾクチェンパに会ってみたいものだ。彼らは自らを「勇者（パヲ pa-wo）」と呼んだ。妄想を攘《うちはら》い無底の心の空間に身を躍らせていく勇者という意味である。そこにはどんな風景が広がっているのですかとこの勇者たちに問うても、それはお前が自分の目で見るほかはない、と答えるに違いない。そう考えたところでようやく時が熟してきたとわかった。私は山を降りることにした。

16 テクチュウの伝授

途中の山道でバスが故障したために、私は夜遅くなってから、ケツン先生の家にたどり着いた。先生は帰りを待ちかねていた様子で、私に会うなりさっそく、明日の朝から正行の伝授を開始するので、法具を持って正装してこの部屋に入っているようにと告げた。どんな正装をすればよいのですかとたずねると、体の後ろに隠すようにしていた大きな紙包みを取り出して、ニコニコしながら私の前に差し出した。包みを開けると、中には赤と白に染め分けられた麻でつくられた密教の行者(ンガッパ)の袈裟が入っていた。「明日からは正行が始まるから、それをまとって伝授を受けなさい」。感激した私がなんどもお礼をいうと、先生はなにくわぬ顔で今後の修行についてのガイダンスを始めた。

「ゾクチェンの正行が「テクチュウ」と「トゥガル」という二つのヨーガによってなりたっていることは、あなたもすでにご存知のはずです。テクチュウは「破断」という意味を持っています。加行における「ルシェン=分離」をさらに徹底させて、セムの覆いをすっかり破断してしまうという意味です。テクチュウのヨーガでは、心のおおもとである法身が純粋(カダー ka-dag)きわまりなく、いかなる妄想にも煩悩にも汚されることがないことを、直接体験しようとします。それにはなんの企みも努力も不必要で、心を自然のままに落ち着かせていくことによって、リクパと呼ばれる純粋な知性が自発的に（ルントゥップ lhun-grub）湧き上がってくるのが体験されます。そのため無為、無努力のゾクチェンとも呼ばれます。

古いゾクチェンの本には「歴史を知らなければ修行への勇猛心が湧いてこない」と書かれています。そこで私も少しだけ歴史についてお話ししておこうと思います。テクチュウはおもにガラップ・ドルジェの孫弟子にあたる中国人のシュリーシンハという人の教えをもとにしています。昔は敦煌やサマルカンドなどにいた西域人やチベット系の人たちも、ひとくくりに「中国人」と呼ばれることがありましたから、おそらくこのシュリーシンハも中国西方の人だったのでは、と私は考えています。

このシュリーシンハの教えは、八世紀のヴァイローチャナによってチベットに伝えられました。この教えでは、人は段階を踏んで忍耐強く修行を重ねていけば達成が得られるという通常の仏教の理解をくつがえして、人は即座に法身＝セムニーに到達できると説きました。そのため国家の秩序のために仏教を広めようとしていた保守的なチベットの政治家たちからは危険思想の扱いを受けてしまい、遠く東チベットのツァワロンというところに追放されてしまいました。ヴァイローチャナはその地でたくさんの翻訳をおこない、ゾクチェンの教えを広めていきました。そのときシュリーシンハの伝授した「セム」と「ロン」という二つのクラスのゾクチェン・タントラが翻訳され、そのエッセンスを凝縮してテクチュウのヨーガができています。

これにたいしてトゥガルのヨーガは、おもにヴィマラミトラの教えをもとにしています。ヴィマラミトラは西方ウッディーヤナの人で、大変広い学識で知られた学者でした。ヴァイローチャナとはだいたい同時代の九世紀頃の人です。彼もシュリーシンハのもとで学びましたが、ヴァイローチャナには伝えられなかった「メンガク」のクラスに属するゾクチェンの教えが伝えられています。この教えもその後のチベットの政治的混乱の最中にいったん途絶えてしまいますが、埋蔵されていた教えが十一世紀頃に再発見され、チェツン・センゲ・ウォンジュクやニブムなどの努力によって復活をとげます。それが今日まで伝えられる『ヴィマ・ニンティク』です。

このトゥガルのヨーガでは、内と外の光を用いた特殊なやり方によって、法身の内蔵するリクパを眼の外に現れ出るようにします。これによってセムニーを如実に見ることができるようになります。テクチュウによって赤裸の状態でしめされるセムニーの純粋な知性が、リクパの力（リクパイツァル）と無限の情報（ヨンテン yon-tan）を内蔵した運動であることを、このトゥガルのヨーガによって如実に体験できるようになります。

ニンティクのゾクチェンでは、このテクチュウとトゥガルの二つのヨーガを組み合わせて、強力な解脱への方法とします。テクチュウはいわば自然法爾《ほうに》（自然のまま）で、自発的にセムから法身（セムニー）があらわれる状態を待ちますので、時間のかかる難しい修行などは必要ありません。むしろ努力や苦行などは邪魔者です。そのかわりテクチュウは心の自発性にまかせるのですから、これに成功するのは、よほど気根に恵まれた人でなければなりません。これにたいしてトゥガルは比較的長い修行の時間が必要です。テクチュウのヨーガにすんなり成功しなかった人でも、根気よく続けることによって、達成を果たすことができます。

テクチュウのヨーガが生み出す純粋性（カダー）と自発性（ルントゥップ）を跳躍台にして、トゥガルは無底のセムニーに跳び出していきます。トゥガルという言葉は、「トゥ thod」が頭蓋骨、

「ガル rgal」が跳び出す、という意味ですから、「頭蓋骨を蹴破ってセムニーに跳び出していく」というほどの勇ましい意味を持っています。じっさいにトゥガルのヨーガを体験してみれば、あなたもこの言葉がけっして大げさでないことをきっと納得することでしょう。

明日の朝からは、このテクチュウとトゥガルを結合させた、ニンティクによるゾクチェン灌頂に向けた伝授を始めます。長旅で疲れたでしょうから、今夜はゆっくりお休みなさい」

＊　＊　＊

このときのケツン先生のガイダンスには、もう少し補足がいる。その後に私が学んだり考えたりしたことによって、このガイダンスを少しふくらませておこう。

ニンティクのゾクチェンでは、テクチュウとトゥガルというタイプの異なる二つのヨーガが、正行を構成する。このうちテクチュウ（破断）は、八世紀に翻訳僧ヴァイローチャナがチベットに伝えた「セムデ」と「ロンデ」の教えの精髄をまとめて、ニンティクの中心的な哲学としたものである。

ヴァイローチャナが師であるシュリーシンハから伝授された「無為・無努力のゾクチェン」の教えのうち、最初にチベット語に翻訳されたタントラは、『リクパのカッコウ』[6]というものだった。

カッコウはチベットでは、世界が生命力に満ちる夏の到来を告げる鳥として、昔から愛されてきた。カッコウが鳴き始める頃、それまで荒野のようであったチベット高原に、緑が芽吹く。

人々の暮らす渓谷には美しい花が咲き出す。高原に暮らす人たちにとって、カッコウは生命力のよみがえりを告げる鳥だった。そこでヴァイローチャナは、チベットにもたらされた最初のゾクチェン思想の本のタイトルに、「カッコウ」の名前を冠したのである。

『リクパのカッコウ』
世界の多様性は二元論を超えているが個体は概念がつくる概念構成から自由である。世界に「まさにかくのごとき」と確定したものなどなくすべての現象はあるがまま善である。存在は自ずと完成しているから努力して何かを得ようとする病を断って無努力のうちにとどまるのが、私の教えである。

【大意】この世界には多様な個物があふれているが、それら個物は（縁起によって生じたものとして）自性をもたない。しかし（個体性を持って存在している）個体そのものは、心（セム）がつくりあげる概念構成からは自由なのである。それゆえ、世界に「まさにかくかくのものである」と確定できるようなものを思考することはできないが、心によってつくりだされ、まざまざと現れている多様な現象はすべて、あるがまま善なのである。このように存在は自ずと完成しているのだから、努力してなにかをつかみとろうとする心の病気の根を断って、完成したあるがままの世界に無努力のままとどまれ、というのが私の教えである。

おそらくはシュリーシンハがヴァイローチャナに語った通りのことが、ここに記録されているのであろう。ちょうどガンジス河のほとりで、ティローパがナローパに語ったマハームドラーの言葉が、『ガンジス河畔のウパデーシャ（ガンガーマ）』として記録されたように。ここにはシュリーシンハのゾクチェン思想のエッセンスが示されている。多分ヴァイローチャナもそう考えて、チベットへ戻ってきた時、このウパデーシャを小タントラとして真っ先に翻訳したのである。

　ここから見えてくるように、ゾクチェンとは絶対的な肯定思想である。世界は空であると同時に、個体性をそなえた無数の現象をたえまなくつくりだしている。世界は空であり有なのである。心（セム）はこれらの有を概念によってとらえようとする。しかし概念は二元論によっているので、こうした概念構成によっては、世界に満ち溢れる個体性をつかまえることはできない。思考分別が働く瞬間、セムニー（初期のゾクチェンではセムニーのことは「菩提心《ぼだいしん》」と呼ばれていた）はセムに頽落してしまう。世界の実相は人間の心からはいつも自由であり、いっさいの概念に縛られることなくその自由のうちに戯れている。

　したがって世界に「こういうもの」と確定できるような存在はなにひとつなく、心（セム）がつくりあげている現象の世界は、あるがままの実相においては、概念がつくる相対的な良い悪いを超えて、つねに絶対的に善なのである。思考分別を働かせないでいるとき、世界はあるがままで善である。

　ところが人はより良いものを求めたり、悪しきものを排除しようとしたりする心の病気を患っている。この病気に冒された心は、向上改善を求めて努力に励もうとする。しかし存在世界はあるがままにして、自ずから完成し成就しているのであるから、努力するほどに実相から遠ざかっていく。だから苦行も、瞑想修行も、ゾクチェンにおいては必要のないものである。無為のまま、無努力のままにとどまりなさい。そうすれば自然に、心は菩提心に、セムはセムニーに変じていく。『リクパのカッコウ』はそう語るのである。

わずか六句からなる『リクパのカッコウ』にはその後たくさんの副産物が生まれ、シュリーシンハ＝ヴァイローチャナによるゾクチェン思想（セムデとロンデ）の要石となっていった。例えば『リクパのカッコウへのウパデーシャ』[7]という二次創作では、こんな風に歌われている。

『リクパのカッコウへのウパデーシャ』（部分）

人間存在とその本性は、二元論から自由になった目から見れば、初めから純粋そのものである。真実の自己が歌い出す喜びに満ちたカッコウの歌は、大空《そら》を伝わって拡散していく。すべての事物はその本性によって、原初の仏性そのものであり、この世界にそれ以外のものはない。真実の自己が歌い出す喜びに満ちたカッコウの歌は、大空《そら》を伝わって拡散していく。私たちはすべての事物の中に、真実の自己が歌い出す喜びに満ちたカッコウの歌を聴く。心が求める最高の菩提心の瞑想がこれである。私たちは名付けられたものも名付けられないものも思考によって巧まないし、いじらない。それが原初からの純粋さそのものであるから。一個の心滴（ティクレ）の自然状態を示すもの、それがこのすべてを貫く純粋さである。真実の自己が歌い出す喜びに満ちたカッコウの歌は、大空《そら》を伝わって拡散していく。（私訳）

まるで『リクパのカッコウ』という小さな種子から、つぎつぎと多様な花が咲き出すようにして、ゾクチェン思想家たちは新しいテキストを生み出していった。それが先ほどあげた「セムデ」に分類されるテキスト群である。それらの中からシュリーシンハの思想がとりわけ明瞭にしめされている『金翅鳥（聖鳥ガルーダ）の飛翔』[8]の一部を、ご紹介したい。

『金翅鳥の飛翔』（部分）

「心が働きかける対象は存在しない、無思考であることが正しいダルマの道である。遍満《へんまん》するティクレ（心滴）を知ることが、真実を如実に見る道である。自発性のイェシェ（原初的な知性）は、すべての事象をつらぬいて如実に実在する。対象もなく個体もないのだから、治療の方法すらない。以上の四つの認識にたてば、努力して求めるべき真実はないのが道理であるから、法身を観想する瞑想などが、いったいどこにあるというのか。

心が土台であり、もろもろの存在者が道である。最高の空はあるがままの状態にある存在者に住んでいる。明確な個体性を持つものもそうでないものも、ともに自性そのものの示す道である。真如についての瞑想などおこなっても、なにも得ることはないし、解脱に執着するのは、この道ののぞむところではない。能力があろうとなかろうと、この正しいダルマの道を手に入れようとしても、獲得される対象はないし、そこから精髄が湧いてくるわけでもなく、まして推測してみたり計測してみたところで、自性を測ることなどはできない。

空の果てのように見えるものはなにもなく、空のまた空は宝石のごとしである。心が働きかけることなく、変化をつくりだすことなく、自性のあるがままにいれば、すべての願いはすでに満たされている。思考を加えることなく安らかに存在を放任（任運）するならば、湧き出てくる善は莫大である。

記憶を呼び起こすことも、心を静寂に保とうと努力することもなく、ただ慈悲に満ちた最上の菩提心の精髄をいく道には、ブッダという対象もない。ブッダはなく、ブッダの名前すらない。説法をおこなった人がブッダなのではなく、ブッダを対象として求めるのは誤っている。自らのリクパである菩提心こそがブッダの体であり、ブッダはどこかよそにある宝物などではなく、初めから自らの心に住んでいるものである。大快楽を得るためには世俗の快楽には背を向ける。この不動なる菩提心は、心の中のどこかの場所にあるものではなく、外にある対象に執着して働きかけるような思念でもない。

金翅鳥が大空に翼を広げて飛翔していくように、自性は拡散することもなく、個体に凝縮することもない。大海のように初めからそれはあり、そこにさまざまな存在者が出現する。菩提心である原初仏の活動域には生死もなく、すべてがかくのごとくに如実に存在する。

大きく翼を広げた金翅鳥は、虚空にすら執着しない。それと同じようにゾクチェンは仏教に潜在する可能性のすべてを最大に拡張した広大なる法の大地であり、初めから完備しているその広大さにも執着することがない。金翅鳥の子供が卵の中ですでに成長をとげてしまっているように、真実を照らす不生の自性そのものが、空間の原初の中から出現する心滴となって、あるがままに、思う存分自らを拡張させていくのである」

ゾクチェンが無為や無努力や無思考を主張するのは、心（セム）が虚構している現実世界の覆いを破断（テクチュウ）してみれば、そこに自然のまま初めから完成をとげているセムニーが赤裸に露出してくるのを、誰しもが見届けることができると考えるからである。現象界はその赤裸なセムニーの原初の空間の中に現れる法界の戯れである。

　なぜ法界の中から現象界が出現するのか。それは法界が「リクパの力（リクパイツァル）」を内蔵しているからである。「リクパの力」が純粋なまま現れるとき、それは法身（ダルマカーヤ）をかたちづくる。「かたちづくる」と言ったのは、法身には形態（ゲシュタルト）についての豊富な情報が含まれているからである。この形態情報が「リクパの力」と一体になって、現象を生み出す。だから現象世界として現れているものも、その本質では法身と変わらない。そのことをゾクチェンは、心をなんの計らいも努力もない状態に放任（任運）することで、見届けようとする。かくして現象世界はあるがままにして完全であり、あるがままにして善である。

　先ほど「セムデ」と共にあげた「ロンデ」の教えではこの考えがさらに深められる。妄想によってつくりだされているこの現象世界は、法界の戯れとして、あるがままにして完全でありそのまま絶対的な善であると、セムデでは語られている。そのことをロンデでは、現象世界は法身＝セムニーの「装飾」であると語るのである。この世界にあらわれているすべてのものが、法身が身にまとう装飾であるとするならば、この世には善もなければ悪もなく、この世にはまだ足りないものがあるとして、他所の世界にそれを求めて旅に出る必要もなく、希望を持つことも希望が満たされないといって失望することもない。人間はあるがままですでに解放（解脱）されているのだ。

　そこでゾクチェンパはどんな状況にあっても、現象している事物に執着しない心構えを求められる。執着せずに、ただそれと戯れ、現象界のことを法身の身にまとう装飾と認識して、その美しさに感嘆を惜しまない。それでも日常の中で暮らしていれば、この認識がぐらつくこともある。

現象と戯れているときは、主客の区別はないが、それを自分の心とは別の対象だと思った瞬間に、セムニーのセムへの頽落が起こってしまう。

そういうときテクチュウの修行者たちは、日常の行動をおこないながらも、小さな声で「パッ(phad)」という破裂音を発しながら、眼差しを遠くに向けて思考の転換をおこなう。現象界の事物で思考を満たすのではなく、そこに背景をなす無思考のセムニーの空間を再出現させるのである。それは私に、コルデ・ルシェンをしながらチュウミク・チャンジュの山道を歩いていたときの体験を思い出させた。そのときも視覚の対象として外の世界に現象している事物が、まるで夢の中の情景のように青い背景の上で動いていた。完全に目を覚ましていながら確かな意識で夢を見ているような状態である。

テクチュウのヨーガは、こういうセムデとロンデの哲学のエッセンスを凝縮して、ゾクチェンの修行の中に組み込んだものである。テクチュウの体験が土台になって、その上にトゥガルのヨーガがさらなる跳躍をおこなう。そこではアニミズム的な環世界の認識にはじまって仏教の如来蔵思想をへてゾクチェンの存在思想にいたるまでが、一貫した一つの思想によって統一されていた。「精神のアフリカ的段階」の思想のもっとも高度な表現が、そこにはあった。金翅鳥の子供は生まれたときにすでに完成をとげている、とゾクチェンは語る。人類の精神もまた生まれたばかりのアフリカ的段階において、すでにして完成をとげていて、そののちの歴史はその完成した状態からの頽落の過程を示すものであったのではなかったか。

＊　＊　＊

翌朝早くケツン先生の家を訪れると、先生はすでに部屋の支度を整えて、私の到着を待っていた。袈裟をまとうのにまだ慣れていなかった私がまごまごしていると、先生は教座から降りて、こんがらがってしまった袈裟をきちんと直してくれて、また教座に戻った。

「これから、目の見えなかった人の目を開くものと言われる、直指《じきし》[9]を始めます。あなたは加行のときに習った金剛座式の姿勢をとって、私がこれから語る言葉を、クンツサンポからの声と思って注意深く聞きなさい」

そう言うと先生は、小鼓と金剛鈴を手にとって、原初仏クンツサンポに始まる長い相承系譜のラマたちの呼び出しと懇請の詞章を唱えはじめた。私は両手を頭の上で合掌させ、踵を合わせて立てる金剛座式の姿勢をとって、その長大な詞章を聞いた。私はしだいにこの姿勢が苦しくなってきたので、許しをもらって両手は頭の上で合掌したまま、途中から座らせてもらった。

すると先生は「キェー！」という鋭い掛け声とともに、私につぎのように語りかけはじめた。

あなたの心に湧き上がるリクパになんの造作も加えず、なんの表現も与えることをせず、真正面から向かい合いなさい。

リクパを本質とする心は、有るでもなく無いでもなく、方向性もなく、認識のすがるべき相もない。なにもつかまるもののないこの状態のまま、なにかの思考を努力して思い浮かべることもしないで、そこに留まり続けなさい。

　そこにじっとしていろとかこちらへ来いだとかの指示はまったく必要としないでも、心は自ずから大解脱をとげている。なにも思い浮かべることのない透明な心、思考によってつくられることのないイェシェ（原初的知性）、哲学的見解によって汚染されることのない法性、安立されることのない確かなもの、分別をもたないという獲得、清明にして土台をもたず、広大にして飛散することがない。

　ほんらい自らの心に備わったこのような純粋知性は、あらゆる有情たちと一瞬たりとも離れたことはないのだけれども、それを認知することがなければ、ほんらいは自由に流れている水が冷やされると凍ってしまうように、内には執着心を生み、外には対象世界をつくって縁を結んでしまい、無辺の輪廻の海を漂流してしまう。

　しかしいまやラマの教えを聞くに及んで、リクパがまたたく瞬時の根源を、あなたははっきりと見届けることができるようになった。なんの計らいもいらない、ここから散逸してはならない、修整をほどこしてはならない、そのままここに留まるのである。これこそ原初のブッダであるクンツサンポの根本思念の中心をありありと示すものにほかならない。

『第六界《ロン》』につぎのように説かれている。


底もなく根もない法性は求めるまでもなくすでに（そこに）ある不思議！

去りまた来るリクパには果てを限るものもないという不思議！

初めから（そこに）ある原初的知性には対治する必要もない不思議！

『クンチェー・ギャルポ（普作王）』にもこう説かれる。

遠い過去に寂滅した諸如来たちも自分の心以外のところに法を求めず、
かくのごとし（ジシンパ）に住してなにかをなしたことがない。
禅定をしてさまざまな思念を瞑想したためしもなく、
無思考であることを自らの心に得る。
現在あるものたちも未来に来るものたちも、
無思念のうちに平等心を成就する。

『タタル・ギュルバ（音声の変状）』ではこう語られている。

自解脱は段階を踏まない。
いかなるものにも縛られることなく説かれることもない心は
本来完成をとげているので去来することがない。
調べてわかるような原因もなく
底もなく根もない空明の空間で
自ら清明な心に住するものは

自然解脱をとげているから偏りがなく
時間から解脱しているから待つことがなく
無努力によって解脱しているから精勤することがなく
信によって解脱しているから効用がなく
これを名付けて信解脱という。
原初から解脱しているから改修されることはなく
自ずから解脱しているので対治を知らない。
赤裸に解脱しているから（それについての）見地などはなく
徹底的な解脱をとげているから修行に励むこともない。

こうしてケツン先生はゾクチェン・タントラに記してある、テクチュウに関わりのある文章をつぎつぎに列挙していった。記憶によって自由な引照《いんしょう》がおこなわれ、私にはこうして直指を聞いているこの部屋全体が、まるでクルクルとリクパの舞う無底の空間に変容していくように感じられた。この空間には取りすがるものがなにもない。言葉でさえ、発せられた瞬間に、なにかの意味に手を伸ばしてつかまることもできずに、キラキラと微粒子のように飛散していくようだった。そして、その空間は私の心そのものだと言うのである。

まだマルパに出会う以前の若い頃のミラレパが、一人のゾクチェンのラマに弟子入りしたとき、そのラマはいっさいの努力を捨て、瞑想へのこだわりさえ捨てて、自然状態の心に留まりなさいと教えた。ミラレパはその教えにがっかりして、弟子になるのをやめたという。しかし私は、形を持った修行をすべて放棄してしまえと語るゾクチェンのほうに、大きな魅力を感じた。私は記号の絶滅の向こうに出現する、人間の心の赤裸な姿を見届けるために、ここにやってきた。記号的な営為から逃れたくて、ここに来たのだ。テクチュウは、私の予想をはるかに超える形で、まさにそのテーマに真正面から立ち向かおうとする思想であった。

しかしゾクチェンでは単純に記号による思考分別を絶滅させるのではない。それを空に自然に湧き上がる雲のように受け入れ、同時に無化するのである。テクチュウ直指の最後のほうで、ケツン先生はこのことについて、身を乗り出すようにしてつぎのように語った。

ゾクチェンでは心に顕現するものと環境にあらわれる相を分離できないものと考えます。この点でよくゾクチェンの見解は唯識論などに近いのではないか、と言われるのですが、そうではありません。喩えて言えば、あなたが山を見たとします。いままでのように未熟であった心のあなたは、そこに「ああ、山がある！」と思うでしょう。しかしこの直指を受けた後のあなたは、そこで心の現象化の過程や心のありどころへの深い観察を進めているでしょうから、その「山」には自性がないことを見抜くことができます。すると「山」という思念はあなたの中で自滅しますが、その後も山の形相は以前と変わらずに存在し、消滅したりしません。ただ「山」という思念にたいする執着が消え、心は自然法爾（自然のまま）に落ち着いています。こういうものの見方に熟達していけば、「山」という想念がたち起こるのと同時に、分別で汚染されていないセムニーが前面にあらわれてきて、純粋空と現象（色）の合一している状態が、あなたの心に生まれてくるようにできます。これがテクチュウの教えるゾクチェンによる、正しいものの見方です。ガラップ・ドルジェもつぎのように語りました。「心の動きがたち起こるや空と色が同時に立ち上がるが、そこには美も悪もない。心の動きが寂滅するとき空と色は同時に消滅して、そこには美も悪もない。生活のあらゆる場面で、このようなものの見方の訓練を続けなさい」。それがそのままゾクチェンの奥義です。

そこから直指は、最後に四つの「心の静置法（チョウシャク chog-shag）」の指導に移っていった。

まずは「山の静置法」。あなたはこの直指によって、如実な存在を思考から切り離すことができるようになりました。もはやあなたのリクパは自然に煌々と輝きだし、心には執着もなく、努力して得ようという思考もありません。この清々しさは山の頂上に立ったようです。

つぎは「海の静置法」。あなたは瞑想の坐法をとって、目を空中にじっと凝らします。すると心はまるで波のない海のように寂静のうちにすっかりおさまりかえり、感覚がとらえている世界相からは、執着分別がきれいに消え去って行きます。

三つ目は「行動の静置法」。体（身）と言葉（口）と意識（意）の働きを自然に任せ切って放置しなさい。すると刀を鞘から抜き放ったかのごとく、原初的知性（イェシェ）は赤裸のまま自然に輝きだすでしょう。

最後は「無作為の静置法」。感覚と思考のつくりだす世界をそのまま放下して、そこで端然として生きなさい。内心の心は澄みわたり、赤裸な姿を顕現させます。このとき身体の中を運動している風（ルン rlung、気）はおだやかに流れ、外界の自然は透明に輝き出し、光でできた陽炎や虹など、ひとりでに出現する不思議な光の光景を、眼前に見ることになりますが、これは他の教えの体系で体験することと共通で、めずらしいことではありません。

この状態は「ダイアモンドの哄笑（金剛笑）」と呼ばれます。空間に満ちるダーキニー女神たちが存在の喜びに哄笑している、という意味です。あなたの心にそれと同じような、喜びの笑いが湧き起こってきますように。これでテクチュウの伝授が終わりました。

第五部　跳躍《トゥガル》

17　テクチュウを超えて

ゾクチェンの指南書として使っていた『イェシェ・ラマ』には、テクチュウ（破断）の伝授がすむとただちに青空と太陽を見つめる光のヨーガであるトゥガル（跳躍）の伝授がおこなわれると書かれていたので、てっきりそのつもりで待ち構えていると、ケツン先生は二日かけて、テクチュウとトゥガルの関係と違いについて、詳しい説明に時間を費やしてくれた。

質問の時間も与えられたので、私は理解があやふやなところについて、もう一度ていねいな説明を受けることができた。もしも私がテクチュウについてのこれまでの伝授を正しく理解できていないと、この先どんなにトゥガルの光のヨーガが上手にできるようになったところで、「そんなものはベスコープを見るようなものにすぎない」と、先生は私に釘を刺すのだった。

「ベスコープ」というのは映画の事で、インド平原へ降りてきて初めて映画というものを見たチベット人の間で、その頃よく用いられていた言葉である。ケツン先生のような精神の探究者にとっては、ふかふかの椅子に体を沈め、目の前のスクリーン上にくりひろげられる光の劇をただ受動的に眺めて、いたずらに感情や思考を刺激されているのが、「ベスコープを見る」ことにほかならない。それと同じように、トゥガルのヨーガをとおして自分の目の前に展開している光の運動を、それがいったい何なのかという正確な理解をもたないままに陶然と眺めているだけでは、映画を見るのとなんら変わりがない。この光のヨーガはゾクチェンの哲学と結びつくことによって、はじめて心の解放のための強力な方便（手段）となりうるのだ。

このときのケツン先生の話を、私なりの直観的な理解を交えながらまとめてみると、こんな風になる。

ゾクチェンの正行が、テクチュウとトゥガルという二つの強力なヨーガによってできていることは、先日も話したとおりである。ガラップ・ドルジェの教えの中ではこの二つのヨーガは結合されて、一つのゾクチェンをつくっていた。しかし二つのヨーガは初期の頃、チベット人のもとに別々な道を通って伝えられた。孫弟子のシュリーシンハに伝えられたその教えのうち、セムデとロンデの教えはヴァイローチャナに残りなく伝えられたが、トゥガルを中心としたメンガクデは、マンジュシュリーミトラという弟子に伝えられ、それが親友ヴィマラミトラに伝えられたおかげで、ゾクチェンはチベットに「ニンティク」の教えとして伝えられることになった。

東チベットに流されていたヴァイローチャナは、ヴィマラミトラの尽力もあって、後年中央に呼び戻されることになった。そこで二人は協力して、ゾクチェンの教えを記した数多くのタントラの翻訳と伝授に努めるようになる。その頃からセム、ロン、メンガクの各部を一つに融合したゾクチェンの体系がつくられることになった。セムデとロンデはもっぱらゾクチェンの思想面を担い、メンガクデは独特な光のヨーガを中心とする実践面の教えを担った。そしてこの二つの流れが一つになって、現在まで伝えられているゾクチェンができあがったが、それによってガラップ・ドルジェの教えの全体像が回復されることになったと言える。

このうちセムデとロンデが凝縮されてテクチュウとなった。このテクチュウにはゾクチェンの哲学が、余すところなく表現されている。光のヨーガであるトゥガルも、その哲学に支えられている。それをつうじてセムとロンの哲学がトゥガル実践の隅々にまで浸透して、一つ一つの体験に意味を与えている。その哲学がなければ、トゥガルのヨーガも映《ベスコープ》画を見ているのと同じただの幻覚になってしまう。

じっさいテクチュウに凝縮されているセムとロンの教えには、ゾクチェン思想の重要な考えがほとんど完全な形で表現されている。それに支えられてトゥガルの体験もはじめて深い意味を持つようになる。だからゾクチェンを学ぶときには、まずテクチュウの考え方を正しく会得できていなければならない。

テクチュウの考えを、簡単にまとめてみよう。心の働く全領域は「法界（ダルマダーツ）」と呼ばれる。法界には底がない。よりどころとすべき土台もない。だから法界は無底の空間と呼ばれるのである。加行の中で学んだように、中観とも唯識とも違って、ゾクチェンではこの心の全領域は空でも有でもないとされる。心＝法界は自性（それ自身の性質、本質）を持たないから空であるけれど、この心＝法界は一切の現象をつくりだす力を内蔵している。空である心が形や色を現象させるのは、心が形態についての情報（ク sku、身）を内蔵している、純粋な力によってつくられているからである。その力は「リクパ rig-pa」と呼ばれる。リクパは法界に遍満している知性的な力であり、現象界へ向かう励起力《れいきりょく》（「立ち現れ＝ナンワ snang-ba」の力）をはらんでいる。自性を持たない法界はほんらい空であり、どんな思念によっても汚されることのない透明な光の振動であり、その振動はあらゆる方向に向かって自在に拡大していく。法界の全域ではたえまない相互作用がくりかえされているが、それによって別のものに変化することがない。法界は不動なままである。しかし少しも静止していない。リクパの働きによって、法界には無限の運動力が内蔵されているからである。

リクパは自己生成（ランジュン rang-byung）する力である。他からの働きをいっさい受けずに、自分に内蔵された力だけによって、法界に潜在的な拡張力を与えている。またリクパの動きは自発的（ルントゥップ lhun-grub）であるので、法界の全領域ではたえまなく活発な自発的動きが発生している。

リクパの持つ知性的な働きを特に「原初的知性（イェシェ ye-shes）」と呼ぶ。この原初的知性には、形態ないし様態についての情報（ク）が含まれている。原初的知性が自身の持てるすべての潜在力を赤裸に顕現するとき、それを「法身（ダルマカーヤ dharma-kaya）」という。この法身が現象界を生み出していく。そのとき原初的知性のはらむ潜在力にたいする情報縮減がおこなわれて、さまざまな生命体（有情）とその生命体にとっての「諸世界」が形成されてくるのである。この過程については、後に詳しい説明をするつもりである。

このようなテクチュウの根本思想が、ロンチェンパの『法界蔵《チュウインズウ》』[1]という書物に、美しい詩の言葉でまとめられている。その本から少しだけ引用をしてみよう。

（この世界に充ちる）すべての光が太陽を源泉とするように
すべての現象はそれらの源泉である覚醒した心（菩提心）に包摂される。
現実態と可能態にある宇宙に充ちる不純な迷妄でさえ
そこになにが現れようとも、母体であり居所である法界の現れと理解して
原初から解脱しきった菩提心であると知る。
名前も価値付けも超えて、迷妄も無迷妄もすべてが
大いなる広がりである原初からの空間《ロン》に包摂されている。
純粋な心の顕現があらわす至高の形態や浄土や
原初的知性《イェシェ》や悟りに支えられた偉大な行為でさえ
作為を離れた自己生成《ランジュン》の状態に包摂されている。
現実態と可能態の諸宇宙と輪廻・涅槃する諸世界のすべては菩提心に包摂され
天空に輝く太陽さながら、構成されたものでない透明な空として
自己生成する原初的状態に広がっていく原初的空間なのである。
セムニーは変化することのない広大な空間性の状態にあって
その戯れや菩提心の力《ツァル》は確定されることがない。
セムニーは輪廻も涅槃もあらゆる精神的探究も凌駕しており
一切の当為なきこの単独者は他のすべてのものに優れて輝く。
一切が善にして自発的《ルントゥップ》単独者として立ち現れるから
存在はあますところなく匹敵するものなき至高者である。

一切が善である法界は偉大中の偉大であり
王者のようにすべてを包摂して
輪廻と涅槃すべてを支配して揺らぐことがない。（………）

すべてを包摂する菩提心の自性は現象化することがなく
現象化したあらわれを超越している。

それは空ではなく、空さえも超越している。

存在ではなく、実体をもつことなく性質ももたない。

それは「ない」ではなく、サンサーラとニルヴァーナの全領域を包摂している。

「ない」でもなく「ある」でもなく、自発的に自己組織される原初空間（イェネー・イン）である。

そこには極端も区別されるものもなく、実体もなく土台もなく底もない。

（私訳）


このようにテクチュウに凝縮されたゾクチェンの哲学は、それだけですでに思想面で完成しきっている。だからもうそれ以上のものは必要ないようにも思える。ところがガラップ・ドルジェたちはそこにとどまることをしなかった。思想的に完成しているとしても、そこにはまだなにかが不足していると、彼らは感じていた。それは身体と生命の脈動である。そこからトゥガルが発達していった。

＊　　＊　　＊

ここからケツン先生は、どうしてテクチュウの中からトゥガルが出現してこなければならなかったかを、詳しく説明しだした。

――どんなにテクチュウが優れた教えだったとしても、トゥガルが欠けているとまだゾクチェンは完成しない、と「ニンティク」の体系を創造した思想家たちは考えたのだが、その理由をロンチェンパは七つの要点にまとめています[2]。

(1) 修行に実践がともなっているという点で、トゥガルはテクチュウより優れている。トゥガルでは眼と神経組織(ツァ tsa)を用いた特殊なヨーガの実践がおこなわれます。これは無努力を謳うゾクチェンらしくないと思われるかもしれませんが、トゥガルのヨーガでは、観想をおこなったり特別な呼吸法をしたりする密教の方法とは根本的に異なって、眼にも神経組織にもなんの操作も圧力も加えられません。その意味で、このヨーガは無努力・無為に徹底しています。

(2) 見開いた眼が見ている「外部空間」の青空に、神経組織を通して、心の「内部空間」からリクパの光粒が投射されることによって、「内部空間」を満たしている法身の運動を、直に「見る」体験を持つことができるのが、トゥガルの優れたところです。テクチュウのヨーガでは、分別をおこなうセムの働きは消えません。あらゆる存在は自性を持たないという覚醒したセム(セムニー)と分別を認めるセムとが交互に入れ替わり、見分けがつかないほどの速さで重なり合うとき、テクチュウの悟りがあらわれてきます。ところがトゥガルでは、山や森や家々などの外の景色が、光の粒となって粉々に飛び散っていくサンタル（zang-thal）という状態を体験することができます。

（3）トゥガルでは「あらわれ（顕現）」の起こる「門」が開かれます。ここで門と言われているのは、眼のことにほかなりません。この世界が現象してくるさまは、眼をはじめとする六つの感覚器官をつうじて観察されますが、とりわけ眼は内面の心＝法界にたえまなく生起している「あらわれ＝現象化」のありさまを、如実に見届けることのできる器官です。このヨーガを知らなければ、眼はただ世俗（クンゾップ）の世界を観察するだけです。しかしトゥガルによって、「内部空間」への門が開かれるのです。

（4）その様子を眼という視覚のための器官をとおして、青空に投射して直に見てみようというのがトゥガルです。テクチュウの悟りはおもに認識に関わるものですから、もっぱら脳の働きに関係します。それに対してトゥガルは全身に張り巡らされている神経組織《ツァ》を流動するエネルギーの様子を観察します。この点もトゥガルの優れた点であると言えます。

（5）それによって、自分の心の面目であるセムニーが目前にありありとあらわれる（現前）のがトゥガルです。セムニーを言語で把捉《はそく》することは不可能ですが、眼でそれを見ることは可能なのです。また原初的知性であるイェシェを光として見ることができる点も、このヨーガの優れているところです。テクチュウではイェシェそのものを見届けることはできませんが、トゥガルでは「内部空間」で起こっているイェシェの運動を眼で観察できます。

（6）テクチュウでは外の世界として迷妄の世界しか観察することができません。迷妄している世界を観察して、ああこれは迷妄した世界であるとわかるのですが、そのとき対象把握の心作用を超出することはできません。それにたいしてトゥガルでは、清浄なままのイェシェを光の形や動きとして、眼前に見ることができます。このときのイェシェには主客分離は起こっていません。

（7）体験がどんどん増長していくのもトゥガルの特徴です。テクチュウではいったん到達した悟りの境地は、その後増えもしなければ減りもしません。そこで高い安定を保ちます。ところがトゥガルでは体験する中身がどんどんと増えていくのです。眼前にあらわれる光の形や強度は、訓練を重ねるほどにますます変化して増長していきます。この様子はほんとうに驚くばかりです。逆に言うと、テクチュウはいったん高みにたどり着いてしまうとそのあともずっとその高い境地は変化しないのですが、トゥガルは途中で訓練をさぼるともとに戻ってしまうということにもなります。こんな風にトゥガルには生の食べ物のようなところがあります。

こういうわけで、ゾクチェンの初祖たちはテクチュウとトゥガルをどちらが欠けてもならないものとして重要視し、それらをひとつに組み合わせて「ニンティク」の体系をつくりました。では明日の朝からいよいよトゥガルの伝授を始めます。

18　トゥガルの伝授

トゥガルの伝授の当日にケツン先生は、これから教えることには秘密にしておかなければならないたくさんの知識が含まれていますから、将来ゾクチェンについてしゃべったり書いたりするときにはくれぐれも用心が必要です、と私に警告した。じっさいに伝授が始まってみると、そう語られたことは嘘ではない、と深く実感するようになった。そこで、私もここでこのとき先生から教えられたことを、そのまま書くというわけにはいかない。文字にして人に伝えてもよいと思える部分だけを、私が理解し体験した範囲内で、私の言葉としてお伝えしようと思う。それほどにトゥガルは人間の身体と心の繊細微妙な領域のことに関わっている。

トゥガルとは、脳と神経組織についてのゾクチェン独特の「ヴァナキュラー科学」の知識に根ざした精神探究の方法である。「ヴァナキュラー」とは、他の土地や文化に運んでいっても普遍的に通用するようなメジャータイプの知識ではなく、土地や文化的「風土」に密着したその土地その文化に固有のものの考え方や言語表現や建築様式の特徴をさしている。[3] 同じように科学にも、メジャー科学とは異なるヴァナキュラー科学が存在しうる。メジャー科学が依拠している観察方法や概念構成とは違う固有のやり方で、自然と人間の心現象を探究してきた独自の科学である。その意味でトゥガルのヨーガの基礎になっている「神経科学」は、ヴァナキュラーな知識ないし科学をあらわしている。

それは現代科学とは異なる方法によって開発された、脳や神経組織についてインドやチベットや中央アジアに伝統的に蓄積されてきた固有の知識に基づいている。ヴァナキュラーなゾクチェン神経科学は、驚くほど多くの点で、現代的な神経科学があきらかにしてきた知識と重なり合っているが、微細領域に関しては現代科学には登場してこないいくつかの神経管をめぐる観察と記述がおこなわれている。とりわけトゥガルのヨーガが体験させるような特別な経験を説明するには、現代神経科学の方法では不十分で、どうしてもヴァナキュラーな神経科学の手を借りなければならない。それは荒唐無稽の産物ではなく、長い年月にわたる実践に根ざした観察にもとづいて形成されてきたものであるから、私たちはまず敬意をもって、それが語るところに謙虚に耳を傾けなければならない。

トゥガルのヨーガが依拠しているこのヴァナキュラー神経科学は、母体の中で胎児が形成されてくるプロセスの詳細な観察から始められている。[4] 受精した卵子の中で細胞分裂が進行していくと、しだいに生物の体の構造がつくられてくる。その過程のごく初期の段階で、四大元素のうちの凝集力を持つ水の元素の力によって、微細な脈管がつくられてくる。この脈管は将来の心臓と眼をつなぐ働きをするもので、「カティシェル k-ti-shel」という名前が与えられている。

カティシェルは緑白色をした微細管で、この中には血液もリンパ液も流れてこない。それは電子顕微鏡によってもまだその存在は確認されていない。ゾクチェンの初祖たちがどうやってそれを「発見」ないし「再発見」したのかは不明である。しかしゾクチェンのヴァナキュラー神経科学は、その存在を仮定することによってはじめて、これまで何千人何万人もの古今のゾクチェンの修行者たちがトゥガル・ヨーガをとおして体験してきたものを、矛盾なく説明できると考えたのである。それにカティシェルを実体化する必要もないのかもしれない。波動が共鳴しあうことで、管のような実体がなくても、離れた身体部位でのコミュニケーションは可能だからである。

カティシェルは現代物理学で重要な働きをしている「ヒッグス粒子」というかつては仮説的な存在であった素粒子のケースに似ている。この素粒子は私の若い頃にはまだどんな観測装置にもひっかかってこなかった。ではそれは幽霊のような想像物にすぎないかというと、そうは言えない。じっさいこの仮説的素粒子の存在を認めると、物質の起源をめぐる多くの未解決の問題が矛盾なく解明できるのである。そののち、ヒッグス粒子の存在は実験で認識されたが、そうなるとまた新しい未発見の粒子の存在が予測されるようになった。

カティシェルは、内部が空洞になっている水晶のような透明な管と考えられている。そこでこれからそれを「水晶管」と呼ぶことにする。水晶管はつぎのような次第をへて形成されてくる。水の凝集力によって形成された脈管にはまず「ランプ（燈明、チベット語でドンマ sgron-ma）」と呼ばれる、光の波動でできた潜在眼があらわれる。この光の眼は外の世界を対象化してとらえるために生物の眼として現成化されている眼とは違う潜在眼であって、このドンマ＝ランプから潜在的な「四つのランプ」が形成されてくる（「四つのランプ」については第六部の註で詳しく説明する）。潜在的な眼は自分の周囲に物質元素を集めて組織をつくるようになるが、この四つのランプの仲間として、水晶管の先端に、生物の眼がつくられる。

心臓から伸びてきた水晶管は途中で分岐を起こして、「牛の角」のような形状をとって生物の額の方向にその尖った先端部を伸ばしていく。その先端部が外部との境界部に触れると、細い管の先に「瞳」があらわれる。この瞳は明暗を明瞭に識別し、水の自性から生成されたものらしく、透明に澄んだ知覚をもたらす。瞳を備えた眼は、遠方にあるものを「見て」、把捉する能力を持つ。ちょうどチベットの遊牧民が遠くに向かって縄や網を投げかけて獲物を捕獲するように、眼は遠くの対象に向かって、非物質の縄や網を投げているのである。

そこでこの現成化された瞳を持つ眼と水晶管からなる神経組織のことを、「遠方に通達する投げ縄としての水のランプ（ギャンシャク・チューイ・ドンマ rgyang-zhags schu'i sgron-ma）」という特別の名前で呼ぶことにする。私たちがふつうに「眼」と呼んでいるのは、生物の体にあって潜在的なものも含めて四種類もある眼のうちの一つなのである。

「遠方に通達する投げ縄としての水のランプ」はとても小さな器官であるにもかかわらず、山でも森でも建物でも、どんなに大きいものでも受け入れて映し出す能力をもっている。この水のランプに誘導されるようにして、他の三種類の眼もイェシェの力によって、胎児の身体の中で成熟をとげていく。生物の身体形成において、いかに眼という器官が重要であるかが、これによっても知られる。それだけではない。水のランプである私たちの眼は、さらに重要な働きをしている。この眼をとおして、神経科学とゾクチェン哲学がひとつに結び合うのである。

それはこういうことだ。「遠方に通達する投げ縄としての水のランプ」である私たちの眼は、外界の様子を知覚する器官の働きをする。この眼の持つ「遠方に通達できる」能力のせいで、外界の諸物との間に距離が発生し、ひいては主体と客体の分離が進む。そのとき欲望が発生する。そして「縄や網を投げかけるようにして」欲望が遠方に遠征して、「見ること」によって欲望の対象を把捉する。つまり水のランプは煩悩を生み出す眼なのである。この眼は対象への煩悩をつくりだし、欲望の「馬」にのって煩悩が外部世界に向かって駆け出す。

ところが水のランプであるこの眼は、水晶管を通じて心臓部につながり、そこで活動している原初的知性《イエシエ》の脈動に触れている。原初的知性はリクパから生まれる純粋な知性である。主客の分離も起こさないし、対象への煩悩にも汚染されることがない。水のランプとしての眼は、原初的知性をとおしてリクパの脈動につながっている。

このようにして、水のランプとしての眼は、悟った心がどんな人の心にも内蔵されているという、人間の心の根本構造である「如来蔵《にょらいぞう》」の仕組みを端的にあらわしているのである。人間の心は妄想に歪められた分別心と純粋な無分別心との「混合識《こんごうしき》」としてできている。[6] 水のランプはそれと同じ構造をそのまま示している。水のランプである眼を通じて、生物は対象との間に距離をつくりだし、遠くにあるものとコミュニケーションをする。それは分別の働きに力を貸して、欲望を発生させる。それと同時に同じ眼は分別を超えた無分別・無妄想なリクパにつながってもいる。まさしく眼と心は同じ如来蔵の構造を示しているのだ。「眼は心の窓」という古くからの表現には、このようなヴァナキュラーな神経科学の根拠がある。

このような神経科学的認識の上に立って、トゥガルのヨーガは組み立てられる。トゥガルはこれら「四つのランプ」を活性化させて、そこからリクパの力を顕現させようとするヨーガであるが、そのさい最初に開かれる「門」となるのが、「遠方に通達する投げ縄としての水のランプ」、すなわち私たちの眼を含む神経システムにほかならない。水晶管とその先端部につくられる瞳を持つ眼が、内部空間（ナン・イン）と外部空間（チ・イン）を結んでいる。内部空間には心臓に集まってくる生命活動に直結しているセムニー（法身）の脈動が充満している。

セムニーはリクパの力を内蔵していて、このリクパは自発的な運動性によってつねに自由な

「戯れ」の状態にある。力動性にみちたこのリクパの運動性が、水晶管をとおして瞳を通り抜けて外部空間に飛び出していく。するとそこに躍動的に動き変化していく光の粒子群が出現する。この粒子群のことを、ゾクチェンでは「ドルジェ・ルクギュー（金剛連鎖体 rdo-rje lu-gu-rgyud）」[7]という用語で呼んでいる。そのありさまを無努力・無為の状態を保ちながら青空に「見る」のである。

「水のランプ」である眼には、あたりの景色も映っているが、そこには同時に金剛連鎖体の光の運動が重なり合っている。これはテクチュウの場合よりも一段と高度な「色即是空」の状態をしめしている。「空を見つめるヨーガ sky gazing yoga」としてのトゥガルが、これである。

＊　＊　＊

このようなトゥガルを成功させるためには、身口《しんく》意《い》の調整が十分にできていなければならない。特に全身の神経組織（「管《ツァ》」と「要点《ネ》」）を安定した状態に保つ、特別な調整が必要となる。そのために、ゾクチェンでは他のヨーガにはめったに使われない、特殊な坐法や呼吸法や観法が用いられる。もっとも特殊と言っても、とりたてて奇抜な方法ではなく、古代中世のヨーガ行者がごく自然におこなっていたであろう、座位や呼吸法が取り入れられている。

坐法には「獅子の坐法（法身《ダルマカーヤ》の坐法）」「象の坐法（報身《サンボガカーヤ》の坐法）」「仙人の坐法（応身《ニルマナカーヤ》の坐法）」の三種がある。それについて『イェシェ・ラマ』にはつぎのように説明されている。

法身の坐法は獅子の如し
端座して膝を曲げて二脚を前面で合わせ、気の動揺を停止させる。
身体をまっすぐに保つことによって、気は快適な状態で流れる。
頭部に軽い圧力を加え頸部を押さえることによって妄念を除去する。
両手の指を握ってこぶしをつくり、両脚を合わせたところに置くと
これによって四大の調律がおこなわれる。

報身の坐法は臥せる象の如し
膝を曲げて胸のあたりに合わせると、楽と熱とが増長する。
両肘を地面につけて男性的（陽）と女性的（陰）の気の調和をとる。
両手のひらで顎を支え、粗大な気を取り除く。
両脚は甲を上にして後方に伸ばす……

応身の坐法は仙人の如し
膝を立てて座り気脈を調整する。
足は土を踏み、水の元素の影響を抑える。
背筋はまっすぐに伸ばして、気と心を自然法爾に保つ。
膝を胸の前に合わせて、火の元素の力を用いてイェシェを燃え上がらせる。
腹部を引っ込めることによって、妄念の流れを抑えることができる[8]……

（私訳）

『タタル・ギュルバ』には、

法身の坐法は獅子の如く／転倒恐怖を離れ／金剛の眼が開かれる。
報身の坐法は臥せる象の如し／法爾の真実を享受して／蓮華の眼が開かれる。
応身の坐法は／膝を抱えた仙人の如し／法性自ら顕現して／ダルマの眼が開かれる。

と書かれている。これら三種の坐法を、一日のうちの時刻や修行場の地形や太陽の位置の変化などに合わせながら、代わる代わる用いてトゥガルは実修される。トゥガルの訓練に入ったら、いっさいの言語活動、いっさいの学習、いっさいの感情発動は禁止される。お経を読んだり唱えたりすることや、マントラを唱えたりするのも禁止である。暗い屋内を出て、外光の中に自分を晒すのである。すると内部空間からあの「ランプ」の光が現れてきて、外部空間である青空に瞬きを始める。

人々の暮らしの場所を遠く離れて、清々しい空気とほがらかな雰囲気に満ちた高所へ出かけるのがよい、と勧められている。季節でいうなら夏の末から初秋、ないしは初冬から春にかけて、空に雲も霧も出ていない晴れた日がよい。こういう日に屋外に出て、陽光のもとトゥガルのヨーガはおこなわれる。初心者はまず太陽と月の光を利用して、内部空間からリクパの光を引き出すことから始めるのがよいだろう。慣れてきたら青空を見つめるヨーガに集中し、午前中は太陽のある方向とは逆の西の空を見つめ、午後は東の晴れた空を見つめる。そうすれば間違いなく「遠方に通達する投げ縄としての水のランプ」である眼をとおして、内光の顕現が起こる……。
　以上がトゥガルの直指《じきし》による伝授の概要である。直指そのものはあっという間に終わり、つぎの段階の「灌頂（ワン dbang）」に移っていくのであった。灌頂は直指以上に重要な段階だと考えられていて、明日おこなわれるその儀式のための準備に移っていたが、私にはそのとき伝授の最後にケツン先生の語った言葉が、とても印象的だった。先生は「これはジグメ・リンパも書いていることですが」と断りながら、次のように語った。

「青空に内光の顕現を見るこのヨーガは、じっさいにはゾクチェンの教えが人間にもたらされるのよりもずっと前からおこなわれていたと伝えられています。
　しかしゾクチェン以前の昔の人たちには、内部空間と外部空間の関係がよくわかっていませんでした。意義不明のまま、空を見つめるヨーガをおこなっていたのです。そこに原初仏クンツサンポの教えがもたらされ、人間ははじめてこのヨーガの真実の意味を知るにいたりました。それまでは外部空間である空《そら》に光が滲《にじ》み出るようにして出現してくるのだと考えて、それを崇めたりしましたが、ゾクチェンの教え以後は、その光が心の内部空間からのリクパの投射だとわかってきました。真実の意義がわからないままにおこなわれていた行為が、このときはじめて真理の教えと結びついたのです」

　私はオーストラリア先住民の長老たちがおこなっていたという、旧石器時代的な空を見つめるヨーガ（sky gazing yoga）の先にあるものを求めて、ゾクチェンに行き着いたのであるが、両者の関係をゾクチェンパ自身がすでに明確に認識しているという事実に、深い驚きを覚えた。私たちは人類の思想史の深みについて、じつはまだなにも知らないのではないか、とそのとき私は思った。

19　リクパ灌頂を受ける

直指のすんだその日の夜に、明日の朝、「リクパ灌頂（正確にはリクパの力の灌頂、rig-pa'i rtsal-dbang）」をおこないます、と先生から告げられて、私は緊張した。

「灌頂」はもともと入門者の頭に水を注いで浄化して、特別な知識を習得するにふさわしい存在にするという意味の、ヴェーダ時代からのインドにあった「アビシェーカ abhiṣeka」の儀式を踏襲したものであるが、チベット人はそれを「力を与える」という意味の「ワン dbang」と訳して、その訳語にふさわしい理解のもとに、この儀式をおこなっていた。ゾクチェンを学ぶにも、このワンを受けることは必須の条件とされていた。

そのために私も、ケツン先生からゾクチェンの教授を受ける前に、この法統の格式高い後継者ドゥトップチェン・リンポチェからニンティクの灌頂《ワン》を受けていた。その儀式は私がまだ事情もよくわかっていない頃、二百人を超える参加者を集めてパルピンの寺で開かれた。まるでカリスマ歌手の周りに繰り広げられる物静かなプログレッシブ・ロックのコンサートのような雰囲気で、この儀式を受けて悟りの眼が開かれるという確信はとうてい持てなかったが、なにごとも郷に入っては郷に従えである、私は四日間におよぶ灌頂の儀式におとなしく耐えた。

このような灌頂の目的や意味について、現代のゾクチェン研究者であるハーバート・ギュンター博士は、次のように書いている。


灌頂（ワン）の目的は、個人の内面的な潜在力を揺り動かして、成熟に向かわせるところにある。ここで成熟と言っているのは、その個人の環世界との関係を表現し調整する自律性（オートノミー）をつくりだす働きと説明することができる。そのような自律性は、身体器官や表象能力がその人に課すさまざまな制限からしだいに自分を解放していくように働く、その個人の知性の能力と深くからまりあっている。その解放する力の最高の表現が「リクパ」と呼ばれる脱自《だつじ》的強度（ec-static intensity）であるが、それはまず最初に原初的知性様態（イェシェ）として体験される。[9]

「未熟であった者を成熟に向かわせる」といわれる灌頂では、個人が環世界に馴染みきっている状態から抜け出して、真の自律性をつくりだしていくことを目的としている。それを実現するためには、脱自（自分を抜け出していくこと）へ向かうエネルギーが必要であるが、そのときイェシェと呼ばれる原初的知性の働きが個人の中で体験される必要がある、とギュンター博士は語る。灌頂には脱自的な飛躍の主題がこめられているのだ。

興味深いことに、そのゾクチェン灌頂の儀式は、つぎのような四つの段階に分かれていた。
（1）具象表現される灌頂（トゥチェー spros-bcas）。これは思念が物質的な表象をともなって表現される、現象界での灌頂をあらわしている。
（2）具象表現を否定する灌頂（トゥメー spros-med）。ここから現象界から潜在界での灌頂に移行していく。そのためにさきの段階の具象表現は否定されて、抽象性への移行がおこなわれる。
（3）そこからさらに抽象化に向かうことによって、表面をめざしていく現象化の過程に逆行して潜在界に沈潜《ちんせん》していく灌頂（シントゥ・トゥメー shin-tu spros-med）。具象性はほとんどなくなっていく。
（4）完全な抽象化が進んだ段階の灌頂（ラプトゥ・トゥメー rab-tu spros-med）。法界は純粋な形態（ゲシュタルト）情報だけになっていく。そこには現象界を生み出すいっさいの情報が含まれているが、具象的なものは存在しない。
私はこのように緻密に構成されたゾクチェン灌頂を受けながら、この脱自的構成はまるで現代芸術思想のようではないかと思ったものである。じっさい二十世紀芸術もこの灌頂の式次第のように展開してきたからである。コローやバルビゾンの画家たちは（1）トゥチェーの段階の灌頂にあたる具象表現をおこなっていたが、セザンヌが出現することによって絵画は（2）トゥメー灌頂の段階に進んでいった。そこから抽象表現を試みる画家たちが多数輩出したが、これは（3）シントゥ・トゥメーの灌頂に相当する運動である。しかしマレーヴィッチのような画家たちはそこにも満足できないで、さらに（4）ラプトゥ・トゥメーの完全抽象表現の段階に進んでいった。

美術史ではこの過程は、芸術思想の進歩や展開として扱われることが多いが、ゾクチェンにおいては、存在世界のすべてを包摂する法界の理法として、「構造」的に理解されている。法身というもっとも抽象度の高い完全情報体から出発して、具象的世界との境界領域をめざす報身に向かう運動が起こり、それは具象化された生き物の世界である応身に達する。その過程すべてをゾクチェンは包摂しようとしている。進歩は幻想にすぎない。じっさいには進歩というのは、法界に内蔵された完全情報が存在のシナリオにそって現象界に引き出されていく過程にほかならないのであって、すべては最初から存在し最初からできあがっている。ここでも進歩と歴史は人間の精神の本質をなす普遍的構造に席を譲らなければならない。

しかしこれからおこなわれる「リクパ灌頂」は、この一般的な四段階のゾクチェン灌頂とも異質のものである。リクパという跳躍力をはらんだ力そのものと、弟子の心を出合わせようとするもので、思想の心髄を直接伝えようとする特殊な灌頂である。これは何百人も集めて大ホールでおこなうようなものではない。

「どこかの山の奥に入って灌頂を差しあげたいのですが、私にはお寺での講義もありますから、それもできません。そこで思いついたのですが、あなたがコルデ・ルシェンの修行をやっていたあのゴカルナの森はどうでしょう。どこか人目につかない、気持ちのよい場所はありますか」と、先生は私に問うた。

私にはお目当ての場所があった。コルデ・ルシェンをやった場所から百メートルほど離れたところに、ちょうど手頃な森の空き地があり、その場所には晴れていれば燦々《さんさん》と陽光が差し込み、リクパ灌頂にはまさにうってつけの場所だと思えた。

翌朝は早く起きて、以前の修行に使った茣蓙や筵《むしろ》を引っ張り出してきて体にくくりつけ、法具類や大きな中国製のポットを抱えた格好で先生のお宅に出向いた。先生は私の格好を見て笑った。

「敷物はこちらできれいなのを用意しましたから、その茣蓙や筵は置いていっていいでしょう。私は最近少し運動不足で太りぎみです。森までは六キロほどの道でしょう。いい運動になりますから、いっしょに歩いて行きましょう」

ボードナートのお宅を出て、東の方角へ私たちは歩き始めた。私は大きな敷物や荷物を背負って、埃の舞い立つ道を歩いて行った。先生は道すがら何人もの知り合いに挨拶をしていたが、途中のバザールに入ると、衣で口を覆っておしゃべりをしなくなった。「これからあなたの人生にとっても私の人生にとってもとても大事な灌頂をするのだから、少しでも心を汚染してはなりませんからね」と、バザールの雑踏から遠ざかったあたりで、先生はようやくそう語った。

ゴカルナの森に到着すると、私はまっすぐに森の奥の目当ての場所にまで、ケツン先生を案内していった。ここまで奥に入ると人の気配はいっさいしなくなった。目指していた森の空き地には、朝の陽光が燦々と降り注いでいて、先生も満足そうだった。私は急いで地面に敷物を敷いて、法具やお供物類やトルマを並べて、灌頂の準備を整えた。上半身裸になるように言われてそうすると、先生も上半身裸になって、敷物の上に座った。私もそうした。そしてあらかじめ先生から教えられていたお祈りの章句を三回唱えた。

金剛を握っておられる上師よ
輪廻から脱出しようとしている私が
金剛薩埵の偉大な秘密道を歩むため

リクパ灌頂をお与えください

このとき私は先生の胸に、紺色の「ア」という梵字を観想するのだが、先生も私の胸に同じような観想をおこなっていたはずである。先生も私も心を微動だにさせない瞑想に入った。先生は小鼓を打ち鳴らしながら加持の詞章を唱えだした。それがすむと深い瞑想に入られた。しばらくたって突然「パッ（Phad）」という鋭い掛け声が発せられ、そののち恐ろしいほどの静けさが続いたあと、先生は私に三度こう問いかけた。

心とは何か？（セム・カンイン）
心とは何か？
心とは何か？

私は無言のまま、心を静寂に保った。なにも思考せず、なにもイメージせず、なにも感じない。そのとき心は法身に近づいていく。自然にイェシェが心の表面に現れてくるようだった。ケツン先生から仙人の坐法をとるように言われたので、膝を抱えるそのポーズをとると、自然に眼は空中に注がれるようになった。青空がまぶしかった。すると先生も空中を見上げながらこう語った。

「あなたの眼にはまだなにも現れてこないかもしれないが、私には空中に丸いたくさんの微小な光の粒がキラキラと光っているのが見えています。視界いっぱいに広がって光っています。これが心の本然であるリクパの光です。あなたをこのリクパの光の中に導き入れ、未熟であったあなたの心を成熟させるために、リクパの力の灌頂をおこないます。リクパの力があなたの心に注がれ、あなたの心は成熟に向かうのです」

そう語ったあと、先生は厳かな声で「エマホー！」という賛嘆の声を上げられてから、私の周囲に宇宙曼荼羅を観想によって建立し始めた。先生は曼荼羅を想像上でつくりだす観想をはじめた。建立の手順を言葉で説明し、私はそのとおりにイメージで曼荼羅を組み立てていくのである。

まずは化身曼荼羅の建立である。

ブッダの心の独り子よ、よく聞きなさい
東方の現楽浄土には無上の歓喜が意のままに荘厳され
そこには藍色の身体を持つ金剛不動仏が宝に飾られておられる
南方の吉祥浄土には無上の歓喜が意のままに荘厳され
そこには黄色の身体を持つ宝生仏が宝に飾られておられる
西方の堂蓮浄土には無上の悦楽が意のままに荘厳され
そこには紅色の身体を持つ無量光仏が宝に飾られておられる
北方の業成就浄土には無上の歓喜が意のままに荘厳され
そこには緑色の身体を持つ無碍王が宝に飾られておられる
これらすべての仏は父母不二の状態にあり
それを取り囲む無数微塵の眷属《けんぞく》の上には

無数微塵の仏が自然法爾のうちにあって
それぞれの説法主の説法に聞き入っている
汝、我が子よ
東方の浄土を象の観法をもって見つめ
獅子の躍動をもって躍りかかっていけ
南方の浄土を獅子の観法をもって見つめ
虎の躍動をもって躍りかかっていけ
西方の浄土を猛威の観法をもって見つめ
金翅鳥の飛翔をもって飛びかかっていけ
北方の浄土を金剛持の観法をもって見つめ
雷閃の素早さをもって飛び込んでいけ
アー、アー、アー（原初を示す音）

こうやって想像力によって私のまわりに応身の浄土を建立して、その内部に私をしっかりと住まわせたのち、先生は報身と法身の曼荼羅を、つぎつぎと築き上げていった。各レベルの曼荼羅の構造はほぼ同一であったが、存在様態はそのつど変化していき、それらが同じ空間につぎつぎと出現してくる有様は、想像されたものにすぎないとはいえ、その荘厳さで私を圧倒した。

先生はそのときこう語った。

「あなたは三身の曼荼羅に入ることを許されて、灌頂を受けることができるようになりました。

これによって無明の根は絶たれ、心の本然である原初的知性に触れることができるようになりました。ここからリクパの力の灌頂に入ります。身口意を整えて、三種の坐法と観法に入りなさい。ゾクチェンの修行に必要な心と身体の要所の調整をおこないます」

そう語ってから、先生はふたたび深い瞑想に入り、しばしののち鋭い掛け声とともに、私にトゥガルの核心を語りかけ始めた。

キェー！
我が心の子よ
あなたの宝物のような心臓部には卵型をした秘密の塊があって
そこに原初的知性の種子である光の点が光っている
その光は本体においては空性にして無我であり
自性においては不滅の輝きであり
慈悲力から形態性と一体である原初的知性が
瓶の中のランプのようにして光っている
そのとき顕現する光は水晶管を通って外に出て
四つのランプとしての自性をありありと示す
その光の顕現は諸々の如来の身口意を無尽に荘厳する法輪をなし
法性を如実に見届けさせるものである

いまあなたは「リクパの力の灌頂」を受け取った！

私はついに「リクパの力の灌頂」を受け取ったのである。確かに受け取ったという実感はあまりなかったが、そのときなにかが私の中ではじけたのは本当である。この灌頂は他の密教的な灌頂とはちがって、リクパの力そのものを直観させ認識させて、それを強く目覚めさせることを目標としている。その上で、トゥガルのヨーガを使って、水晶管を通じてリクパという心的な力を、光の粒として内部空間（ナン・イン）から外部空間（チ・イン）に飛び出させることによって、セムニーの赤裸な姿を露わにさせる。その後押しを、この灌頂はおこなおうとしている。

さらにケツン先生はこう続けた。

法界に出現するたくさんの光点の中にリクパの「金剛連鎖体」の顕現を認めて、それと離れないでいることが大切です。この金剛連鎖体を直視することによって、仏性の秘密いっさいを知ることができます。金剛連鎖体を見つめることによって、宇宙の根源で活動しているダルマを認識することができます。原初的知性の全活動領域に習熟したいと願うのなら、金剛連鎖体を直視しなさい。思想と実践の結びつきを保ち続けたいと願うのなら、金剛連鎖体をゆるぎなく見つめなさい。すべての法の完成状態を知りたいのなら、金剛薩埵の心につながっていることを望むのなら、金剛連鎖体から離れてはなりません。

「金剛連鎖体」を空中に凝視するゾクチェンパ。ルカン堂壁画から

「遠方に通達する水のランプ」である私たちの眼をとおして、外部空間としての青空に投射されるリクパの「金剛連鎖体」という光の瞬きを出現させることに、トゥガルの最初の力点が置かれているのがよくわかる。これは青空を凝視すること（sky gazing）によって、自然に出現する「視覚を超えた視覚現象」である。リクパの力の灌頂は、この金剛連鎖体の出現を促すために、弟子の脳と神経組織の状態を変容させていくためにおこなわれる。それも無理に変容させるのではなく、あくまでも自然に、無為・無作為に、その状態を実現させようとしていた。

リクパ灌頂がすんだあと、私と先生はようやくほっとして、持参したバスケットの中からお弁当を取り出して食べたり、まわりに集まってきた動物たちにお菓子をあげたり、おしゃべりをして夕方まで楽しく過ごした。先生はよく笑った。私もよく笑った。二人とも大きな開放感に包まれていた。私は二年ほどかけてようやく、リクパ灌頂にまでたどり着いた。その間ケツン先生は忍耐強く私の心の成長を見守りながら、自分が受け継いできた宝物のような知識を、惜しみなく私に分け与えてくれた。私はそれまでの人生で出会ったこともないほどに大きな、その贈与の精神に深く感動していた。原初仏クンツサンポが語るように、世界は根底において善なのである。そのとき、なにもかもがあまりにも自然に流れていったことに、私は少し驚いていた。これほどの精神的跳躍が試みられているのに、なにもかもが平静で、驚異的な出来事でさえごくごくあたりまえのことのように、自然に流れていったからである。

第六部　チベットの眼と精神

20　空を見つめるヨーガ

リクパ灌頂のすんだ後、私は引越しをした。所持品の極端に少なかったその頃の私には、引越しは少しも苦ではなかった。人家の多いボードナートを離れて、西隣の村マハンカルにある、ブラフマンの一家の住む家の二階が新しい家だった。この家を選んだのは、まわりが静かだったのと、広い屋上がつくってあったからで、私はこの屋上に出れば、朝な夕な好きなだけゾクチェンのヨーガができるぞとふんだのである。

マハンカルとは「マハーカーラ（大黒天）」のなまった呼び名で、十軒ほどの民家が集まった落ち着いた村で、村の真ん中には菩提樹の巨木が天に向かってそびえていた。私は暇ができたときは、しょっちゅうこの巨木の下に座ってくつろいだ。この巨木の下にいると、晴れた日も雨の日も気持ちがよかった。風が吹けば菩提樹の葉はさらさらという心地よい音楽を奏で、樹木の中に潜んでいるたくさんの鳥たちが、そのたびに小声でおしゃべりをした。向かいの家のネパール人の幼い姉妹と親しくなって、いっしょにあたりを散歩したりもした。二人は私のネパール語のつたなさを楽しんでくれて、歩きながら語学の先生にもなってくれた。

大家さんの一家はたいへん厳格なブラフマンであったので、部屋を借りるとき肉を使った調理はいっさいしてはならない、と私に言い渡した。この禁令のために、これまで欧米人の借り手がつかなかったらしい。しかしこれは私にはなんの問題もないことだった。私は前日チベット人の店で買っておいたパンケーキとお茶だけで朝食をすませ、十時すぎ頃にボードナートのケツン先生のお宅に出かけるのを日課にしていた。その時刻には先生はお寺での若い僧侶への早朝からの講義を終えて、自宅に戻って休んでおられた。私はその時間を利用して、『イェシェ・ラマ』の勉強の続きをしてもらっていた。勉強が一段落したところで、昼食が運ばれてくる。この昼食のお相伴にあずかることで、私は肉食禁令の網をくぐり抜けていたのである。

お寺に住む僧侶たちの中には、みずから肉食を絶っているヴェジタリアンも多かったが、ケツン先生のようなンガッパ（密教の行者）の場合は、自由になんでも食べることができた。そのおかげで、私は昼ごはんにはバフ（水牛）の肉と野菜を時間をかけて煮込んだ、おいしいチベット料理をいただくことができた。昼過ぎて戻るときには、明日の朝食にと肉なしのモモ（蒸餃子）の入った包みが、おみやげとして手渡される日も多かった。こうして私は大家さんには清潔で感心なヴェジタリアンとして通すことができた。

それにこの大家さんは、私がなにかのダルマを修行しているらしいことに、好意を抱いてくれていた。「なんであれ、人間はダルマとともに生きるのが好ましい」というのが、ここのご主人の口癖だった。だから下宿人が屋上に出てヒンドゥ教徒のやらない奇妙なポーズをして、空を見つめながら座り込んでいる姿を見かけても、そっとその場を離れていき、あとでひょっこり庭先で出会ったときに優しく微笑みかけてくるような、じつにエレガントな対応を示してくれた。

＊　＊　＊

私はその家の屋上で、トゥガルの本格的な修行を始めた。私は『イェシェ・ラマ』にあるマニュアルに従って、早朝日の出前に起き上がって、グル・ヨーガをはじめとする観想と呼吸法からなる基礎的なヨーガをおこなったあと、屋上に出てテクチュウの訓練に取り組んだ。あたりはまだ薄暗く、家や畑の輪郭もおぼろげで、知覚している世界と空性の認識を瞬時に重ね合わせていく作業は、日中よりもはるかにやりやすかった。それが一段落したところで、ツンモ（内部の熱）のヨーガをおこなう。ゾクチェンでやるツンモは、カギュ派のものよりも簡単なもので、「あくまでもトゥガルの効果を強化するための補助手段としてのツンモだから」と先生も教えていた。それでも体温が上がり身体中が温かくなってくるのが、よくわかった。

そうこうしているうちに、東の山裾に太陽が昇ってくる。あたりがオレンジ色に包まれてくる。そのオレンジ色の中心部に視線を据える。まだ太陽は頭をちょこんとのぞかせているだけだけれども、私の眼の中には強烈な光が飛び込んでくる。トゥガルの訓練を始めた最初の頃、私はその衝撃にうろたえた。しばらくそれに我慢していると、オレンジ色の光の中に黒い塊があらわれ、激しく振動しながら、絶え間なく形態を変化させていくのである。赤や青の色をした光があらわれては消えていく。訓練を開始してから一、二週間の間は、色彩も形もまったく不安定で動揺を続けていた。それがしだいにおさまり、明瞭な形態があらわれだしたのは、三週間目に入る頃だった。

太陽がしだいに高く昇ってくると、光が強烈になって眼に危険なので、こんどは太陽に背を向けて、青空を見つめるヨーガに移っていく。こちらのほうは、すぐに変化があらわれはじめた。まず眼前の青空にゆらゆらとした波状の光のストライプがあらわれる。光のストライプは淡い虹色をしていて、それが縦になり、斜めになりながら、出現と消滅を繰り返す。斜めになっていた光が交差して、虹色の格子状をなすようになる。このような光の変化が起こり始めてからだいぶたって、あの「金剛連鎖体」が青空に出現してくるのである。

金剛連鎖体はすぐには出現してこない。まず青空にあらわれてくるのは、「ティクレ（心滴）」とも呼ばれる、大量の光の粒子群である。光の粒子はチカチカという瞬きを繰り返しながら、たしかな脈動をもって青空にあらわれてくる。その数は訓練の日を重ねるごとに、どんどんと数を増していく。そのうちに見開いている視野の全体が、この光の粒子群に覆われるようになっていく。この光は、水晶管をとおして内部空間から外部空間に放出されてくる、リクパの力の投射にほかならない。存在＝法界が内蔵する力であるリクパは、内と外の空間に充満しながら、縦横に横断的運動を繰り返している。

そこに金剛連鎖体が出現してくる。大量のティクレの中に、安定した動きをしめすいくつかの大きめの光の粒があらわれる。それらがゆっくりと動きながら、連繫をしめすようになる。数学の無限大記号を押しつぶしたような形をした光の粒子の連鎖が、青空の中で静止する。そのとき金剛連鎖体は脈動している。連鎖をなす一つ一つの光の粒が、鼓動を打っているように感じられる。

この金剛連鎖体について、ゾクチェン・タントラは多くの表現を費やして、その重要性を強調している。たとえば、『宝珠象嵌《ぞうがん》』というタントラはこう語っている。

生死の現象のない命を求めるならば、金剛連鎖体を見る観法をおこないなさい
滅するを断じて心の解脱を求めるならば、金剛連鎖体の顕現を見届けることだ
思考を停止して差異ある存在世界を離脱したいと望むなら、原初的知性と一体である金剛連鎖体を見つめなさい
世界は区別なく一者であることを知りたいと欲するなら、金剛連鎖体の顕現を見届けなさい
記憶も思念もなくただ法身を知らんと望むなら、金剛連鎖体の示す真実を見つめなさい
心の内と外の存在すべてを認識したいと望むなら、金剛連鎖体の示す気（エネルギー）の運動を観察しなさい
すべての場所がブッダの三身にほかならないことを知りたいと欲するなら、金剛連鎖体の自己顕現のさまをよく見届けなさい
諸存在はすべてリクパの自己顕現であると知りたいなら、金剛連鎖体を見つめなさい[1]

しかしケツン先生は、私がトゥガルの修行を始める前に、つぎのような忠告を私に与えた。

「しばらくトゥガルのヨーガを続けていると、あなたは金剛連鎖体の形をしたリクパの動きを見届けることになりますが、それをこれこれの形をしたものとして対象化したり、自分はたしかに

リクパをこの眼で見たなどと言って、喜んだり執着したりしてはならない。そんな考えを持つだけで、あなたは大きな錯誤を犯すことになります。金剛連鎖体はあくまでも、心臓と眼を結ぶ水晶管をとおして光の滴に変容をとげた、リクパの存在や動きを示している影のようなものにすぎないと思いなさい。リクパ自体にかくかくのものと言えるような自性はありません。それに金剛連鎖体にもかくかくのものと言えるような実体性はありません。あなたはあくまでも青空にあらわれる金剛連鎖体を拠り所にして、その奥に隠されているリクパのほんとうの存在を、直観で知ることができるようにならなければなりません。

だからここでも重要なのはテクチュウの考えです。リクパはあるでもないでもなく、それの青空への投射である金剛連鎖体もあるでもないでもない、心性（セムニー）そのものです。じっさい金剛連鎖体が出現している空間は、内部空間でもなく外部空間でもない、いわば空間の狭間《はざま》です。そこへ心を集中して、トゥガルのヨーガを修習しなさい。

テクチュウの境地と一体になっていなければ、トゥガルのヨーガもゾクチェン以前の修行者たちが陥っていたような、間違った見解に導かれてしまいます。彼らは空に出現した金剛連鎖体を見て、なにか人間の心を超えた尊い神のような存在があらわれたと考えましたが、金剛連鎖体が心の内部空間に充満するリクパの「影」であることを知らなかったために、それを神として拝んでしまうような間違いをしてしまいました。あなたは金剛連鎖体にさえ執着してはなりません。そんなものはなんでもない、あたりまえのことにすぎない、というぐらいの気持ちで、ヨーガをおこなわなければなりません」

こういう忠告をうっかり忘れて、私は青空に金剛連鎖体の姿を初めてはっきりと認めることができるようになった日の午後に、そのことを大喜びで先生に報告した。すると、先生からは意外なほど冷たい反応が返ってきた。

「あなたの心に納められているものを、あなたは見ているだけです。そのことに子供のようにうれしがったりしてはいけません。これからあなたはもっといろいろな色や形をしたものが、つぎつぎと自分の心の収蔵庫から飛び出てくる様子を見届けることになります。それくらいのことで喜んではいけません」

しばらく私はしゅんとしてしまったが、先生はもうそのことをいっさい話題にせず、淡々と『イェシェ・ラマ』の続きに取り掛かっていった。

＊　＊　＊

ゾクチェンの修行には特別な道具も器具もいらない。意識変容をもたらすための特殊な植物も使わない。お寺へでかけて礼拝や儀礼をする必要もない。ただあたりに煩わされることのない静かな環境とたっぷりの暇な時間さえあればいい。「ゾクチェンの修行は一文無しの貧者にも許された贅沢です」と、ケツン先生はいつも笑いながらそう言っていた。青空を見つめるヨーガ自体は旧石器時代から実践されており、人間は青空にゾクチェンのいう金剛連鎖体の出現を認めてきた。とくにチベットではボン教や仏教のほとんどなにももっていない多くの貧しい修行者たちは、このヨーガの贅沢を心ゆくまで享受してきた。ところが西欧世界では二十世紀以前には、青空に出現する光の粒子群のことは、まったく語られていなかった。早くから忘却されていたのである。

それが再発見されるのは、二十世紀になってからである。[2] 一九二四年、ドイツの眼科医リヒャルト・シェーラーは、青空のような明度の高い青い光を凝視し続けていると、視覚野に波状のラインに沿ってゆっくりと移動していく光の点が現れる現象を発見した。entoptic（内部光学または内視現象）と呼ばれる現象の中でもとりわけ重要なこの事例は、眼科学の研究によって、網膜の毛細血管の中を流れていく白血球の動きによって引き起こされているらしいことがわかった。網膜上で毛細血管は湾曲していったん網膜の表面に出てくる。そのために白血球の動きが網膜に映し出される現象が起きるのである。

心臓の鼓動に合わせて白血球が一定の律動をもって毛細血管を移動していくのと、青空の背景の上に光点が現れ動いていくのが、連動していることが実験的に確認された。ほかにも飛蚊症をはじめとして、この光点に似た内部光学的現象はいろいろとあるのだが、それらのほとんどが硝子体液中に浮遊する「デブリ（残骸）」によって引き起こされている。しかしこの青い光の場に起こる現象は、そうしたものとは違って、確固たる神経生理学的構造に根ざしている。

それればかりではない。網膜の毛細血管を流れる白血球の運動が引き起こしているらしい光点の脈動運動は、心臓のパルスと深く結ばれているのである。こうした（メジャーな）科学的知見は、トゥガルに出現する金剛連鎖体の挙動をめぐるゾクチェンの（ヴァナキュラーな）科学的知見と、多くの共通点を示している。ゾクチェンの理論では、心臓に集中している神経組織網の活動に結びついている内部空間から水晶管をとおって「水の眼」から外部空間に飛び出してくる金剛連鎖体は、はっきりと心臓のパルスと関係づけられている。つまりそれは生命活動と一体のものである。

しかしそこから二つの「科学」は違う方向に分岐していく。内部光学をめぐる現代科学は、青空に現れる光点を、あくまでも「対象一般」の中に還元される物質的過程として取り扱おうとする。ところがゾクチェンはトゥガルのヨーガによって自然に出現してくる光点の存在と活動を、身体という個人的特異性の場所に現れる現象の、なにものにも還元されない「生な意味」として究明しようとするのである。

金剛連鎖体の出現が、網膜で起こる体液流動の過程と密接な関係をもっていることは、間違いがない。しかしゾクチェン思想にとって重要なのは、そのことの示す「生な意味」である。身体を拠り所としておこる人間的実存の全体性の中で、そのことがどのような意味をもっているのか。そのことの意味をゾクチェンは、事物を対象化するセムによってではなく（またそのセムに接続されて距離と対象化を生む「遠方に通達する投げ縄としての水のランプ」の機能によってではなく）、セムを包摂する無分別のセムニーの側から究明しようとする。

ゾクチェンのトゥガル・ヨーガでは、「水の泡」とも「水の眼」とも呼ばれる眼をとおして、二つの異なる知性が出入りを繰り返している様子を、如実に見届けようとする。一つは主客対象をつくりだすセム型の知性である。この型の知性は眼を抜け出て遠方にまで投出され、そこで対象世界の情報を捕獲収集して、また眼に戻ってくる。その情報は水の溜まった眼を通過して網膜の神経組織に達し、そこで変換を受けたのちに、脳のイメージ野に送られる。この過程の中で、セムを駆動しているロゴス的知性が大きな働きをしている。私たちがふつうの意味で「ものを見ている」というのは、水の眼のもつこのような働きによっている。

しかしトゥガルのヨーガでは、そのとき同時に水の眼からはセム型の知性とは別種のセムニー型の知性が、内部空間と外部空間の中間の「どこでもない空間」に放出されている様子を観察するのである。セムニーはセムを包摂し、セムの基体をなしている知性である。この根源的知性が「リクパ」として、眼から外に放出されて、「どこにもない空間」に金剛連鎖体を出現させるのである。遠方に対象物を見出し捕獲する眼のセム型知性と、金剛連鎖体となって青空にあらわれている眼のセムニー型知性とは、じつは不二一体（主体と客体が分離しないまま一体であること）である。しかしリクパこそが知性の基体であることを知らなければ、視覚といえば対象捕獲のための眼のことしか、頭に浮かばない。

そうやって、私たちは「自分は世界を見ている」と考えるのだが、ゾクチェン思想家たちは水の眼だけによっては、私たちはまだ「世界を見ていない」と考える。水の眼は、自分の見ている世界に、遠い、近い、大きい、小さい、明るい、暗いなどといった分別を入れて、世界を遠近法的に認識している。しかしそのとき、リクパであるセムニー型知性には、そのような遠近法が虚構であり、世界は全体性としてそこに同時に存在し、相互連携しあっている様子が、ありありと映っている。まばゆい金剛連鎖体のかたちをとって青空の空間（どこでもない空間）に出現したリクパの知性は、水の眼から世界を見ている知性に向かって、「お前はまだ世界を見ていない」と論し続ける。

ゾクチェンは仏教の心理学である唯識のように、眼が見ている世界は妄想であるとは言わない。世界への通路として水の眼が開かれ、そこから心が「色界」を捉えていることを、あるがままに認める。しかしこの色界にはまだ「世界は見えていない」のである。その眼が空の眼と不二一体に結びついたとき（「色即是空」）、はじめていままで見えなかった世界の姿が見えるようになる。

トゥガルのヨーガを組み込んだゾクチェン思想は、人類史で考えればけっして孤立した探究ではない。ゾクチェンは一面において「ものを見る」とは何か、という根本的な問いを発展させた思想であるが、このような問いはまったく別の形をとおして、西欧世界でも探究されてきた。西欧世界はこの問いかけをおもに絵画の実践をとおして展開した。そこで繰り広げられた「眼の冒険」は、ゾクチェンが探究してきた問いと多くの共通点をもつ。両者は眼球的知性の一大冒険として発達してきたのである。

* * *

西欧絵画史を「眼の冒険」という視点から解き明かした現象学者モーリス・メルロ＝ポンティは、『眼と精神』（滝浦静雄・木田元共訳、みすず書房）の中で、画家パウル・クレーの言葉をふんだんに引用しながらつぎのように書いている。

〈見えるもの〉の特性は、厳密な意味では〈見えない〉裏面、つまりそれが或る種の不在として現前させる裏面をもっていることだ、ということを意味する。「かつて今のわれわれと対蹠《たいせき》的な立場にあった人たち、つまり印象派の人たちが、日頃見なれている光景の下草やひこばえのあいだにその滞留地を設営しようとしたのは、当時としてはまったく正しかった。だが、われわれはと言えば、われわれの心はわれわれをもっと奥深い根源へ導こうと高鳴っているのだ……。この奇異なもの、それこそがやがては実在……となるであろう……。というのも、それは〈見えるもの〉をさまざまな密度で復原するに止まるものではなく、〈見えるもの〉にも、秘かに感知される〈見えないもの〉の性格を分有させることによって、秘かに隠れたものを見えるようにするからである」。（……）画家は、視覚によって二つの極限に触れることになる。一方、見えるものの太古の基底では、画家の身体を侵すような何ものかがうごめき、点火されるのであり、そして他方、彼の描く一切はこの誘いへの応答であり、彼の手は「おのれから遥か遠く距った意志の道具以外の何ものでもないもの」となるのだ。〈見るということ〉は、まるで十字路でのように、存在のすべての象面が出会うことなのである。「或る種の火が、生きようとして、目覚めてくる。道案内の手に導かれながら、この火はカンヴァスを襲い、カンヴァスを侵し、次に飛び散る火花となって、おのれが描いてきた円環を閉じる。つまり、眼とそれ以前のものへと還って行くのだ[3]」。

西欧文明は、古代ギリシャ以来人類史の中でも比類のない「表象的文明」を築いてきた。表象化されて言葉や記号や象徴として現実の表面に現象してくるものに、最大の重みをおいた文明である。したがってこの表象は「見るということ」と密接に結びつくことになる。そのため絵画は哲学と並んで、西欧的知性にとっての特権的な探究の領域となってきた。その探究は二十世紀の絵画の冒険において一つのピークに達するが、そこに出現してきたのが、クレーのいう「眼とそれ以前のもの」への帰還の運動である。これは「表象とそれ以前のもの」への帰還の運動とも理解することができる。

ゾクチェンのような思想は、表象を堅固な基礎に据えない、東洋の「非表象的文明」の中に発達してきた。その世界では、絵画が西欧世界におけるような真理探究のための特権的領域となることはなかったが、そのかわりに表象を基礎に据えない仏教と、それに触発されて身体を実存的探究の場とするゾクチェンのような非表象的な思想が発達することになった。そこでは「眼とそれ以前のもの」が、絵画の問題としてではなく、身体の中の神経組織に見出される「ランプ＝眼」の問題として実践的かつ具体的に調べられてきた。

したがって、西欧絵画史の冒険の中で生まれた諸思想と、ゾクチェンのような実存思想との間には、あきらかな並行関係があると考えることができる。二つは時代も場所もおたがいが背景とする文明も、遠く離れたところで展開されたものでありながら、「眼とそれ以前のもの」に向かう探究の運動として、共通の情熱に突き動かされている。

＊　＊　＊

テクチュウとトゥガルの伝授とリクパ灌頂がすんだ後の私の勉強は、金剛連鎖体以外のリクパの放出の形態についてと、修行が未達成のまま修行者が死を迎えなければならなくなったときの対処法である「バルド」の教えとに注がれた。リクパ灌頂によって一つの山の頂上にたどり着いた後であったので、山の背後に広がる高原の台地を歩いているような、寛いだ雰囲気に満ちていた。これからの修行への心構えを示すといって教授されたつぎのような動物の譬《たと》えにしても、そこはかとないユーモアがただよっていた。

蜂のように修行をして、あらゆる法の味を嘗めなさい
野生動物のように修行をして、妄想につながる縁を断ちなさい
唖《おし》のように修行をして、煩悩を生む言葉を捨てなさい
燕のように修行をして、秘密の方便への疑惑を断ちなさい
狂人のように修行をして、定住の場所を捨てなさい
獅子のように修行をして、いっさいの恐怖心を捨てなさい
犬や豚のように修行をして、清浄と汚穢の分別を捨てなさい

（『日月の和合』タントラより）

「これはまだまだ先のことになると思いますが」とケツン先生がまた語り出した。「金剛連鎖体が青空に出現したあと、そこにあらわれているリクパの観察を、ていねいに続けていると、青空につぎつぎと不思議な光の形があらわれてくるようになります。これは金剛連鎖体を放出しているランプ＝眼の機構とは違う、別のランプ＝眼の機構から出てくる光にほかなりません。人の心に、こんなにも美しい、たくさんの不思議な形が内蔵されているのかと、びっくりするほどです」。

『イェシェ・ラマ』にはその光の形として、波状をしたもの、縦横に流れていく線状のもの、格子状をしたもの、孔雀の羽根のようなもの、円形をしたもの、円形の内部にあらわれる五色のスペクトル、チベット文字の「ナロー（ོ）」に似た形状をしたもの、空中を飛ぶ鳥のような高速で流れる光の束のようなもの、仏塔《チョルテン》のようなもの、この世で見たこともない形をした光の流れ、

トゥガルに出現するさまざまな光の形態

などがあげられている。先生の話では、それらが出現してくる順番も決まっていないし、いつ出現してくるのかさえわからない。まったくの任運（偶然）まかせに、眼前の青空にそうした光の形態が出現してくるというのだ。

これらの多様な形をした光の顕現は、身体の中を走る神経組織の各所に居場所を持つ、四つの「ランプ（燈明）」に内蔵されている内部空間の光が、水晶管をはじめとするさまざまな通路をとおして、眼から外部空間へと投射されたものである。青空にあらわれるさまざまな形をした光の文様は、もともと心の内部空間に収納されていたリクパなのである。

トゥガルのヨーガでは、長い時間をかけて、内部空間からこれらの光の文様をすべて、眼から外の空間に放射させて、心に貯蔵されたリクパの力の化体を、くわしく観察し尽くそうとする。それには何年もかかることがあり、それゆえトゥガルの修行を完成させることのできる人はきわめて少ない……。

このように教えたあとに、ケツン先生が語ったつぎの言葉は私をいたく感動させるものだった。

「こういうさまざまな光の形が、身体のどのような場所に内蔵されていて、どのような回路を通って眼から外の空間に出てくるのかについては、『燃え上がるランプ（ドンマ・バルワ sgron-ma 'bar-ba）』という古タントラの中に詳しく説明してありますから、自分で読んでみるといいでしょう。いま話した四つのランプについて詳しく説明してあります。[4] わからないところは遠慮しないで質問しなさい。

ようやくあなたともこうやって、じっさいの体験にもとづいてゾクチェンの話題ができるようになりました。そのことをとても嬉しく思います。私は長年ゾクチェンを学んできてつくづく思うのですが、まことに人間の心ほど驚異に満ちて面白いものはありません。心にはとてつもなく不思議なものが内蔵されていますが、あなたがもしゾクチェンを学ばなかったら、そのことを知らずに一生を過ごしていってしまったことでしょう。自分の心がどんなものなのか、知らないままで終わるのです。その不思議なもの、驚異的なものが、私たちの眼を通路にして青空に姿をあらわします。よくタントラでは登場者たちがエマホー！という驚きの声を上げているのに出会いますが、これは人間の心に内蔵されている大不思議の光景に、感動している声なのです。人間はいまロケットを飛ばして宇宙にまで出て、そこで未知の驚異に出会おうとしています。しかし驚異は遠くの宇宙まで旅して見つかるものではなく、私たちの心の中にすでにあるのです。心は宇宙よりも大きく、無尽蔵に豊かです。それを知る喜びにまさるものなど、果たしてこの世にもあの世にも存在するでしょうか」

この話に私が感動したのは、ゾクチェンのような千年以上も前から開発が進んできた思想を実践しながら、現代のゾクチェンパたちが自分たちのやっていることはまだ限界に達していない、と考えていることである。このプログラムにはまだ伸び代がある、そこには無尽蔵の富を内包されていて限界を知らない、この思想的企てはまだ未完である、それは一人一人の実存をとおして無限の多様性を内蔵している……そのような意味でゾクチェンは類例の少ない開かれた思想なのだ。それはたんに未来に開かれているというのではなく、過去にも現在にも未来にも属さない、時間性を超えた法界に開かれている。

21 ガイジャトラ（牛祭）の夜に

秋が近づいてきても、私は屋上でのヨーガの訓練を一人で続けていた。そんなある日のこと、お昼近くに、私はケツン先生の家に向かう途中のチャービル村で、ネワール族のお祭の喧騒に巻き込まれた。花の環で飾られた遺影らしきものを台車に乗せたり胸に抱いて行進してくる、色とりどりの一団の先頭には、額に赤いティカの粉を塗って化粧し、マリーゴールドの大きな花環を首にかけてもらったきれいな白い牛たちが、のっしのっしと歩いてきた。楽隊の演奏もにぎやかについてくる。このお祭は初めてだったので、私は群衆の中に知り合いのチベット人を見つけて、これはなんの祭かとたずねた。

「ガイジャトラのお祭ですよ。ガイは牛のこと、ジャトラはお祭という意味でさあ。昨年中に亡くなった死者の霊が戻ってくるので、みんなでお迎えしているんです。ああ、着飾ったあの牛たちのことですか？　ネワールの考えでは、死者は冥界に降りていくとき、牛のしっぽを握りながら、暗い道を歩いていくとされています。だから牛は死者たちの先導者みたいなものですから、きれいなお化粧をしてあげて、大切にもてなします。このあたりじゃあこの程度の騒ぎだけれど、バクタプールやカトマンズでは、もっと盛大にお祝いしてまさあ。ぜひお出かけになってみるといい」

じつにみごとな民俗学的解説であった。日本の習俗で言えばお盆と冬の霜月祭《しもつきまつり》がひとつになったような、先祖霊をお招きする祭なのであろう。聖なる牛はこの世とあの世をいったりきたりする能力を備えているから、そのしっぽを摑んでいれば、あの世への道中不案内な新参者も、まちがいなく冥界にたどり着けるという考えである。私は道を歩いていてなんども、後ろからやってくる牛に、邪魔だとばかりに頭突きをくらったことがある。牛に邪険にされたことで、私はけっこう傷ついた。その頃のネパールでは牛の威厳には誰も逆らえなかったのである。

化粧したこの威厳ある牛たちの行進を見ていて、私は前の年の晩秋の日に出会った「ククルティハール（犬祭）」の光景を思い出していた。そのときの犬たちの威厳のなさが、私の気持ちを和ませてくれたからである。この祭は美と富と豊穣の女神ラクシュミー（吉祥天）を讃える、五日間にもおよぶ祭の二日目におこなわれる犬の祭である。その日はガイジャトラの日の牛たちのように、犬たちまでもが額に赤いティカを塗られ、かわいらしいマリーゴールドの花環を首にさげてもらって、心なしか自信ありげに歩きまわっているのである。

その頃はネパールではどの街、どの村へ行っても、野良犬がたくさんいた。きまった家で食事にありつける半野良も多数混じっていて、犬たちはリーダーに率いられて集団行動を取っているのが多かった。リーダーの犬はきまって賢くて、野良犬集団が人間たちにたいして非道なふるまいに出ないように、きっちりと統制を取っている感じだった。

その犬たちがこの祭では、飼い主のいる犬も野良犬も半野良犬も警察犬も区別なく、ネワールの人々から優しいもてなしを受けていた。動物がこういう特別なもてなしを受ける場合には、その動物はなにか冥界のような外部の領域との強いつながりが考えられているのではないかとまず考えてみるのが、人類学での常道である。

私は例の物知りチベット人に、去年のククルティハールの祭で見た光景のことを話しながら、また質問をした。

「ネワールの人たちにとっては、犬も牛と同じように、冥界で役に立ってくれる動物なのかな」

「よくお気づきで。犬は牛と似たような道案内の役目を冥界で果たしている、と聞いたことがありますよ。ネワール人にとって秋は収穫と死者の到来の季節なんですよ。そこで一月ほど日を違えて、冥界の事情に通じた牛や犬がお祝いされるんですな」

「それにしても、犬祭はラクシュミー女神のプージャ（儀礼）の一部でしょう。ラクシュミー女神は美と富の女神さまなのに、どうしてそれが冥界とのつながりを噂されているんですか」

「さあ、そのへんの事情はよくわかりませんな。たぶん魅力にあふれかえっているものは、美しすぎるものも富みすぎているものもこの世にはおさまりにくい。それで富者も美人も生きているうちから、冥界のほうにはみだしてしまっているのじゃないですかね」

またもやみごとな民俗学的解説が返ってきた。ネワールの人たちは、日ごろは犬たちを私たちの社会でのように馬鹿可愛がりしない。そういうクールな犬との付き合いを観察していた私には、ククルティハールの日のこの丁重な扱いを見ているうちに、長いこと自分の中で抑えてきた人類学者としての象徴論的思考がむくむくと頭をもたげてきた。

飼い犬は人間の家族の一員になれるのだろうが、野良犬たちは社会的境界をうろつく生き物として、普段は死の領域に近い動物と考えられている。それが死者霊を呼び戻す秋の収穫の祭では、価値の逆転がおこなわれて、野良犬まで死者霊といっしょに丁寧なチャリティでもてなされることになる。わがもの顔で腰をふりふりしながらのし歩いている化粧した犬たちの姿を眺めながら、私は死を排除せず、死と共生する文化の生み出す独特な優しさに触れて、すっかり和やかな気持ちになったものだ。

死者の霊や死者の代理人である動物たちは、人間の世界に富の豊かさをもたらしてくれると考えられている。豊かな富の産出は、生の力だけでなしとげられるものではない。そこに死の力が加わってこないと、この世に豊穣はもたらされない。そのとき社会は自分を死の領域に開いていくための通路（パッサージュ）をつくりだしておく必要がある。宇宙の中での富のサステナブルな循環は、そういうパッサージュがないとおこらないのである。

ところが私たちの資本主義社会では、死の領域につながるパッサージュがいたるところで閉鎖されてしまっている。そのためにそこで生み出されているおびただしい富が、社会に循環していかずに全体には豊穣をもたらさない仕組みをつくってしまっている。化粧した牛や犬が人間たちに優しさにみちた表現で教えようとしていたのは、社会を生き延びさせるための「メメント・モリ（死を思え）」の教訓なのであった。

私の中の人類学者がすっかり目覚めてしまったので、その日はケッン先生の家での勉強をお休みさせてもらって、私はカトマンズとバクタプールにまで足を延ばし、街の盛大なガイジャトラを見物することにした。久しぶりに私はお祭の興奮を味わった。なにしろ先生に弟子入りをしてからというものは、チベット正月だろうが結婚式だろうがインドラ祭であろうがほとんど無視して、人々の興奮をよそに、私はゾクチェンの修行にばかり打ち込んできたからである。

暗くなってから家に戻った私は、もういちど心を鎮めて、いつものように屋上に上って夜の訓練を始めた。トゥガルのヨーガは、日中は青空と太陽をたよりにおこなわれるが、夜は月光をたよりに続けられる。日中のヨーガで「熱くなった」眼を、冷たい月の光で「冷やす」という効果が説かれていた。月を見つめるヨーガでは、光の粒子である「ティクレ」がはじめの頃、頼りなげにひょろひょろと黒い空に泳ぎだしてくるのが観察される。その数がしだいに増大してきて、そこに昼間とは異なる趣をした金剛連鎖体があらわれてくる。夜空を背景にした微細な光点は、そのくっきりとした姿をきらきらと輝かしては、暗い夜空につぎつぎと消えていく。

＊　　＊　　＊

初秋のカトマンズ盆地の空は、昼も夜も晴れ渡っていた。私は毎晩のように屋上に出て、月光を見つめるヨーガに励んだ。ところがその夜に限ってセッションをはじめてから一時間ほどたった頃、私は下のほうからざわざわという人の気配が立ち上ってくるのを感じた。ヨーガを中断して、立ち上がって道路を見下ろすと、そこにはマハンカル村の村人たちが道路の両脇に立って、興奮を抑えながら何かの到来を待っている様子が見えた。人々の中に隣家のネパール人姉妹の小さな姿も見えたので、私は屋上から声をかけて手を振った。すると私に気がついた彼女たちもにこやかに笑いながらこちらに手を振ってくれた。

そのときマハンカル村から北の方角のコパン村へと続く一本道の遠くのほうから、低い、地鳴りのような歌声が、かすかに聞こえてくるのを私は聞いた。ザッザッという軍隊の行進のような規則正しい足取りで、かなりの人数の人たちがこちらに向かって進んでくるのを、私は闇をとおして想像できた。数個のランタンが等間隔に離れて揺れながら進んでくる。歌声がしだいに大きくなって聞き取れるようになってきた。内容はよくわからないが、なにかの神様への賛歌らしいヒンドゥ教の宗教歌が、ザッザッという歩調に合わせて、低い地鳴りのように闇の中に響いていた。私は屋上から駆け下り道路に走り出て、菩提樹の下に集まっている村人の中に紛れ込んだ。気がつくと隣にはあの幼い姉妹がニコニコしながら立っていた。

そのとき、ボーッと光るランタンを先頭にして、不思議な一隊がしずしずと行進しながら村の中に入ってくるのを、私は見た。私の目の前にはフェデリコ・フェリーニの映画のワンシーンのような光景が繰り広げられていた。歌声の主は百人を下らない数の盲人の一隊であった。全員がネパール軍からの支給品とおぼしきカーキ色の古着のコートを身にまとい、誰もが前を歩く仲間の肩に手をかけて一糸乱れぬ歩調で歩み、低い声で賛歌を歌いながら村の中に入ってきた。菩提樹の巨木の下まで進むと、そこで行列は歩みを止めた。マハンカル村の村長らしい人物が出てきて、大きな包みを行列の先頭を行くリーダーに手渡すと、歌声は一段と高くなり、一行は同じ道を次の村へ向かって行進を再開した。

「この人たちは誰?」。私は隣の姉妹に小声でたずねた。

「この人たちは、山の麓にあるコパンの国営施設にいる目の不自由な人たちよ。ガイジャトラの夜には毎年こうやって村々を訪問してくるの。村の人たちは協力して贈り物を用意して、この人たちがやってきたらそれをプレゼントするの。続きがあるわ。ほら、怖い鬼たちがたくさんやってきた。危ないからお家に隠れましょう」

そういって姉妹は私の手を引いて、菩提樹の向かいのネパール民家へと走り込んだ。整然とした盲者たちの行進が続いたあとから、こんどは雑然とした少年たちの集団がいっせいにあらわれた。少年たちはランニングとパンツだけの姿で、奇妙なお面をつけて顔を隠している者も多かった。お面には青と赤の絵の具で伝統的な文様が描かれていた。牛を描いた絵が大半だったが、なかには悪鬼をあらわす怖い絵のものもあった。

少年たちは無軌道に広場を走り回ったあと、菩提樹の周囲に連なる民家をつぎつぎに襲撃しはじめた。一軒一軒の扉を叩いて、強引に開けさせ、家の中にずかずかと入り込み、悪態をつきながら贈り物を要求した。大人たちはまじめくさった表情をしながらも笑いを隠しきれない様子で、このかわいい鬼たちのいいなりになって、食べ物やお菓子やルピー紙幣などを手渡した。すると仮面の鬼たちは急におとなしくなって、「よし、わかればいい。これくらいにしておいてやろう」とでも言いたそうにして、つぎの家へと移っていくのだった。

「これは何?」

私は怯えて母親の後ろに隠れている妹ではなく、落ち着いてこの様子を眺めていた姉のほうにたずねた。

「昼間のガイジャトラのお祭の続きよ。前の年に死んだ人の霊が牛の神様といっしょに村にやってくるの。それにくっついて鬼たちもやってくる。でもあんなの村の男の子たちの悪ふざけだわ。偉そうにして。ひっぱたいてやりたい」。彼女は少女らしい仕草でかわいらしく地面を蹴りあげた。

彼女の言葉で私は、ガイジャトラの祭では一日中、象徴的な死者たちがこの世界の支配者になるのだという重大な事実を思い出していた。新盆に戻ってくる新しい死霊たちも、それを導く着飾った牛たちも、施設から闇夜の中を村へと行進してくる盲人たちも、鬼に扮した乱暴者の男の子たちも、この日の祭の主人公たちは誰もが死の領域の近くにいるものたちばかりだった。生きているものたちは、彼らを自分たちの世界に迎え入れ、丁重なもてなしとたっぷりの贈与物をお土産に与えて送るのである。

その行為によって、生きているものたちは生者だけがこの世界の住人ではないことを、あらためて自覚させられる。生の世界はそれよりも広大な死の世界に包摂されており、私たちは短い期間だけ死の領域を出て、こちらの世界を楽しんだあと再び死の領域に戻っていく存在であるという、人類の古くからある認識を、ガイジャトラは祭の興奮の中で、人々に思い起こさせるのである。そのために社会の中で少しでも死の領域に近しいと判断された存在が総動員され、生者の世界を包囲する役目を担わされる。この包囲戦の勝者は死と決まっている。そして祭の日にあらわになるこの真実は、人生の最後にはすべての人の前にふたたび決定的な形で立ち現れる。ガイジャトラの祭は華やいだ楽しさの中で、人生は必敗を運命づけられた包囲戦であることを、人に思い起こさせるのである。

月は中天にさしかかっていた。死霊の大群が去って村に静けさの戻った頃、私はふたたび屋上へ出て天空を見つめはじめた。

*　　　　*　　　　*

さきほどまで人々を興奮させていたガイジャトラの祭は、人類学的にはけっして特殊な祭ではない。死者の霊を迎え入れて歓待する祭は、世界中に存在する。こうした祭には一つの構造原理のようなものが貫かれている。秋の収穫のあとなどに、生の世界である社会の中にさまざまに表現された死者の霊を迎え入れることによって、一時的にその社会を生と死の混在する場所につくりかえ、両者が象徴的交換をおこなうことによって、いつもは塞がれている両世界の通路を開くのである。

これによって生者の世界には、それ以外の時には「見えないもの」となっている死者の領域を「見えるもの」にする。そしていままで生者たちによって「見えるもの」とされていた社会が背景に沈むことによって、いままで世界の背景に隠れていた領域が、前面に浮かび上がってくる。それによって死者の祭は「両立しえないがやはり共存している二つの視野の交錯によって」（メルロ゠ポンティ、前掲書）、「見えるもの」でできた社会を、社会そのものが生まれてくる暗い背景の中に送り戻すのである。

人類の社会が成立すると同時に、このような精神的探究がおこなわれてきたことは、考古学に徴《しる》してみてもあきらかである。死者を迎え入れる祭はとてつもない過去からおこなわれてきた。

人類は生者の心がとらえている世界の背後に、「両立しえないがやはり共存している二つの視野」を交錯させるため、生者の世界を見つめている死者からの眼差しを、さまざまな手段をとおして具現化しようとしてきた。これは人類の心の普遍的な構造原理として、旧石器時代の祭儀から近代の芸術の冒険にいたるまで、あらゆる文化的創造の土台をなしてきた。

ゾクチェンはそのような探究の極限に出現した試みである。ゾクチェンはそれまでの宗教的祭儀のように死の領域を象徴化することによってその探究をなすのではなく、死の領域の向こう側にリクパを放出している法界を直観的に認識し（それがテクチュウである）、そこに直接的な手段を用いて抜け出ていく（トゥガルがそれを目指している）というやり方で、死の祭儀がはじめた探究を、極限まで深めようとしている。

それを実行するためには、修行者自身が死者に近づいていかなければならない。日常の行為をいっさい停止し、社会的活動から遠く離れていく。分別思考を停止して、生命活動さえ必要最低なレベルにまで低下させていく。その果てに、心のおおもとをなす原初的知性のあらわれを見届けようとするのである。

『イエシェ・ラマ』もこう語る。[5]

（あなたは）墓地に放置された死体となって
いっさいの動揺を完全に停止して
身口意三業のわざを放下したのちに
心臓から眼につながる水晶管を

原初的知性の通り道と認識するのである　（私訳）

ゾクチェンの探究の直接性には驚かされるものがある。法界もそこに満ちている力も放出されるリクパも、どれもたんなる言語的現実ではない。象徴化の残余を造形した詩的表現でもない。死の領域のリアリティでさえ、想像されたものではない。それは物質的現実と一体になった直接的な「現実（リアリティ）」なのである。

このような直接性の精神探究法が、旧石器文化の痕跡を多く保存しているオーストラリア先住民の実践の中に見出されることが、確認されている。そこから推定するに、このような探究は、人類の思考が飛躍的に発達した初期の頃には、すでに地球上のさまざまな場所で探究が試みられていたものであろう。しかしその直接性は農業革命と同時におこった「象徴革命」のインパクトの陰に隠され、しだいに秘密の知識として文化の表面からは隠されていくようになった。象徴革命によって隠されてきたこの秘密の知識の宝庫を、ゾクチェンは精緻な体系として蘇らせ保存してきたのである。

マハンカルの村の中を多彩な死の意匠が通り抜けて行ったあと、私は月下のトゥガル・ヨーガを続けながら、自分を墓地に捨て置かれた死体と化していこうと試みていた。ガイジャトラのような死者の祭には、ある種の「ロマン主義」が潜在している。それがつねに「失われた時間」の回復を求めているからである。しかしゾクチェンの直接性は、そのようなロマン主義さえ解体してしまうラジカルさを秘めていた。

第七部　ロンチェンパの遺産

22　巨人とケルビム

一九七九年にはじめてネパールを訪れて以来、私はケツン先生の下での勉強や修行の合間をぬってては何度もインドへの旅をした。その旅の中でもとりわけ印象深いのが、一九八一年の秋におこなったダージリンへの旅である。

ネパールに入国して以来、私のビザはずっと旅行者用のままだった。長期滞在の日本人から、トリブーバン大学の在籍資格を取れば、ビザ切れの心配なく安心して滞在していられる、と聞かされても、面倒な事務手続きの嫌いな私は、なかなかその気になれなかった。それだけではなく、私は二ヶ月ごとにネパールを出国して再度入国ビザを取りなおさなければならないという不便を抱えても、気ままな旅行者の立場のままでいたかった。それで私は二ヶ月ごとにインドに出た。はじめのうちは国境の町で数日間過ごして、またネパールに舞い戻ってきていたが、慣れてくるとしだいにインドの奥に足を延ばすようになった。インドの旅はそのつど新鮮な驚きを私に与えてくれた。

　その年の秋にダージリンへの旅の計画を立てていたのには理由があった。ゾクチェンの勉強が進むにつれて、私はロンチェンパの著作をいつも手元に置いておく必要を感じるようになっていたが、その当時はカトマンズやボードナートにあるどの書店にいっても、手頃な揃いの著作集を手に入れることができなかった。このことをケツン先生に相談すると、ダージリンのカンギュル寺《ゴンパ》を一度訪ねてみるといい、そこで印刷しているロンチェンパの『七蔵（ゾゥドゥン）』はハンディで軽く、とても使いやすいもので、ほかにもカンギュル寺ではいろいろと珍しいゾクチェン関係の本の印刷をしているから、あなたのためになるだろう、という返事が返ってきた。チベットでは寺が印刷所になっている。そのため本はそれを印刷している寺へ出かけて、直接手にいれるというのが普通のやり方だった。

　それにこの寺を建てたカンギュル・リンポチェは、ケツン先生のゾクチェンの師の一人でもあった。活気にあふれた、開かれた精神と高い人格の持ち主で、ダージリンを亡命先としてその地に寺を建ててからというもの、チベット仏教に関心を持つたくさんの外国人を自由に受け入れていた。「カンギュル（経蔵）」という通名のとおりチベットに保存されていた膨大な仏典の保存と普及にも、精力的に取り組んだ。リンポチェ自身はこの数年前に遷化《せんげ》されていたが、その寺にはご子息の活仏ペマ・ウォンギャルがいて、活発な活動をおこなっていた。その寺へ行けば、『七蔵』をはじめとするロンチェンパの諸著作が安価にセットで入手できるというのである。

　ダージリンは北東インドの丘陵地帯にある町で、海抜は二千メートルを越えていて、お茶の栽培に適した土地柄であった。英国の東インド会社は十九世紀に、そこに広大なお茶のプランテーションの開発を始めた。そのためイギリス人の商人や官吏とともに、たくさんのインド人労働者がその地に集まり住むようになり、大規模な植民地風の町の建設がおこなわれたのである。インドの高温多湿の気候に悩まされていたイギリス人たちは、この町を快適な避暑地として愛好した。

この町は古くから、チベット、シッキム、ネパール、インド平原をつなぐ交通の要衝（ジャンクション）だった。長いこともっとも勢力の強かったのはチベット人で、そのためこの要衝には「ドルジェ・リン（ダイアモンド・シティ）」という名前がつけられ、のちに英国風に「ダージリン」と呼ばれるようになった。ダージリンから数キロ離れたグームには、古くからカギュ派の寺院が建てられていたが、二十世紀の始め頃、諸外国との政争に疲れたダライ・ラマ十三世がダージリンに避難して以来、そこには多くの寺院が建てられ、たくさんの仏教僧がこの町に暮らすようになった。

中華人民共和国の成立以後は、チベットと中国の間の政治的緊張がいっそう高まった。その時期に、目先のきく有力なラマや商人たちはひそかに財産をダージリンに移しはじめていた[1]。そのため一九五九年に起こったダライ・ラマ十四世の国外脱出に呼応して、多数のチベット人が難民となってインドに逃れ出たとき、すでにダージリンはインド平原に突き出たチベット文化圏の橋頭堡《きょうとうほ》としての地位を固めていた。

それにダージリンは長いこと英国領であったため、チベットがまだ外国への門戸を閉ざしていた時代には、チベットの言語や文化や宗教を学ぼうとするたくさんの学者たちを引きつけてきた。はじめてチベット語の辞書をつくったハンガリーの言語学者チョマ・デ・ケロシュも、ダージリンで言葉の採集と分析作業をおこなった。河口慧海師もチベットに潜入する直前まで、この町でチベット語の習得をおこなっていた。『チベット死者の書』を最初に英訳したエヴァンス・ヴェンツはグームの僧院に滞在して、翻訳作業をおこなっていた。私は少年時代に熱中していたさまざまな探検文学をとおして知った、ヒマラヤ南麓のこの地帯にたいして、古くから強い憧憬をいだいていた。

*　*　*

そんなわけで私は、ケツン先生からの提案にすぐさま飛びついた。カンギュル寺の所在地の簡単な地図を描いてもらって、さっそくその二日後、ダージリンへ向かうバスに乗ることにした。早朝五時にカトマンズの中央バスターミナルを出る長距離バスに乗るために、前日は発着所近くの安ホテルにとまり、ダニのせいで眠れぬ夜を過ごしたのち、私は早朝のシリグリ方面行きのバスに乗り込んだ。

バスはほぼ満席で、ネパール人やインド人といっしょに、大きなバックパックを背負ったたくさんの外国人旅行者も乗っていた。途中までは修行のためになんども訪れたことのあるチュウミク・チャンジュへ向かう馴染みの道が続いていったが、マハーバーラタ山地の峠を越えるとそこからは知らない道で、バスは一気にインド平原へと曲がりくねった山道を下りはじめた。

とても愉快な気持ちだった。つぎつぎと音楽がわきあがってきて、それを小声で歌い続けていると、隣の座席に座ったドイツからやってきたバックパッカー青年もこちらに微笑みかけながら楽しそうに聞いていた。途中バスはなんども、道端の茶店のようなところに長く停車して、その間に乗客はバスを降りて思い思い、景色を眺めたり、用を足したり、茶店特製の乾し米にカレーをかけただけのダルバート（定食）を食べたりした。

この旅に私はチベット服を着て出た。長くなった髪の毛を編んで後ろのほうで無造作に束ね、その当時のチベットの老人たちがまだよくやっていたように、食べた後のお皿を舌できれいに舐めとったりしていたので、周りの乗客たちは私のことをチベット人と思っていたらしいが、隣の席のドイツの青年は、私が口ずさんでいる音楽から、これはチベット人なんかじゃない日本人だとすでに見抜いていたらしい。

「君は何者なの？」と彼はたずねた。

チベット仏教の研究と修行をしている日本人ですと答えると、彼はたいへんに興味を持って話しかけてきた。このハンスという青年は、ドイツの工科大学で電子音楽を学んでいる大学院生で、その頃の進んだ若者の多くがそうだったように、東洋思想とくにチベット仏教に強い関心を持っていた。ハンスは世界中の楽器にも異常なほどの興味を抱いていた。彼の楽器への興味はまったくユニークだった。

「イタリア旅行中のゲーテがパドヴァの植物園で、あらゆる植物の原型をなす原《ウル》植物を見たって書いているだろう。あれはゲーテの幻想だったたって言われてるけど、僕はあらゆる楽器の原型をなす原《ウル》楽器というものなら、実在するんじゃないかと考えているんだ」

こう語るハンスは真顔そのものだった。そんな思いが募ってとうとう大学に休学願いを出してインドの旅に出て、これからグームの僧院に行こうとしていた。原楽器というハンスの発想は、私をも魅了した。私自身が、人間のおこなうあらゆる思考には原植物と同じような「原思考」というものがあって、それは構造主義などのいう「構造」よりももっと原初的な知性作用であろうと考えて、ゾクチェンにたどりついていたからである。

ハンスというこの若者はいつもウォークマンを大事そうに持ち歩いていたが、持参していたカセットには、私のものと同じような音楽がいっぱい詰め込まれていた。どうやらこの友情は長く続きそうだ。インド平原は美しく夕日に照らし出されたのち、あっという間に真っ暗な闇に沈んでいき、私たちはバスの中でいつまでも語り続けていた。

国境の町のバスターミナルに着いたときは、すでに真夜中だった。バスの横腹に詰め込んだ荷物を取り出すのに手間取っているうちに、ほかの乗客はみな散り散りに去って、私はハンスともはぐれてしまった。あたりは漆黒の闇で、私の懐中電灯の明かりに照らし出されたのは、インド人力車《リキシャ》マンの白い歯とはじけるような笑顔だった。

「乗ってけ。国境の川を渡らせてやる」

そういうが早いか、力車マンは私のリュックをもう力車の荷台に積み上げていた。不安を抱えたまま乗り込むと、力車は勢いよく闇の中に突っ込んでいった。

三十分ほど走ると、前方に川が見えた。真っ暗闇の中なのに、川が光って見えたのである。川に架かる橋に差し掛かって、私は息を呑んだ。川が闇の中で光って見えたのは、川面に群れる蛍の大群のせいだったのである。おびただしい数の蛍が、あたりを飛び交っていた。力車はその蛍の大群の中に突入していった。私の体には、ビシバシという音を立てて、蛍がぶつかってきた。私の知っている蛍とは比較にならないほどに大きな蛍が、群れをなして衝突してくるのだ。目にはまぶしいほどの光が飛び込んでくるが、その光の小球は即座に黒い小さな塊に変わって、私を直撃してくるのである。しかし力車マンは口を開けて大笑いしながら、陽気に力車をこぎ続け、数分後には向こう岸に渡りきっていた。

インド側の国境の村に着くと、ハンスが心配そうに私を待っていた。彼も蛍の大群の襲撃を受けたあとだったので、二人で無事を祝った。通関を通過した後、私たちは粗末な小屋に導かれた。小屋には地面の上にいくつもの簡易ベッドが並べられていた。ここで一晩明かして明日の早朝にシリグリに向かうバスに乗ります、とバス会社の男に告げられたのち、私たちは各自一本の棒と蚊帳を手渡されて、それぞれのベッドに向かった。

手渡された棒は、蚊帳のつっかえ棒だった。ベッドに横になってから全身を蚊帳で覆い、それを中から棒で支えるというやり方で、沼地の多い国境の村名物の蚊の襲撃を防ぐというのである。噂にたがわず蚊の襲撃はすさまじかった。ふつうに見かける蚊の何倍もの大きさをした蚊が、長い針のような口を伸ばして、蚊帳の隙間から血を求めてなんどもアタックを試みてくる。その攻撃を粗末な蚊帳と一本の棒だけで避けるのである。

この無理な姿勢で眠れないまま、ハンスと私は何時間も小声で話し続けた。

「あの蛍の大群に力車が突っ込んでいったとき、急にものすごい光に包まれてしまって、気が遠くなりそうだったよ」

「僕もさ。お経に出てくる浄土とはこれかと思ったほどだよ」

「『死者の書』にもああいう光の出現の様子が描かれてた」

「でも、蛍の体がビシバシと顔を打ってきたので、ああ、これは物質界の出来事なんだ、と思い返したけどね」

「僕は蛍の身になってみたよ。光の海を天使みたいに飛び交っていたら、急に目の前に大きな壁が立ち塞がってきて、それに当たって衝撃とともに弾き飛ばされてしまうんだ」

「光の中を上機嫌で高速飛行していたら、衝突の衝撃で急に自分が物質の体を持った存在だったってことに気づかされるわけだから、色即是空ってわけにいかないね。いや、色即是空とはまさにこのことかしら」

「色即是空はまぶしいし痛いものなんだね」

私たちは大声で笑って、蚊に襲われて同じように眠れずに呻吟しているほかの旅行者たちの顰《ひん》蹙《しゅく》を買うことになった。


私はそのころカトマンズのケツン先生のもとで受けていたゾクチェン加行のことを思い出していた。実在の国境を越えるための現実の旅は、はからずも生と死の境界を渡るバルド（中有）の旅をめぐる想像の旅でもあり、それはセムを超えてセムニーに踏み込む実存のメタファーとなりうるものだった。私たちはあたりが白み始め、蚊の活動が収まり始めた頃になって、ようやく眠りについた。

*　*　*

シリグリの町でバスを大型のジープに乗り換えて、私たちはヒマラヤの丘陵地帯に入っていった。植物相が急に変わって、針葉樹の林が続くようになった。空気がひんやりと感じられるようになった。道路の脇を、たわわに実った茘枝《ライチー》の枝を肩にかついだ若い外国人バックパッカーたちが、茘枝をほおばりながらのんびりと歩いていく。数時間後、山腹に開かれた大きなジャンクションに着き、そこがグームだと知らされた。ハンスはここで降りて、名残惜しそうに手を振りながら、グームの僧院に向かって歩き始めた。

そこからさらに二時間ほどして、ジープはダージリンのチョーラスタ広場に着いた。私は広場の周りに立ち並んでいる安ホテルのひとつを選んで、部屋に荷物を下ろすことにした。丘陵地に開かれた町らしく、いくつもの稜線に沿って何本もの並行に走る道路がのび、両脇にはしゃれたコーヒーショップやレストランや土産物屋が並んでいる。コーヒーショップからは最新の音楽が流されていて、きれいな柄のシャツを着た流行に敏感そうなインドの若者たちがそれに聞きいっていた。

私が聞いたことのない新しい音楽も混じっていて、その中の一曲がとても気に入ったので、となりの席のインド青年に「これは誰の音楽?」と聞くと、「何を言っているんだ、これはおたくの国のYMOというグループじゃないか」と教えてくれたのには驚いた。カセットテープのジャケットを見てさらに驚いたのは、そこに「細野晴臣」という名前を見つけたことだ。ネパールに出てくる直前まで聞いていた彼の音楽は『はらいそ』まで。そこからずいぶんな飛躍が起こっていた。ほんとうに時代の精神というものはあって、多くの若者たちの精神を巻き込んで、同じような方向への飛躍を促そうとしているらしい。私はまるで自分まで進化できたような、とてもうれしい気持ちになった。

ケッツン先生が手渡してくれた地図には、この広場から放射状に広がっている道路の一つである「ガンジー・ロード」に沿って歩いて行けと書いてあった。久しぶりのおいしいコーヒーを飲み、アップルパイを食べ終えたあと、私はガンジー・ロードを歩き出した。

私はときどき立ち止まって、町の後方に聳《そび》えるカンチェンジュンガ峰をほれぼれと眺めた。真っ青な空に青い岩肌の山塊が堂々と立ち上がる様は、言い知れない気品にみちて、私を魅了した。そのカンチェンジュンガめざしてインド平原から無数の鳥たちが、この町の周辺に到着している様子だった。日本のヒヨドリによく似た鳥たちが、群れをなしてカンチェンジュンガめがけて飛翔していくのが見えた。鳥の群れは大空で大きな旋回をおこなって、こんどは山腹の斜面をものすごいスピードで舞い降りた。そしてダージリンの町の上空にさしかかると四方に散在している森に向かって、小さな群れに分かれて飛んでいき、そこで森の木々の中に沈んで姿を消していった。

私は初等チベット語の勉強の副読本にと、亡くなったパッサンからもらった『鳥の仏教』という小仏典の冒頭部の文章を思い起こしていた。[2]

（……）インドとチベットの国境に、「宝石を積み上げた山」と呼ばれる、美しい森におおわれた山がありました。インドの偉大な聖者サラハは、この山にこもって悟りを得たと言われていますし、多くの聖者たちもこぞって、真っ白な雪におおわれた頂きを輝かせている、この雪山に住みたがったそうです。（……）

南と西と北の斜面には、白檀、沈香、樫、オリーブ、胡桃、樺など、たくさんの種類の木々

ダージリンとカンチェンジュンガ峰

がうっそうと生い茂る森がありました。山のまわりには雄大な巨石がそそり立ち、崇高な美しさをたたえておりました。そこには鳥たちの中でもとりわけ高貴な鳥と呼ばれる禿鷲や鷲たちが住んでいて、悠々と天空を舞う楽しみにふけったのちは、四方に広がる麓の斜面にゆったりと舞い降りていくのでした。

　麓には湖や池や湿地が点在し、崖や岩や氷河からも、豊かに水が流れ出していました。ときには轟くような、ときにはささやくような音を立てて水流は流れ落ちていきましたが、そこには雁や沼を好む鳥たちや黒アジサシなどの水鳥が暮らしていました。森の木々の上の梢には、孔雀や人の言葉を真似るのが上手な鸚鵡や、ツグミやカラスなどの樹上の鳥たちも暮らしていました。まったくそこは、鳥たちによって美しく飾りたてられた森に包まれた、まことに崇高な山だったのです。（……）　（私訳）

　この小さな経典の作者の名前も書かれた時代も知られていない。しかしその作者がこの経典を着想したとき、説法（この経典では鳥のカッコウが説法者になって、それをほかの鳥たちが聞いているという設定になっている）のおこなわれる舞台として、カンチェンジュンガ峰のこの山腹を選んでいるのは間違いがない、と私はダージリンに来てから確信するようになった。色とりどりの鳥たちが町の中を飛び交っていた。私は緑したたるガンジー・ロードを、カンギュル寺に向かって歩いた。途中から脇の細道に入ると、両脇をさまざまな花が覆うようになり、その花の生垣の続く向こうに、カンギュル寺があらわれた。[3]

　カンギュル寺はあらゆる意味で破格の造りをしていた。伝統的なチベット寺院と西欧風コテージを合成したような構造で、軽やかでかわいらしい雰囲気をたたえていた。入り口を入ったところに本堂はなく、二階から静かな読経の声が聞こえて来るだけだった。「ケツン先生の日本人の弟子です。カトマンズから来ました」と寺の管理をしているらしい女性に自己紹介すると、まもなくカンギュル・リンポチェのご子息のトゥルク・ペマ・ウォンギャルが現れて、奥の居間に通された。ケツン先生はお元気ですか。それにしても日本の方とはめずらしい。この居間の隅っこにあるベッドをお貸ししますので、滞在中はどうぞ遠慮なくお使いください、お金がもったいないですからこれからすぐにホテルへ帰って宿泊をキャンセルして荷物をこちらに運んできなさい、今夜からここに泊まるのがいいでしょう、そうですか、ロンチェンパの著作集が必要なのですか、わかりました、明日の朝には用意しておきましょう、とよどみなく語った後、「あなたはラッキーだ。この寺には現在ディルゴ・ケンツェー・リンポチェ[4]という偉大なラマが滞在しておられます。めったにお会いできる方でありませんから、ぜひご挨拶するといい」と言い残して、忙しそうにまた外に出ていった。

ホテルに置いてあった荷物をとってまたカンギュル寺に戻ってくると、寺には誰もいなくなっていた。私はおそるおそる二階に登って、本堂の中を覗いてみた。本堂には少年僧が一人、経《きょう》机《づくえ》の前に座って、お経を読んでいるだけだった。こぢんまりとした内陣の壁には、全面に祖師や菩薩や神々の像がいっぱいに描かれていたが、人気もない昼下がりのこの時間に訪れてみると、なにか魂の抜けた人形みたいに惚けた表情をしていた。

少年僧はお経を読みながら興味深げに私のことを観察していたが、そのうち我慢できなくなったのだろう、読経をやめて私に話しかけてきた。

「僕たち今夜は大変なんだよ。徹夜で代わりばんこにお経を上げ続けていなければならないんだ。だからみんなはいまお昼寝さ。僕は籤《くじ》引きで負けちゃったから、昼間の当番をやらされてます。今夜また覗きに来てくださいな」

その夜は二十人ほどの少年僧たち（彼らが全員孤児であることを私は後で知った）が大声を張り上げて唱える読経の声が、一晩中続いた。ときどき交代が入るようで、そのたびにつぎの出番の時刻を告げられて、「ゴネ！（マジで！）」とかわいい悲鳴を上げている声が、本堂のほうからたびたび聞こえてきた。私は前の夜に蚊の襲撃で眠れない一夜を送ったせいで、その夜はかわいい読経の声を子守唄に、早々と眠ってしまった。

*　*　*

翌朝は天使の歌声で目が覚めた。よく透き通った高い音域で歌われている旋律は、まぎれもないチベット仏教の声明《しょうみょう》であったが、寝起きの私には、それがカソリックの聖堂で歌われている、少年聖歌隊によるホザンナ（歓喜の賛歌）のように錯覚されたのである。私はチベット寺院での儀式には何度も参加してきたので、そこでの声明が大人の僧による重低音を通奏低音として、重々しく展開されていく様子に慣れていたので、その朝聞いた声明のように、高音域の少年たちの歌声を中心にした「天使の声明」を聞くのは初めてだった。

急いでベッドから起き上がると、一階にはまったく人影はなく、ベッドの隣に置かれたテーブルの上には十何冊もの経典が積み重ねられていた。ピンクの表紙で飾られたその経典を手にとってみると、ロンチェンパの『七蔵』のセットとニンティク関係のその他の本だった。昨夜、私が疲れて寝入ってしまったあと、どなたかがそっと私の枕元に置いていってくれたのに違いない。本をめくろうとして私ははっと気づいた。本はあとまわしにしてもなくなりはしない。それよりも今は本堂で繰り広げられている天使の奉斎《ほうさい》に参列することのほうが重要だ。私は大急ぎでチベット服に袈裟をまとって、あわてて二階の本堂へと向かった。

こっそりと後ろからお堂に入ろうとしたが、そのお堂は前のほうにしか入り口のない構造で、私は読経中の少年僧たちの好奇の目を浴びながら、前方の師壇の脇を身をかがめて通り抜けて、後ろの席にすべりこむしかなかった。目を上げて前方の師壇を見て、私は思わず息を呑んだ。

そこには身長が二メートルはあろうかという巨大なラマが、金剛鈴（ディルブ）と小太鼓（ダマル）を巧みに扱いながら、指で空中に不思議な象徴を描いていた。その脇には若い外国人の僧がマットを敷いた床に座って、経典と照らし合わせながらただいま進行中の儀式の手順を取り計らっている様子だった。そのほかには大人はいなかった。すこしだけ年長らしい少年が、低めの声で導入部の長い詞章を歌い出すと、それに導かれるように、小学校低学年生のような僧たちが、いっせいに聖者を讃える詞章を唱和していくのである。

その唱和の美しいこと！　私には歌う少年僧たちが、天上界に群れる「ケルビム（智天使）」たちで、そのケルビムたちの合唱を巨大な体軀の聖者が金剛鈴と小太鼓を操りながら指揮しているように感じられた。楽器の使用はそれだけで、あとはすべてアカペラの合唱である。なにしろこんな光景に出会ったのは初めてだったので、少年時代に親しんだキリスト教の比喩しか浮かんでこなかったのは、ちょっと残念だったが、それほどに、その場の光景はダンテの『神曲』に登場してきてもおかしくないくらい、普遍的な清らかな聖性に満ちていた。

休憩が入ったところで、巨人のようなラマが後方の席に隠れるようにして座っている私を認めて、手招きをした。微笑みをたたえたラマの顔には、いたずらっぽい好奇心があふれていた。ラマは私の手をとって、たずねた。

「どちらから？」

「カトマンズから来ました」

「いやそういうことではなくて、どちらから？」

「あ、日本から来ました。いまはカトマンズのケツン・サンポ・リンポチェのもとで、ニンマ派のダルマを学んでいます」

「それはいいことだ。年はいくつかな？」

「三十一歳です」（ここで少年僧たちざわめく）

「それはいい。若い時からダルマを学ぶのはとてもいい。ここにいるマチュも若い頃から私のもとでダルマを学んできた青年です。仲良くするといい」

とおぼしき会話がおこなわれたと私は推測したのだが、なにしろこの巨人ラマはチベット東部の強いカム方言でしゃべる方なので、私には半分もおっしゃっていることが聞き取れず、マチュという青年の通訳付きで、ようやくその後の会話が成立したのだった。

この巨人のようなラマこそ、ディルゴ・ケンツェー・リンポチェだった。マハームドラーやゾクチェンをとおして、人間がここまで偉大な存在になれるものなのか、その現代における稀有な実例が、そこにあった。体軀が巨大だからというのではない。その場にこのラマがいるだけで、場の質が変わってしまうのである。ごく若い時分からケンツェー・リンポチェのそばにいられたこのマチゥ・リカールというフランス人の青年は、なんと恵まれた人間だろうと私は感じた。

マチゥ青年は、面白いことに私と同様に大学で生物学を専攻していた。パリ大学は分子生物学のメッカである。有名な生物学者フランソワ・ジャコブのもとで博士号を取り、パストゥール研究所で研究者としての一歩を踏み出した。しかしそこで研究を続けているうちに、生命と心についてもっと深い理解を得たいと強く感じるようになって、インドへの旅に出た。ダージリンでカンギュル・リンポチェと出会い弟子となり、そののち本格的な仏教僧になった。そのうちケンツェー・リンポチェのお付きの僧となって、身近におつかえするようになった。

とここまで話したところで、ぞろぞろと休憩を終えた少年僧たちが堂内に戻ってきて、儀礼が再開された。皆で五体投地をしてケンツェー・リンポチェを師壇にお迎えすると、急に堂内の空気がきりっとしまった。儀礼の続きが始まった。驚いたのは、昨日見たときには惚けたような表情をしていた壁画の菩薩や神々が、巨人の指揮するケルビム合唱隊による神秘曲の演奏によって、まるで生き物のように生気を取り戻していたことである。空間には生気が吹き込まれ、物質で出来たただの空間は、非物質の法界スパティウムに変容していこうとしていた。そういう変化が、私の内部で起こっていた、ということではあるが。

23　音楽の三一体

ゾクチェンでは瞑想も儀礼も作務もひっくるめて「ヨーガ」と見なしている。そのヨーガは

「マハー・ヨーガ」「アヌ・ヨーガ」「アティ・ヨーガ」の三種類に分類されている。マハー・ヨーガは神々の曼荼羅を想像力で眼前に作り出しておこなう瞑想や儀礼のことをさしている。神経生理管を使って光や熱の体験を作り出そうというのがアヌ・ヨーガ。そして私が勉強しているニンティクのような「空を見つめる」光のヨーガを含むもっともゾクチェンらしいヨーガがアティ・ヨーガである。

この分類で言うと、いまこの本堂でおこなわれているような供養儀礼は、マハー・ヨーガに属する。身口意を清めた参加者が集まって、みんなの前に想像力によって協同して神々の曼荼羅を立ち上がらせるのである。想像力によって生み出された曼荼羅は、法界のありさまを再現している。ゾクチェンの哲学では、法界は分別で歪められていない原初的知性（イェシェ）だけでできているので、光も色も音も味覚も、通常の分別による知覚がとらえているものとは、根本的にちがっている。つまりそれは「浄土（分別から浄化された知性空間）」をあらわしている。

こういう法界浄土のありさまは、さまざまな仏典に詳しく描写されているが、中でも壮大かつ緻密なのが『華厳経《けごんきょう》』に描かれたそれである。

華蔵世界の大海は　法界と同等でたがいに違いはない
荘厳きわまりなく清浄で　空に安住している
この世界海の中にある諸存在は思議を絶していて
その一つ一つの存在は皆自在であり　各々が混雑することがない
華蔵世界の諸存在はみごとに善く配分されていて

各自の形をよく保ち　各自が身にまとう荘厳にはくっきりとした差異がある（……）
雲の中からは妙声が発し　摩尼樹と楽音が充満している
諸仏が放つ円光の中には　不思議な声がたえまなく聞こえる
さらに菩薩の妙音は　十方の空間にみなぎり
思考を絶した空間に　あまねく法輪を転ずる声がある（……）
普賢菩薩の願いをこめた誓いは　絶えることなく妙音となって発せられ
その音は雷鳴のように　無限の長さにわたって尽きることがない
仏はこの清浄の空間にあって　自在な音をあらわして
十方の法界の中で、音声とならないものは存在しない

（『華厳経』華蔵世界品第五の三）[5]

マハー・ヨーガによってたつ儀礼は、このような法界のありさまを、身振りや音楽や香りや光などによって、地上の世界に再現する。それは身口意という三つの出入り口を整えることによって、おこなわれる。

「身」は日頃の瞑想によって整えられている。体をまっすぐに立て、視線の行き先を固定して、ゆっくりと呼吸する。「口」には日常言語を語らせてはいけない。言語は心の内部空間に発生する「原言語」が、分別でできた外部空間に向かって現れ出てこようとする運動の果ての姿にほかならない。マハー・ヨーガが求めるのは、そういう現象化の結果した言語ではなく、心の内部空間を横断している原言語の姿を音声化することである。原言語が日常言語になろうとする直前の

形態を音声化した音。それは詩的言語とも言えるし、真言《しんごん》と呼ぶこともできる。

「意」では視覚的想像力を働かせる。目の前のヴァーチャルな空間に、ゆっくりと時間をかけて、これから供養しようという神仏のイメージをつくりだすのである。神仏のイメージはしだいに曼荼羅の構造に発達していく。中心にいる神仏から周辺に向かって力が放射され、チベット人が「キルコル(中心《キル》 dkyil と周辺《コル》 'khor)」と呼ぶ、あの曼荼羅の構造がお堂の中に立ち上がってくる。

人間が正しく生きるためになぜこんな面倒な手続きが必要だと、チベット人は考えたのか。マハー・ヨーガではその理由を、人間は「鳥のように」二度生まれなければならないからだ、と考えている。鳥はまず母鳥の体から卵として生まれてくる。卵は時間をかけて温められ、しばらくするとその卵の殻を破って、雛鳥が生まれ出てくる。

それと同じように、人間もまず母親の体から自然状態で生まれてくる。そこで子供は無自覚なまま成長を開始する。親たちの教えることを学習し、社会的な言語を習得する。こうして心が発達してくるが、その心は分別によって歪められたセムにほかならず、純粋な知性作用であるセムニーは、心の内部空間にしまいこまれたままである。

だから人間は鳥のように、もう一度生まれてくる必要があるのだ。分別心という心の卵の殻を破って、純粋な知性作用によって世界を見ることのできる存在へと、変性をとげる必要がある。マハー、アヌ、アティのヨーガがその第二の生誕を手助けすることができる。そのうちでもとくにマハー・ヨーガは、現に見ている世界の様相を、視覚的想像力によって純粋知性作用そのものである浄土につくりかえようとするものとして、強力な効果を発揮する。眼は現実の世界を見ているのに、鳥のように二度生まれた心が「見ている」のは、現実と現実を純化した曼荼羅としての姿との二つが、同時に共存している様子である。ここでも大乗仏教の根本である「色即是空」の思想が生きている。[6]

＊　＊　＊

巨人のようなラマと少年僧だけによるこの特別な声明を聞いているうちに、私は法界に似た構造をしたこの原空間《スパティウム》が、ゾクチェンの思想家たちが好む「三一体（triune）」の構造をしていることに気づいた。この声明では、テノールに近い年長の少年僧が、低音の持続音（ドローン）を担当し、低いうねりを響かせ続ける。それにボーイ・ソプラノの少年僧たちが高音で旋律音を乗せていく。そしてドローンと旋律が一体になった音の波動は、発散していってしまうのではなく、くりかえし内部に回帰していき、堂内を響きによって隙間なく満たしていく。そこでは一微粒子《びりゅうし》といえども孤立しているものはなく、すべてが相互につながりあい影響しあい配慮しあっている。このような「ドローン」「旋律」「響き」が一体になって、この声明をなりたたせている。

三つが一組をなすこの「三一体」の構造は、ゾクチェン思想のおおもとにある「存在の三一性」の思想につながっている。

ゾクチェンでは「存在」というものを、「ゴウォ ngo-bo」「ランシン rang-bzhin」「トゥクチェ thugs-rje」という三一体の構造を用いて、思考する。この三つの概念のそれぞれを正確に外国語に翻訳するのは、とても難しい。それにそれぞれの概念の意味は、三一体の構造の中でしか、完全な意味をなさないから、一つを理解するためにはあくまでも三一体の構造の一部分として理解しなければならない。
「ゴウォ」は「土台」とも「本体性」とも訳されることがあるが、もともとが無底の法界のありのままの姿を言い表そうとしている言葉なので、底や空間としてのまとまりや体積を感じさせるような言葉に訳すことはできない。そこでハーバート・ギュンター博士はこれをハイデッガーの概念を借りて「事実性（facticity）」と訳すことを提案した。「現にそこにある、そこに滞在していて、去らない」というような意味を事実性という言葉はもっており、たしかに「ゴウォ」も法界が現にそこにあって、立ち去らない、という事実性を示している。[7] そこで私も今後ときどきこの訳語を用いることにする。

「ランシン」は、「ゴウォ」に内蔵されている力がリクパとして放射され、現象世界へ向かっていく過程である。この放射はなにかのプログラムにそって実行されるのではなく、「ゴウォ」の全域で自発的に起こる。「ランシン」はただの力ではなく、その中に形態についての情報（ク）と原初的知性（イェシェ）が一体になって含まれている。したがって「有」へ向かって現象化の道をめざす運動と空性とが、一つに結びついている。

「トゥクチェ」はふつうは「慈悲」と訳される言葉であるが、ゾクチェンはそこに独特な解釈を与える。「ゴウォ」と「ランシン」の一体運動から存在世界がつくられるが、そうして現象化したすべての諸存在は、互いに他を反映しあい、響きあい、影響を及ぼしあっている。それが法界の全域で起こっているのである。その意味では、どんな存在も他の存在と無関係であることがなく、互いに無関心であることができない。それは慈悲という言葉の根本概念でもある。そこでギュンター博士はこの言葉を「響きあう配慮 resonating concern」と訳したのである。

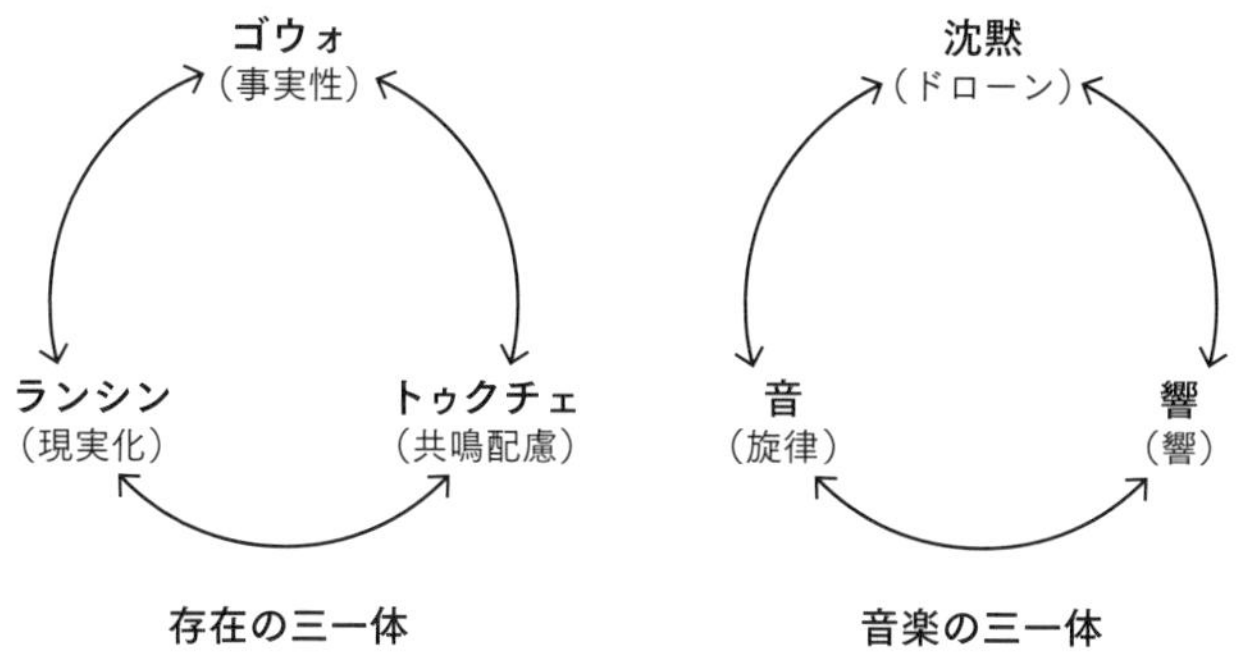

存在と音楽の三一体構造

この三つの概念が結び合って、ゾクチェン的な存在の「三一体」をつくりなしている。そしてこの三一体思考が、瞑想や儀礼から人間論にいたるまで、あらゆるゾクチェン思考の基礎に横たわっている。楽器を用いないアカペラだけの声明を聞いていた私は、この単純さのおかげでかえって儀礼音楽の底にある「三一体」の構造が透けて見えるような気がした。ドローンと旋律と響きあいでできている、この三つの要素が、互いに結びあって一体構造をつくっているのがこの音楽、ということだ。

大人たちによる声明では、ドローンの役割を果たす音が、全員でおこなう沈黙瞑想のあとに、深く落ち着いた、きわめて低い音で、ゆっくりと発せられる。その重低音は沈黙に内蔵されているエネルギーを象徴していて、存在の三一体構造の中の「事実性」にあたるものである。この内蔵エネルギーが音となって発せられ、それはうねるような音となって流れ出す。未発の状態だったエネルギーが音声化されて「現実化」されるのである。そしてこの音が知性のロゴス的な働きによって旋律に組織されていく。

したがって表面では「ドローン」「旋律」「響」でできてい

る音楽の三一体は、その奥に「沈黙」「音」「全体共鳴」というもう一段深い三一体の構造を隠していることになる。そこでは音が沈黙とせめぎあい、音は旋律に組織される以前に、音響空間の全体で相依相関しながら共鳴しあっている。

このような三一体構造を土台にしているために、声明音楽で歌われる旋律は、かならずドローンが象徴している「沈黙」の中に、深い根を下ろしていることになる。いやむしろ、沈黙なしには音楽はなりたたない。沈黙の内部から音があらわれ、沈黙と一体になった音が空間を充塡して、響きによって包み込んでいくのである。

私は以前に読んで深い関心をもった、作曲家武満徹の言葉を思い出していた。彼も沈黙の内部から現象化へ向かう音の「みがかれない」形に、音楽の原型を見出そうとしていた。彼は音楽を構築するのではなく、「音楽という存在」の根源に触れる音楽をつくろうとしていた人であった。

音楽は、音か沈黙か、そのどちらかである。私は生きるかぎりにおいて、沈黙に抗議するものとしての〈音〉を択ぶだろう。

それは強い一つの音でなければならない。

私は、音楽のみがかれない原型を提出することが作曲家の仕事ではないかと考えている。

私は余分の音を削りとって、確かな一つの音を手にしたい。

（……）

私はまず音を構築するという観念を捨てたい。私たちの生きている世界には沈黙と無限の音がある。私は自分の手でその音を刻んで苦しい一つの音を得たいと思う。そして、それは沈黙と測りあえるほどに強いものでなければならない。[8]

武満徹は沈黙と音はひとつながりであると考えている。その沈黙の中から「みがかれない原型」を取り出すことのみが、作曲家の仕事であって、沈黙につながっていない孤立した音のかたまりを素材にして作品を構築することを拒否している。沈黙の中に無限のエネルギーが内蔵されている。作曲家は潜在状態にある力を音声化して、私たちの世界に取り出す作業をする人間なのである。

この考えは、沈黙している空の内部には形態情報(ク)と原初的知性(イェシェ)がみなぎっており、たえまなく自身の力を放出している、というゾクチェンの思想と合致している。放出された力はリクパとして現象化に向かっていくが、その途中で拡大し離れていく力を「対象」として認識する分別思考が一瞬なりとも働くと、そのとたんにリクパ(明)はマリクパ(無明)に頽落してしまう。ゾクチェンパの取り組もうとするのは、空の沈黙から放出された力をいちども分別的な認識に触れさせないまま、いわば知性の「みがかれない原型」である原初的知性のままに取り出して、その裸の姿を見届けるという作業である。私は現代作曲家の思考とゾクチェン思考の近さに、たいへんに驚いた。ゾクチェンのように自分が宗教となってしまうことを否定し続けてきた思想は、「アフリカ的段階」に属するその思想の本質を、宗教にではなくむしろ現代の芸術家や科学者に手渡そうとしているように思われた。

私はハンスが話していた「原楽器《ウル》」という考えを思い出していた。のちに出現するあらゆる植物に必要な器官の萌芽を含んだゲーテの「原植物《ウル》」と同じように、ハンスの原楽器はあらゆる楽器の原型を示している、仮想楽器だ。この楽器は「原音楽」を奏でることができる。原音楽というのは私の造語だが、音楽という現象の根源にセットされている「三一体」の構造だけでできている、原初的な音楽のことである。

原音楽では沈黙を蹴破って音が出現する過程が、音楽そのものとして実現されている。音が沈黙の中にふたたび溶け入っていく過程も、音楽として実現されている。このとき音楽が表現しているのは、生き物の心の内奥で起こっている過程そのものの再現であり、音楽作品自体が生命過程の表現となっている。原音楽は、あらゆる音楽のアルファでありオメガである。武満徹が考えていたように、そういう原音楽は可能なのである。

それならば、あらゆる思考を進化の過程でつくりだすことのできる「原思考」というものを考えることも可能なのではないか。それはゲーテの夢のさらに先にあるものであり、人類の思考の原型をなす「野生の思考」のさらに奥に潜んでいるものである。私は構造主義を超え出る思想を求めてゾクチェンの世界に踏み込んでいったが、そこにはチベット人によって、私の予想をはるかに超える思想の富が保存されていた。それは古代とか中世とか現代とかの時代区分をも超えて、人類の心の普遍をあらわす。

カンギュル寺での滞在をとおして、「精神の考古学」の主題が（当時はそういう名前でこれを思考していたのではないが）、私の中ではっきりとした輪郭を見せはじめた。飛躍が訪れたときは、その場所に長居をしてはいけない、という心の声がした。ダージリンで一週間過ごした後、私はカトマンズに戻ることにした。ソナムからの電話で、ケツン先生の『十方の雲を払う（『サンワ・ニンボ』の注釈書『ロン・デル』[9]）』の講義がまもなく始まることを知ったからでもある。

『ロン・デル』はマハー・ヨーガの重要なタントラである『サンク・ニンボ』についてロンチェンパが著した注釈書で、純粋知性が開いて見せる世界と分別知性のつくる世俗世界との関係が大きなテーマになっている。色即是空という大乗仏教の中心テーマが、マハー・ヨーガの立場から解き明かされている。私はバザールへ急いで、カトマンズ行きのバスチケットを購入した。

24　サンワ・ニンボ

ケツン先生の『サンワ・ニンボ』講義は、ボードナートにあるドゥンジョン・リンポチェの寺でほぼ三ヶ月かけておこなわれた。この小さな寺でおこなわれた講義には、先生の学生でもある若い学僧ばかりでなく、チベット人やブータン人のンガッパ（密教の行者）たちや、信心深い在家の人たちが、毎朝熱心に聴講にやってきていつも満員の盛況だった。

私も当時借りて住んでいたボードナート仏塔裏の家から、毎朝その寺へ通った。途中で仏塔の周りを三回回ってから、町の通りに出るのが私の日課だった。そうしていると、私と同じように仏塔の周りを観世音菩薩の真言を唱えながら回っている、何人ものンガッパの知り合いに出会った。彼らもこれから『サンワ・ニンボ』の講義に出ようとしていた。

私は彼らのようなンガッパの暮らしぶりに、たいへん興味を持っていた。彼らの多くが難民で、チベットにいるときからいずれかの先生についてゾクチェンを学んでいた。長期間にわたっておこもりをして修行する「ツァム（隠棲瞑想）」も体験し、ゾクチェンの思想について相当深い理解を持っている人たちだった。しかし彼らは出家僧の生き方を選ばないで、女性のパートナーを得て家庭生活をしながら、ゾクチェンの教えを実行するという道を選択したのである。私は友達になった彼らの家に何度も遊びに行く機会があったので、しだいにンガッパの生活や思想にそれなりの理解を持つようになっていた。

たとえばクンジュンは仏塔の傍に住む中年の裁縫師であるが、長年のドゥンジョン・リンポチェの弟子として、ゾクチェンの修行を続けている。私はこの人にチベット服や法衣を何着か縫ってもらった。そのたびに寸法合わせのため彼の家を訪ねると、中年のチベット人の夫人と若い娘に出迎えられた。聞けばその若い娘は夫人のほうの連れ子で、この家で義父と一緒に暮らしているのだという。私は快活なその娘と仲良くなって、町の噂話を聞かせてもらうのを楽しみにしていた。クンジュンはいつも生活が苦しく、修行のための時間が持てないと嘆いていた。しかし当時の私はチベット難民たちと同じくらい貧しかったので、せいぜい縫製の仕事の注文を入れてあげることぐらいしか、手助けはできなかった。

ところがある日のこと、私は友人の絵師の奥さんからこっそり、クンジュンはみんなには隠しているが、その娘は彼の妻でもあると聞かされて驚いたことがある。そういうことはチベット人の社会ではときたまあることらしいので、私はなるべくクールに振る舞おうとしたが、クンジュンの生活上の気苦労は、じつは妻を二人（しかも母娘）も持つことからきているのだと知って、複雑な気持ちになった。

絵師のペマも若い頃からゾクチェンへの熱い思いを抱き続けてきた。しかし修行の途中で、魅力的な女性と恋に落ちてしまった。二人は結婚して子供も二人生まれた。そうなると生活費を稼ぐために、ペマはいっそう仏画を描く仕事に打ち込んだ。私と出会った頃、ペマは子供も大きくなってきたしもういちど修行を再開したいと願っていたが、なかなかその実現は難しかった。そのかわり八十を超えた父親が、亡くなる前にぜひゾクチェンの修行を最後までやり通したいというのを聞いて、父親の修行の手助けをすることで、多少の慰めを得ようとしていた。

年長の友人ラダック人ガワンは、インド軍の兵士となって国境を警備する兄のことを、とても尊敬していた。チベットの古代神話に登場するシャンバラ王のように、赤い中国の脅威を阻んで仏法を守るという、崇高な任務に兄がついているからだった。その兄のためにもと出家僧になったガワンは、ゾクチェンの修行に一生懸命に励み、たくさんの灌頂も受けてきた。私が出会った頃、彼にはネパール人の若い恋人ができていた。ほどなく子供も生まれたので、彼は生活のために友人との共同出資で、つぶれかかっていた製綿工場を買い取って、そこの社長になった。経営は順調で、ガワンは金持ちになったが、心は満たされなかった。私と会うたびに、彼はいまの暮らしから抜け出すことばかり考えていると話した。なんの憂いもなく（と彼には見えたのだろう）ゾクチェンに打ち込んでいられる私のことがうらやましい、と何度も話した。

家族を持った多くのゾクチェンパが似たような状況を抱えていた。家庭生活と修行者の生き方を両立させるのは難しい。難民として異国で生活費を稼ぐ行為をおこないながら、心はつねに真如に触れさせていなければならない。ゾクチェンの教えでは、なにも拒否せずなにも受け入れず、まわりに出現するもののすべてをありのままに楽しんで生きることの重要さが説かれているが、日常の暮らしに重荷をつくってしまう煩悩を、このンガッパたちはどう処理しながら生きているのだろうか。

私は大学で学んでいた頃に本で読んで知った、ユダヤ教の「カバリスト」と呼ばれる修行者の生活を思い出していた。ユダヤ教の神秘主義者であるカバリストも、多くのゾクチェンパと同じように在家の修行者である。彼らは金銀宝石の細工や金融業を営むことで生活していた。朝から夕方まで彼らは本業の細工や金貸しの仕事を、一生懸命にこなした。こうした世俗の仕事も神に定められた業と考えれば、いささかなりともなおざりにはできなかったからである。そして夕方になると作業の手をきっぱりと止め、別室にこもってカバラーに定められた修行に打ち込むのである。

カバリストは世俗の業と神の業とをくっきり分けて、時間と空間を厳格に分別している。ところが「色即是空、空即是色」の仏教思想では、色（現象界）と空（真如界）は分離されない。色はそのまま空であり、空がそのまま色である。ゾクチェンはその思想を極限まで展開して、感覚や思考や行為のすみずみにまで、色と空の不分離を実現しようとしていた。そのために「コルデ・ルシェン」の修行をすべての初心者に厳格に課した。その修行では、現象世界をありのままに感受しながら、同時に法界空性のなかにとどまっているという心の状態の実現がめざされている。

そういうゾクチェンパにとって、『サンワ・ニンボ』というタントラは、格別の意味を持っていた。このタントラは、マハー・ヨーガというクラスに属している。そのため『大日経』などと同じように、曼荼羅の理論を展開していると考えられることが多い。しかしその内容をゾクチェン的に理解すると、「心的現象（セム）と原初的知性（イェシェ）が自発的にあらわれるところの形態を曼荼羅として示す思想を表現したもの」となる。あくまでも重要なのはセムとイェシェのつながりなのであって、曼荼羅のどこにどの神仏が配置されているかというその形態学には、副次的な重要性しか与えられていない。心的現象と原初的知性は分離することができないが、同一ではない。そのつながりを厳密なやり方で示してみせようとしたのが、この『サンワ・ニンボ』なのである。

まさに、世俗のまっただなかで生きる修行者であるゾクチェンパが、もっとも気にかけている問題にたいする解明が、このタントラとそれについて後世に書かれた膨大な注釈によって与えられている。仏堂に集まったたくさんの聴聞者たちは、自らの実存に深く関わっているこのタントラについて、ロンチェンパによる注釈書『ロン・デル』を用いてやさしく説明する、ケツン先生の講義に耳を傾けた。

しかし私には別の思惑があって、『サンワ・ニンボ』講義に強い関心を持っていたのである。私は高校生のときにはじめてスピノザの『エチカ』という本を読み、しばらくは他のことも忘れるくらい夢中になった。当時の私はマルクス・レーニン流の唯物論から大きな影響を受けていたが、私の中には同時に宗教や形而上学にたいするやみがたい憧憬が同居していて、唯物論と心の形而上学を統一できる思想を探し求めていた。

そこにスピノザが現れたのだ。『エチカ』は「神編」と「人間編」とで構成されていて、神について明らかにされた諸構造と人間の本性に関わる諸構造とが、そこで一つに統一されようとしていた。私は自分の理想とする哲学を見出したことに狂喜した。しかし仏教に対する私の理解が深まるにつれて、しだいにそこにも飽き足りないものを感じはじめていた。スピノザは（彼の理解する）一神教の神を土台に据えたのであるが、私はその土台を仏教的な「空」に代えた無神論的な東洋の「エチカ」というものを、ひそかに構想するようになっていた。一神教の神のいない世界でも「エチカ」をつくることは可能か。これが私の抱えていた問いだった。

この東洋のエチカは「法界（ダルマダーツ）編」と「有情（意識を持った存在・生命体）編」の二部から構成され、空性の法界の諸構造が人間も含む有情の思考・心理の諸構造と統一されていなければならない。このような東洋的「エチカ」にもっとも近い達成を成し遂げていたのが、チベット人が伝えてきたゾクチェンの思想であり、とりわけ曼荼羅の理論を解説する『サンワ・ニンボ』とその膨大な注釈書群であることに、私はネパールにやってきてケツン先生の許で学ぶようになってしばらくして気づいたのだった。

とくにロンチェンパの『ロン・デル』は、ゾクチェン思想の立場からこの曼荼羅理論の本を解説したもので、「法界編」と「有情編」をみごとに統一する、東洋的「エチカ」の先駆形態であることが、私にははっきり見えた。ケツン先生も他のチベットの学友たちも、私の秘めた思惑に気がついている人はいなかったが、この講義を聴く私の熱心さは、みんなの間でけっこう話題になっていたらしい。

＊　＊　＊

『サンワ・ニンボ』は密教のタントラであって、じつのところゾクチェンと密教の関係は微妙である。ゾクチェンはときどき自分のことを「究極の密教」などと自己表明することがあるが、じっさいには思想的にもヨーガ技術的にも、とても密教とは言い難い特異な特徴を持つ。

密教は「生起次第《しょうき》（キェーリム）」と「究竟《くきょう》次第（ゾクリム）」という二つのヨーガ技術を組み合

わせてできあがっている。生起次第では想像力によるイメージの喚起がおこなわれる。究竟次第では神経生理管を刺激して熱や光を発するヨーガがおこなわれる。しかしゾクチェンのテクチュウでもトゥガルでも、そういう技術はまったく用いられない。また密教では曼荼羅に集められた神仏への供養儀礼が重要である。ところがゾクチェンの中心部では、曼荼羅の儀礼は大きな意味を与えられていない。無為、無努力であることに重きをおくゾクチェンは、密教の儀軌《ぎき》や瞑想法をあまり重要視しないのである。

しかし二つには大きな共通点がある。ゾクチェンも密教も、大乗仏教の「如来蔵」思想のそれぞれの展開形態であるという点である。如来蔵思想では、あらゆる衆生の救済をめざす大乗仏教思想の展開として、すべての有情には煩悩によって汚染されない悟った心（真如心）が、はじめから組み込まれていると考えた。すべての有情は生まれたときから、すでに悟った存在なのである。

ところが（有性生殖する生物を例にとると）、卵子と精子の結合が起こり、生命体の形成が始まるやいなや、生命体の内部には「自己」と「他者」を分別する意識が発生する。この瞬間に起こっていることを、如来蔵では「突然どこからともなく汚染が襲来してきて、真如心を覆ってしまう」と表現しているが、要するに真如心とはまったく別の原理が外から突然やってきて、真如心を汚染し、覆ってしまう、と分析する。「別の原理」とは、世界を「自己」と「他者」、「内部」と「外部」に分別する二元的な知性原理が心の中に侵入することで、それによって、「不二（non-dual）」を原理とする原初的知性＝真如心は、表面を覆われて見えなくなってしまう。

しかし外部からの汚染原理によって表面を覆われたとしても、おおもとの真如心はいささかも変質を受けない。それは有情の心の表層でおこなわれている分別思考の奥で、純粋な活動を続けている。大乗仏教の任務は、すべての有情の心の内部に隠されているこの真如心を、もういちど表に引き出して、心にもとの輝きを取り戻させることである。そのためには、生命体がたえまなく活動させ続けている二元的思考を停止させ、生滅心《しょうめつしん》に表面を覆われていた心の奥から真如心を浮上させる心の構造変容が必要である。瞑想がそのための重要な手段となる。

この如来蔵思想は、アジアを中心とする広域に広がっていき、各地で独自の思想的展開をとげるようになった。出発点になったのは『華厳経』である。この仏典では、真如心の活動を空間化してそれを「法界」と名付け、この法界のありさまや運動の原理などを克明に描写することがおこなわれた。この段階ではまだ、真如心と汚染された生滅心との関連を主題的に取り上げた仏典は、書かれていない。

『大乗起信論《だいじょうきしんろん》』がこの問題に真正面から取り組んだ。ここでは生き物（意識を持った存在・生命体）の心は「真如」と「生滅」という二側面を持つとされる。真如は「ありのままの心」として、分別の及ばない場所で、時間によって変化しない永遠の相を保ち続けている。これにたいして生滅のほうは、時間にしたがって移ろい変化していく心の相で、差別相をもって多様に散乱していく。心はつねにこの真如と生滅の二側面をもっており、二側面は不即不離の関係でつながっている。

一心は一面では不生不滅（無時間的）であるが、現実に凡夫の心は生滅心（時間的）となっている。この心の生滅すなわち時間の世界はどうして起こるかというに、如来蔵によるが故に生滅心があるのである。すなわち心の本性は真如であるが、しかし現実にはその真如は煩悩に覆われている。この煩悩に覆われている真心を「如来蔵」と名づける。如来蔵は真如と別のものではないが、しかし法身・仏智が煩悩に覆われてその智慧の光が現われていない。これが凡夫における自性清浄心の現実の相である。[10]

『大乗起信論』は中国人によっておおいに研究されて、禅仏教の発達にすこぶる大きな影響を与えた。この論書はチベットではほとんど研究されなかったが、そのかわり同じ如来蔵系の『宝性論』が、『ギュー・ラマ』という題名の書物として、大きな影響力を持った。[11] ことにロンチェンパがこの『ギュー・ラマ』を重視して、ゾクチェンの論書にさかんに引用をおこなっている。『ギュー・ラマ』の基本思想も『大乗起信論』と軌を一にしている。しかし中国で作成されたのではという説もある『大乗起信論』に比べると、その表現は豊かな比喩に満ちて、まことにインド的である。

例えば、貧乏人の家の内で、地下に無尽の［宝］蔵があったとしよう。
しかも、その人はそのことを知らず、その宝蔵も、我ここにありとその人に告げない。
それと同様に、不可思議にして無尽なる法の、無垢の宝蔵が、心中にあるとも気付かず、
かの大衆は、貧乏の苦しみを、永久に、数多、経験する。（……）
あたかも、外側は泥で造られ、内部は溶けた金で充たされた像が冷却するのを見て、
内なるものを清めるべく、それを知る人が、金の外側の覆いを取り除くであろうごとく、

それと同様に、本性の光輝くことと、諸垢の客塵《きゃくじん》たることを、つねに観察して最勝の菩提を得た人（＝仏）は、宝蔵に似た衆生を、覆障《ふくしょう》から浄化する。[12]

如来蔵の思想の到達はここまでである。『大乗起信論』も『宝性論』もこれ以上には思想を展開しなかった。ところがゾクチェンと密教はともに如来蔵思想を出発点にしながらも、それをそれぞれのやり方でさらに発展させようとしたのである。『ヘヴァジュラ（喜金剛）』という有名な後期インド密教のタントラには、こう書かれている。

いっさいの有情は本来悟った仏であるが、忽然とあらわれる塵によって覆われ（そのことは見えなくなるが、この塵を清めれば本来の仏があらわれる。

ゾクチェンにも随所に如来蔵思想が顔を出す。

世間の有情はみな如来の種子を宿している。胡麻の中に油が充満しているように。

（『金剛薩埵心鏡』タントラ）

胡麻や芥子の種子の中にしぜんと油成分がたまっているように、有情が身体を得てこの世にあらわれてくるときには、（そこには）如来の種子が宿されて、光を放っているのである。

（『宝珠象嵌』タントラ）

もともと悟っている智慧が身体に宿っている様子は、胡麻の種子の中の油のようであり、身体存在から放たれる光明と威厳は、智慧によってあたりを照らし出す。

（『タタル・ギュルバ』タントラ）[13]

ここには、人間存在のうちに分別によらない純粋思考が「如来」として遍満している、という如来蔵と共通の考えが述べられている。しかしこの如来の思考は、分別思考をもたらす脳と神経組織が働き出すや否や、忽然として意識から消滅して見えなくなってしまう。ゾクチェンや密教では、その無分別の純粋思考をふたたび如来蔵という知性の蔵から取り出して見せて、人間に自分が何者であるのかの認識を回復させようとする。

それを実現するために、ゾクチェンではテクチュウやトゥガルのヨーガをおこなう。ゾクチェンではそれを想像力や特別な呼吸法を使用することなく、ダイレクトに純粋思考である「セムニー」に到達しようとする。これにたいして密教は、その目的を果たすために、キェーリムとゾクリムという二種類の身体的な技術をとおしてそれをおこなう。それぞれのやり方は異なっているが、二つの探究は、如来蔵思想の超出という同じ課題に取り組んだのである。

＊　＊　＊

ロンチェンパの『ロン・デル』が興味深いのは、『サンワ・ニンボ』という密教のタントラをゾクチェンの見解によって解釈し直すことによって、密教とゾクチェンに高いレベルでの統一をもたらそうとしているからである。

密教では曼荼羅というものがきわめて重要な存在と考えられている。曼荼羅はもともとのインド的な理解では「凝縮されたもの」という意味を持っている。ミルクを凝縮するとバターやチーズが得られるように、存在の意味を凝縮するとその本質である曼荼羅が得られる、という理解である。曼荼羅は空間的に表示されると、中心となる神仏とそれを取り囲む眷属という、中心と周辺とからなる図形として描かれることになる。これは「本質からの属性の流出」と見ることもできるし、「中心から外に向かっての力の放射」とみなすことも可能である。

ところがチベット人は、こういうインド的な本質主義の解釈を取らないで、曼荼羅をたんに「キルコル」と呼んで、別の解釈を与えてきた。「キル」は中心で、「コル」はまわりという意味であるから、この呼び方は図形の特徴をそのまま言葉にした、チベット人の素朴さをあらわしているとも考えられる。ところが、ゾクチェンの伝統においては、この「キル＝コル」という表現が、とてつもなく深い存在思想にまで深化させられている。『ロン・デル』はこのゾクチェン的なキルコル思想をもって、密教の曼荼羅の再解釈をおこなうのである。

つぎのような解釈が典型的なゾクチェン思想によるキルコル＝曼荼羅理解である。

中心（キル dkyil）は不変の法身であり、意味の充塡された形態情報（ク）をあらわす励起《れいき》的知性であるリクパの創造力は絶え間ない活動として周縁（コル 'khor）へ拡がっていく
かくしてキルコル dkyil-'khor（曼荼羅）は実存的経験における完全性をあらわす

あやまたないのが中心（キル）であり、人為的でないのが周縁（コル）である
あやまつことがなく人為的でないこのキルコル（曼荼羅）は心の内的ロジックにおける完全性をしめし、静かな透明さと完全な明確さへ向かって拡がっていく

エネルギーは中心であり、現前化に向かうのが周縁である
エネルギーと現前化は経験における完全さをしめす

不変であるのが中心であり、人為的でないのが周縁である
不変であり人為的でないことが経験における完全さをしめす

発生しないのが中心であり、休止しないのが周縁である
発生と休止は不二であることが経験における完全さをしめす

分割されないのが中心であり、意味に分かれて現前するのが周縁である
不分割であり多様であることがキルコルである

不二性が中心であり、計画性のないのが周縁である
非計画で不二であるのがキルコルである

（『ナンシ・カジョル』タントラ[14]、私訳）

曼荼羅が静態的な秩序性を強調するのにたいして、キルコルは徹底的にダイナミックである。これはインド的な曼荼羅が宇宙論的な性格を持つのにたいして、チベットのキルコルが存在論的であることの違いに根ざしている。キルコルは神仏が表象する宇宙の構造を表現することよりも、人間＝実存の思考と存在の根源に触れようとしているのである。

ゾクチェンの哲学は、有情の心のおおもとを「法界」としてとらえる。法界は力の充満する原空間《スパティウム》で、その内部ではあらゆるものが相依相関しあっている。その原空間には力を内蔵した「リクパ」が、たえまなく跳躍的な運動をおこなっている。この跳躍運動は外からの力によって起こされるのではなく、リクパ内部からの自発的生成力によっている。このときリクパは原空間の「ゴウォ ngo-bo」を離脱して、現実化をめざす「ランシン rang-bzhin」の放射になだれ込もうとするのである。そのときこの原空間の内部に、「ゴウォ」の拘束力をつき破る特異点があらわれる。ゾクチェンではこれを「ニャグ・チク nyag-gcig」の特異点と呼ぶ。このニャグ・チクをとおして、リクパの「ランシン」へ向かっての放射が起こるのである。現代宇宙論における宇宙生成の理論と酷似しているこのプロセスは、ニンティクの教えを説く最古のタントラ群の中で詳しく解説されている。

リクパに充満する力が法界の原空間に特異点を穿って、そこを「中心＝キル」として、力の溢出を起こし、溢れた力は「周縁＝コル」に向かっての放射を起こす。この力は現実化をめざして、原空間の表面を拡がっていく。そのときリクパは「イェシェ（原初的知性）」に姿を変えて、現実化された世界へ拡がっていく。それゆえ人間の知性はリクパを直観することはできるが、認識することはできない。イェシェに変換されたリクパが心にあらわれることによって、人間ははじめて現実世界の中で知性を働かせる生物となるのである。

このとき法界に満ちている完全情報体（法身）は、しだいに縮減されながら現実化に向かって形態を整えていく。この過程は「法身《ほっしん》 chos-sku」「報身《ほうじん》 longs-sku」「応身《おうじん》 sprul-sku」という三つの形態（ゲシュタルト）への変化として描かれている。

このキルコルという仕組みは、形態の三つ組という統制の機構に備わる志向性である。中心（キル）にあるのはリクパであり、周縁（コル）に広がっていくのは原初的知性であるが、これは存在の意味情報で充満されている「法身」のありのままを示す。

つぎにキルコルの主催神を中心（キル）とし、周縁（コル）に男性極性‐女性極性の結合からなる精神的力が配置されるが、これは存在への道筋を書き込んだ「報身」のシナリオを示す。

中心（キル）に心の原基をなすアーラヤ識を配し、周縁（コル）に八種の知性作用が配されるが、これは存在世界への架橋である「応身」を示している。

（『ティクレ・クンサル』[15]、私訳）

ここに言われている「報身」と「応身」の概念は、遺伝子生物学で言うところの「ジェノ・タイプ」と「フェノ・タイプ」の対によく似ている。ジェノ・タイプには全体シナリオが書き込まれていて、それを受け取ったフェノ・タイプが生物の具体的な体の構造を作っていきやすい物質の配列を準備するのである。それと同じように、未発の状態にある完全情報体「法身」から放射された「報身」の抽象的な情報が、「応身」に手渡されて、そこで具象化されて有情の心を作っていく。

このようにしてゾクチェンでは、「キル＝コル」は、人間実存の根本構造をあらわす重要な概念となったのである。そこでキルコルと言えば、密教の曼荼羅図形のことではなく、法界でくりひろげられている「知性的なるもの」の跳躍的な変換のプロセス全体をあらわす言葉となる。ロンチェンパに始まる『サンワ・ニンボ』のゾクチェン的解釈は、ゾクチェン思想によって密教を包摂し、呑み込んでしまっている。

こうして、『サンワ・ニンボ』の理解のポイントは、「心的現象（セム）と原初的知性（イェシェ）が自発的にあらわれるところの形態性をキルコルとして示す思想」と要約されるにいたるのである。生物に宿る意識の本質を理解するのに、キルコルの構造は不可欠である。私たちの構想する「エチカ」も、このキルコルの構造が土台になる。

25　人間に内在するエチカ

このあたりから、『サンワ・ニンボ』の講義は佳境に入る。励起力をはらんだ知性であるリクパが、ニャグ・チクの特異点から原空間に放射されると、それは五種類の「原初的知性（イェシェ）」に変換されて、四方に拡がっていくのである。原初的知性はまだ言語の構造の影響を受けていない。言語によって構造化される以前の、直観的認識の働きをあらわしている。その直観的認識は五つの傾向性を内在させていて、それがキルコルの周縁部にスペクトル分解を起こしながら拡がっている、というイメージである。

①リクパの中心部（キル）からまっすぐに放射される原初的知性は、「チュウイン・イェシェ chos-dbyings ye-shes、法界を充たす原初的知性」と呼ばれる。これは中国や日本の密教で「法界体性智《ほっかいたいしょうち》」と訳されているものに対応している。これは法界に充満している知性の働きを、空間性のある場所に解き放ったときの開放性をあらわしている。ここではまだ知性作用は潜在状態にあって、あらゆる可能性に向かって開かれている。

②この潜在的な可能性が、四つのスペクトルに分解して四方に拡がっていくのである。その中でもっとも謎に満ちているのが、知性自体が自分自身を見て、自分自身を知るという原初の反省過程である。知性は自分とは異なるが同一でもあるという、二次的な反射像のようなものを自分の前に発見する。この知性作用が有情のおこなうこののちの知性の働きを用意する。そこで原初的知性が自分自身を二次的な反射像として「見る」働きを、「メロンタブ・イェシェ me-long lta-bu'i ye-shes、鏡のような原初的知性」と呼ぶ。これは中国や日本の密教で「大円鏡智《だいえんきょうち》」と呼ばれているものに等しい。

この大円鏡智は、人間の意識の発生に決定的な重要性をもつ。二次的な反射像を「見る」ことによって、人間の心の中に初めて思考というものが動き始めるからである。そのため中東からアジアにかけての広い領域で発達したさまざまな種類の形而上学において、この「鏡のような過程」が大きくクローズアップされてきた。たとえば古代キリスト教のグノーシス主義の文献(ナグ・ハマディ文書)には、つぎのように書いてある。

「至高神の自己分化」
なぜなら、彼は自［分を取］り囲んでいる［彼の］光の［中で彼自身］を見つめる者、［とはすなわち］、生命の水［の泉である］。そして［彼はすべてのアイオーンを与え、また］、あらゆる形で(そうする)。彼は［霊の泉の中に彼の像を見］るとき、それを認識する。［彼は］彼の［水の光、すなわち］、彼を取り巻［く純粋なる水］の泉の中へ意志(欲求)を働かせる。すると［彼の思考が活］発になって現れ［出］た。［それ(＝思考)］は歩み出て］、彼の光［の輝きの中に］彼の［前］へ［現］れた。[16]

(『新約聖書外典　ナグ・ハマディ文書抄』)

このナグ・ハマディ文書にも描かれているように、鏡のような働きをする原初的知性は、人間的な心が働きだすための原初的条件をかたちづくるのである。そのため多くの密教書では「大円鏡智」を曼荼羅の中心に据えている。現代の精神分析におけるラカンの「鏡像段階」の概念は、そのような思想の近代版であるとも言える。

③ここから有情の知性に「経験」というものが開始される。経験の土台には「自同性」ないし

「同一性」の認識が据えられているという発見においては、ギリシャ哲学もゾクチェンも同じである。これをもたらす知性は「ニャムニー・イェシェ mnyam-nyid ye-shes（同じであることを知る原初的知性）」と呼ばれる。中国や日本の密教で「平等性智《びょうどうしょうち》」と呼ばれているのが、これである。

経験世界を観察したときに、「各々の存在するものそのものには同一性が即ちそれ自らとの統一が属している」（ハイデッガー『同一性と差異性』）ことを認識させるのが、この原初的知性の働きである。この原初的知性の働きを、近代的な「AはAである」という命題と安易に混同してはいけない。ニャムニー・イェシェ（平等性智）は、存在するものがすべて平等で同じだと言っているのではなく、あらゆる存在するもののうちには《ある》という同じものが働いていることを言い表そうとしているからである。[17]

④しかし《ある》という同一なものは、無限に異なる相貌をもって現象してくる。この異なる相貌を「差異性」として認識するのが、「ソソルトクパイ・イェシェ so-sor-rogs-pa'i ye-shes（差異を認識する原初的知性）」である。中国や日本では「妙観察智《みょうかんさつち》」と呼ばれてきたものである。原初的知性内部にこのような能力が内蔵されているおかげで、有情には世界のマッピングが可能になる。このマッピングをとおして望ましい領域を選択することもできるようになる。

⑤法身に内蔵されている完全な意味情報を実現に向かわせるには、志向的な構造をもった活動性

が必要である。これを内蔵しているのが、「チャワ・トゥプパイ・イェシェ bya-ba grub-pa'i ye-shes（課題達成する原初的知性）」であり、中国や日本では「成所作智《じょうしょさち》」と呼ばれてきた。原初的知性が推進する課題ないし所作とは、自己のまわりに組織されるものではない。それはつねに全体性への配慮に導かれているので、この原初的所作は必然的に強い利他性を帯びることになる。

人間の「真如心」では、この五種類のスペクトルに分解する原初的知性が、キルコルの構造にしたがって組織されている。五種類の原初的知性は人間が直面する問題の位相にしたがって、つぎつぎと配置を変えていく。直面しているテーマにとって、「鏡のような原初的知性（大円鏡智）」の働きにフォーカスが当てられているときには、そのイェシェが中心に置かれて、他の四つの原初的知性を自分のまわりに配置することによって、その問題に対処することができる。五種類の原初的知性はその意味で、たがいに「対称的」な関係にあると言える。中心を置き換えても全体が配置を変化させることによって、全体の知性の働きは不変だからである。

「真如心」を構成するこの五種類の原初的知性は、その働きの内部に「自己」が発生し分別的思考が始まるやいなや、「生滅心」ないし「妄想心」への「下落《げらく》」を起こす。ゾクチェンが説いているように、真如心と生滅心はもともと別物ではなく、一体であるからである。真如心に「忽然とあらわれた塵が覆い被さる」ことによって、高エネルギー状態にある原初的知性は「対称性の崩壊」を起こして、低エネルギー状態の生滅心に変化を起こすのである。真如心はブッダの状態をあらわすが、塵に覆われて原初的知性の働きが阻害されている生滅心は、煩悩の毒に侵された衆生（有情）の状態の心をつくっている。原初的知性が「情動」に変化して、人間の心の基礎材をつくりなすわけである。

このとき五種類の原初的知性に対応して、五種類の情動が発生する。

法界を充たす原初的知性（法界体性智）→愚かさ（鈍）の情動
鏡のような原初的知性（大円鏡智）→怒り（瞋）の情動
同じであることを知る原初的知性（平等性智）→尊大さの情動
差異を認識する原初的知性（妙観察智）→執着（痴）の情動
課題達成する原初的知性（成所作智）→嫉妬の情動

このとき心の内部で「対称性の破れ」が起こるのである。高エネルギー状態にある原初的知性の内部では、完全な対称性が保たれていた。ところがそれが低エネルギー状態の情動レベルに下落すると、対称性が破れて、情動はおたがいの間の自由な交換ができなくなって、具体的感情となって発露するようになる。

情動のレベルでは原初的知性のレベルにおけるような対称性は失われている。しかしそれぞれの情動は、原初的知性の直接的に変化した頽落形であるために、心的構造の中で全体の統一を保ち続けることになる。破れた対称性を補うように、「擬似対称性」が生物の心の原始的レベルではキルコル状の秩序を保つのである。

ゾクチェンではこの発現の複雑な過程について、じつに詳細な分析を加えて、人間の心の解明を試みている。情動の構造は意識の表面には現れてこないから、これを私たちは心理学のいう「無意識」のレベルに対応させることができる。この無意識は「前意識」の層を通過することによって、外界の思考や感情に適合する形に変換されていくことになる。その過程をゾクチェンでは、「内的」と「外的」に分けて考えている。内的な過程は、感覚や知覚やものごとの判断や行為の準備をする動機付けなどの五種類に分類する。この五種の内的過程は、無意識の情動の構造と並行関係をもっていることによって、擬似的なキルコルのように、相互に曼荼羅状に関係しあっている。内的過程は「男性的」だと言われる。

その内的キルコルと「物質的に」共鳴しているのが、外的キルコルで、これも情動レベルの構造と並行関係をもっている。この外的キルコルは物質の五元素と深い関係がある。「空」元素は空間的な広がりを表したものであるから、内的キルコルの悟性的な心の働きに対応し、情動レベルの怒りにつながり、原初的知性のレベルでは「大円鏡智」と対応関係がある。同じようにして「土」元素は堅固さ、「水」元素は事物の凝集力、「火」元素は燃焼力、「風」元素は運動性に対応している。外的キルコルは自然過程に深いつながりをもつため、「女性的」であると考えられている。

ゾクチェン哲学は、こうしてリクパの発動に始まり、原初的知性の活動を介して、無意識の情動のうごめきや前意識の知覚・行為にいたるまでの全過程を、複雑な全体運動をするキルコルとして描き出すのである。[18]

かくてゾクチェン思想によって解釈し直された曼荼羅の哲学は、真如心から生滅心（妄想心）にいたる心の全構造を踏破する「全体理論 Théorie des ensembles」として生まれ変わることに

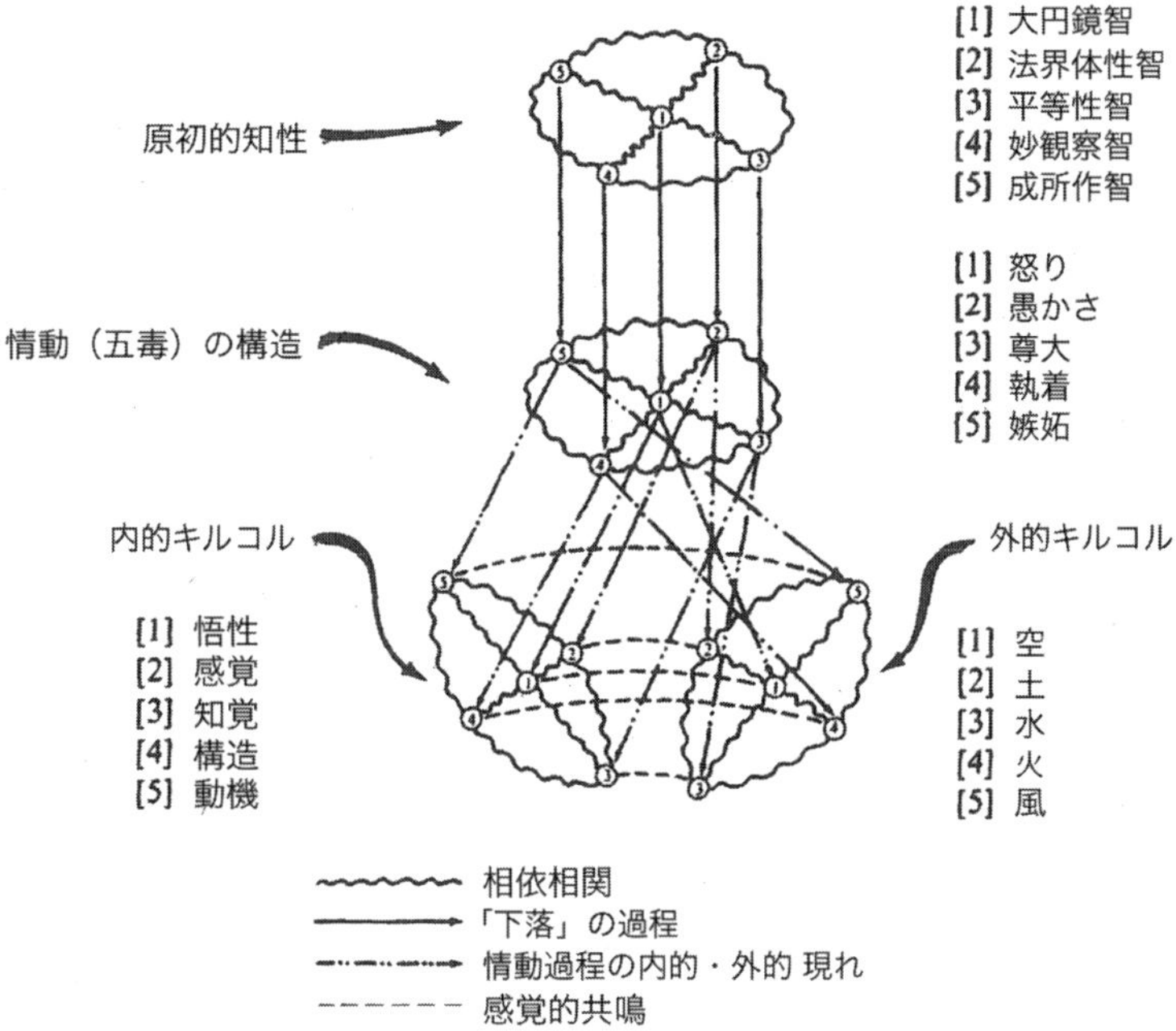

原初的知性から人間の具体的心へ
（基にした『Matrix of Mystery』に加筆した）

なる。空を土台として生命の具体性のすべてを包摂しうるような、類例のない全体理論である。『タタル・ギュルバ』や『リクパ・ランシャル』の頃（十〜十一世紀）に着手されたこの全体理論への試みは、十四世紀のロンチェンパによって完成に導かれた。心とは何かを知り抜くことによってはじめて人は心（セム）からの真の解放に至る、とゾクチェンパたちは考えたのである。

この心と存在の全体理論を理解していると、自分の心の中に生起してくるどのような思考や感情も、あるいは自分の前に現れるどのような出来事にたいしても、これは嫌だといって拒否したり、これはよいといって好んで取り込んだりすることなく、すべてを曼荼羅＝キルコルの全体運動の「戯れ」であると知って、心安らかに楽しむことができるようになる。どんなに嫌だと感じる対象でも、その感情がわいてくる本源はリクパに発する純粋な原初的知性の活動なのであって、それがこの心の全体構造の中で何段階もの「対称性の破れ」を経験することによって、そのように歪んで現象しているのである。同じ原初的知性の活動は、サンサーラにもなりうるしニルヴァーナにもなりうる。それがわかれば好き嫌いの感情などは消えていく。

このような認識は、テクチュウとトゥガルの教えに通じている。テクチュウ・トゥガルでも現象界に現れているもののすべての本源はリクパの戯れであり、好き嫌いの感情を伴う生滅心（妄想心）を捨てて、対象世界の現れを楽しむという生き方が説かれている。ロンチェンパは『サンワ・ニンボ』という密教のタントラをゾクチェン的に改造することによって、諸思想に新しい統一を生み出そうとしたのである。

＊　　＊　　＊

私はネパールの小さなチベット寺でひっそりとおこなわれた『サンワ・ニンボ』の講義を聴きながら、ずっとスピノザの『エチカ』のことを想い続けていた。ロンチェンパの思想とスピノザの思想との間には深い類似性がある、という私の早くからの直観は、この講義を聴いてますます強い確信になっていった。

ゾクチェン思想では、法界に内蔵された励起的知性＝リクパの運動から始まって深層心理をへて現実行動にいたるまでのすべてが、統一的に描き出されている。このことは、真如心から生滅心（妄想心）までが、統一された一つの曼荼羅＝キルコルとして描き出されていることを意味している。真如心は真空であるから、空から有までが断絶なく一つの曼荼羅におさめられている。

いっぽう『エチカ』は一神教の神を出発点として構築されているが、神と自然を一つの統一のうちに収めようとしている。それを実行するために、スピノザは「神の属性」と「人間と自然の属性」の間に並行関係があることを出発点に据えた。二つの間にホモロジー（相同性）がある、と考えたのである。そうなると神、人間、自然の間に、一つの大きな調和が実現されることになる。

ほとんどすべての哲学者たちにとって、自然の秩序と人間の出来事とが、神の摂理に関して彼らが形成した概念とどのように一致するかについては、まったく曖昧であった。しかしこのことは、ものごとを奇蹟によってでなく、明瞭な概念から理解しようとつとめる哲学者たちにとって、きわめて明らかなことであった。もちろんその哲学者たちとは、真の幸福を徳と精神の平安のうちにのみあると考え、自然を自分たちにではなく、逆に、自分たちが自然に服従するようにつとめる哲学者たちのことである。すなわち、彼らは神が自然を、その普遍的な法則が要求するままに導き、人間の本性の特殊な法則が要求するままに導かないこと、したがって神が人類のみを考慮するのではなく、全自然を考慮するものであることを確実に知っているのである。[19]

（『神学・政治論』）

ゾクチェン思想においても、法身である真如心と分別がつくりだす妄想心の間には、ある種の並行関係が実現されていて、二つを分離して考えることはできない。ゾクチェンでは真如心と妄想心の間に、「対称性の破れ」の過程をつうじて、擬似的な並行関係が保たれ、それが曼荼羅として全体的に統一されていると考えられている。この全体性のうちにあっては、心に生起するどんな小さな動きも全体構造につながっていて、複雑な回路をつうじて情動の基礎材につながっていき、それはおおもとの原初的知性の活動に連動している。スピノザの神が人間や自然と一体であるように、ゾクチェンにあっても法界を充たす空性の力は、人間の心や自然の全体運動と一体になっている。

大乗仏教運動の初期に唱えられた「色即是空、空即是色」の思想が、以上のようなある種の科学性を獲得しているのである。私はこの講義を聴きながら、ゾクチェンはまだ完成しきった思想ではなく、現代の科学と結合することによってこの先も豊かな展開が可能な思想であることを確信するようになった。東洋思想の多くが、はじめに設定されたプログラムの限界に早々と到達して、それ以上の展開ができないまま静かに眠り込んでしまっている中で、ゾクチェンはその後も創造的な進化を続けて、いまや現代科学とのつながりが模索されるまでになっている。このことは生物学者、フランシスコ・ヴァレラらによってしだいに明らかにされてきた。

ゾクチェンを求めてネパールにたどり着いたときには、予想もしていなかったことであるが、「アフリカ的段階」に属するこの思想は、「アジア的段階」の諸思想があらかたその展開を完了してしまったのちも、豊かな未発の可能性を秘めたまま、チベット人社会の中に密かに生き続けた。難民となって世界中に離散していった後も。ロンチェンパの思想を知った後の私は、自分の東洋の『エチカ』をつくりあげることこそが、これから先の人生で自分に課せられた課題なのだと、深く理解した。

*　　*　　*

三ヶ月にも及ぶ熱をこめた講義を終えられて、さすがのケツン先生も疲れ果てていたのだろう、私が『イエシェ・ラマ』の続きの勉強をしようと先生のご自宅まで来てみると、先生がベッドの上に横になってしまっているのが、窓の外から見えた。私は「数日勉強はおやすみにします」という書置きを残して、そっとその場を去った。

それから数日たって、私が先生の元を訪れてみると、部屋の中には見たことのない若い女性が赤ん坊を抱いて立っていた。その様子をケツン先生は目を細めて見つめていた。女性の身なりや化粧っ気のない健康そうなその顔を見て、つい最近チベットからやってきた巡礼者ではないか、と私は推察した。二日ほど前の深夜に、私の借りていた部屋の周辺がにわかに騒々しくなり、自分の身体の五倍はあろうかという大きな荷物を背負ったチベット人たちの一団が、闇の中から突如出現した。彼らはネパールに巡礼にやってきた人たちで、親戚の住まいを探して右往左往していた。私の部屋の扉も何度も激しくノックされ、出てみると「これぞチベット人！」と唸らせるほどに野性的な男や女が立っていて、私の顔を見るなり「違う！」とだけ言って、あやまりもせず隣の部屋をまた激しくノックしては去っていった。私はこの女性はその巡礼団の一員なのだろうと推理したのである。

するとケツン先生がうれしそうに語った。

「チベットから私の娘が孫を連れてやってきました。ほとんど二十年ぶりの再会です。私はチベットから一人で逃げてきました。離れた村の法事を頼まれて外出したすきに、村に中国の軍隊が入ってきて銃で追われたため、私はやむなく着の身着のままで脱出民の群れに加わったのですが、故郷に妻と生まれたばかりの女の子を残してきてしまったことを、たいへん後悔しました。なんども手紙を書きました。しかし返事はありませんでした。チベットに入国できた人たちに伝言を頼んだこともあります。しかしそのたびに故郷の村にはあなたの奥さんや娘さんらしき人はおりませんでした、という返事しか返って来ませんでした。そのときの娘が二十年ぶりにヒマラヤを越えて私を訪ねてやって来たのです。しかも孫まで連れて。孫はジグメという名前です。これからひと月くらいここに滞在します。ほんとうに夢のような出来事です」

先生はほんとうにうれしそうだった。日頃は愛憎の感情の虚しさを説いている先生が、娘の手をなんども握りしめたり、孫のジグメを頬ずりしてかわいがっている姿を見て、私は感動してしまった。

そのとき私はふとカギュ派の祖であるマルパの伝記を思い出していた。マルパが最愛の息子を失ったとき、マルパは人目もはばからずに泣きじゃくり、悲しみをあらわにした。その様子を見ていた弟子の一人がマルパに問うた。

「先生は日頃私たちに喜びや悲しみの感情は虚しいものだと説いていらっしゃいました。それだのにご子息が亡くなったといって身も世もなく悲しんでいらっしゃる。これはどうしたことですか」

するとマルパが顔を上げて答えた。

「喜びも悲しみもイリュージョン（ミラム）にすぎない。しかしこれはハイパーイリュージョン（ミラム・キ・ミラム）だ。私は好きなように泣く」

ロラン・バルトはこの話をおおいに気に入っていて、『明るい部屋』という写真論を書いた時、その裏表紙にこのマルパの話を引用した。[20] その本には最愛の母親に抱かれた幼子のバルトの姿を撮影した写真が載せられている。母親とのその写真は、バルトにとっての「ハイパーイリュージョン」なのである。イリュージョンとしての写真を論じながら、バルトもマルパと同様にイリュージョンを超えるイリュージョンの実在性を語ろうとしている。

ケツン先生にとっても、孫を抱いた娘の突然の予期せぬ来訪はハイパーイリュージョンだったのである。そのことに震えているセムが喜びに湧き立っている。そのセムの震えは原初的知性の振動でもある。全体性キルコルの中でリクパイツァル（リクパの力）が激しく励起して、セムを揺り動かしているのだ。湧き上がってくるものは湧き上がるにまかせよ。世界には否定すべきものなどない。ゾクチェンの教えどおりに、ケツン先生は歓喜を全身であらわしていた。

突如出現したチベットからの巡礼者のテント群

第八部　暗黒の部屋

26　ヤンティ・ナクポ

「ヤンティ・ナクポ」という言葉を私がはじめて耳にしたのは、ケツン先生のもとで学び始めてまだ間もない頃だった。先生のところには、学問や修行についてのさまざまな質問を抱えた活仏《かつぶつ》たちが訪れてきたが、そのうちの一人との会話の中に何回も、「ヤンティ・ナクポ」という言葉が出てきたのに、私は強い印象を受けた。その活仏はなにか一生懸命に頼みごとをしているようだったが、その言葉が出てくるたびに、先生は「それは難しい」とか「それはできません」と言って、相手の懸命の願いを断っている様子だった。活仏はがっかりして帰っていった。私はその言葉にひどく惹かれるものがあったが、先生がその言葉を発するたびに声をひそめるようにしていたのを見ていたので、それ以上のことを質問するのは遠慮された。

二度目にその言葉を聞いたのは、私がビザ更新のためにインドへ出かけようとしていた朝のことだった。ケツン先生がめずらしくお寺での講義の前に私の部屋を訪れてきて、こんなことを言い出した。

「あなたは今日デリーへ行くそうですね」

「そうです。オールド・デリーに住んでいる友人を訪ねようと思っています。どうせならと思って、パトナから汽車の旅で途中ぶらぶらしながらデリーへ向かおうとしています」

「それは好都合です。デリーへ着いたらマンジュカディラという、ヤムナ川のほとりにあるチベット人の村を訪ねてください。そこにタムジュー・サンポという男がいます。村の人に聞けばすぐわかります。彼から『ヤンティ・ナクポ』という三巻本を受け取って、ここへ持ち帰ってほしいのです。とても大切な本ですので、くれぐれも注意して持ち帰ってください。旅行中くれぐれも気をつけて」

それだけ告げると、先生はヤンティ・ナクポがいったい何で、マンジュカディラ（曼珠沙華寺？）がどこにあるかもろくに説明しないで、そそくさとお寺へ向かって去っていった。

数日後に私はデリーにいた。私はマンジュカディラという村を探して、途方にくれていた。どのタクシー運転手に聞いても、誰もマンジュカディラを知らないのである。今日はもうだめかと諦めかけていたとき、私は中年のオートリキシャの運転手に「マンジュカディラというチベット人の村を知らないか」とたずねてみた。それまでは「チベット人の村」という情報を、運転手たちに伝え忘れていたことに気づいたのである。すると彼はこともなげにこう言った。

「マンジュカディラなんて知らないが、ヤムナ川のほとりのマジュヌーンカティラという場所にチベット人の難民が住み着いているのは知っている。そこのことではないか？」

「マジュヌーンカティラ！　たぶんそこです。そこにやってください」

ボロボロのオートリキシャは爆音を立てながら走り出した。雑然としたデリーの町並みを抜けて三十分ほど走ると、広々としたヤムナ川のほとりをまっすぐに走る幹線道路に出た。道路脇の小ぎれいな茶店の前までくると、運転手はオートリキシャを止めて、私に「時間はあるか、よかったらいっしょにお茶を飲まないか」と誘った。別に先を急いでいなかった私は、その誘いに乗ることにした。外国人と見たら話しかけないではおかない、無類の話好きのインド人のこういう誘いを、私はめったなことでは断らないことにしていた。

運転手はみすぼらしい身なりはしていたが、ときどきキラッと光る眼光には鋭い知性が宿っているのを感じた。上手な英語でゆっくりと私の身の上などを聞いたあと、彼はマジュヌーンカティラについて話し出した。

「いいか、マジュヌーンカティラというのは『狂人の墓』という意味だ。あそこには気が狂って死んだカイスという貴族の若者のお墓があった、と伝えられている。カイスはライラという美女に恋をした。あまりに激しく恋をして、カイスはマジュヌーン（狂人）と呼ばれるまでになっちまった。ライラもカイスに惚れていた。でも昔のことだから家の反対にあって二人は引き裂かれてしまった。ライラは別の男のもとに嫁がされることになり、二人は離れ離れになっちまった。悲しみの中でライラが病で死んだ。そのことを知ったカイスはライラの墓に取りすがって泣き続け、とうとうそこで死んでしまった。しばらくして墓の傍に骨が転がっているのが見つかり、人々はそれがカイスの亡骸の破片だと知って、結ばれなかった恋人の墓の傍らに埋めてあげた。その墓のあった場所がマジュヌーンカティラだ[1]」

話を聞いて私はびっくりした。

「どうしてそんなところにチベット人の村があるのですか」

「それはたくさんのチベット人が難民になってインドに流れ込んできた時代にさかのぼる話だ。有名人オリッサ州やマイソールなどインドの各地に亡命チベット人のための土地が与えられた。有名人のダライ・ラマはヒマチャル・プラデーシュ州のダラムサラに落ち着いた。そこでたくさんのチベット人たちがダラムサラを目指すことになり、中央バスターミナルにも近いこのあたりの河原に野宿するようになった。そのときインド人が恐れて近づかないこのマジュヌーンカティラを見つけたんだ。そのうちそこに村をつくっちまった。ここだったら文句をつけられることもあるまい、ということで、そこにチベット人のスラムができてしまったというわけさ。あの連中は墓地も恐れないからな」

オートリキシャの運転手は、どうしても私にマジュヌーンカティラの由来を教えたかったらしく、それを話し終えると満足げな顔をして立ち上がり、私の分までチャイの代金を払って、また走り出した。そこから五分くらいの距離の川べりに、そのマジュヌーンカティラの難民キャンプが現れた。いたるところブルーシートで覆われたすさまじいスラムの光景になかば呆然としている私を眺めて、運転手はニヤニヤしながら「おだいじに」と言い残して、デリー方面に向かって去っていった。

＊　＊　＊

タムジュー・サンポは、仕事先のデリーの旧市街からなかなか戻ってこなかった。私はこの難民村の中でいちばんましな雑貨店を見つけて、その店先でリムカ（レモンソーダ）を飲みながら、タムジュー・サンポを待つことにした。中年のかっぷくのよい店の女主人は、タムジューのことをよく知っていた。よく知っているどころか、それ以上の関係を私に匂わせた。

「タムジューはオールド・デリーのバリマランにある印刷所で、毎日遅くまで仕事をしているさ。仏教関係のお経を印刷しているって話だ。あんたはケツン・サンポの知り合いだって？　あの男もシッキムからいっしょに逃げてきた仲間だよ。ケツン・サンポは途中こんなところにひっかからずにタムジューといっしょにヒマチャルのほうに行ったのだけれど、私はヤムナ川の流木にひっかかってそれからずっとここさ」

　そんな話をしているところに、タムジュー・サンポが戻ってきた。私がケツン先生からの伝言を伝えると、さもうれしそうに私の手を握って、マジュヌーンカティラで一番のレストランへ招待しようと言って、ぬかるんだ路地をたどって、急ごしらえの建物がごちゃごちゃと立ち並ぶ街の奥へと、私を連れ込んで行った。

　タムジューはケツン先生と同年輩の、ちょっと腹の突き出た、しかし顔つきはじつに精悍なチベット人だった。自分はケツン先生の子供のときからの親友で、チベットを脱出してきてからもずっと行動を共にしてきたと言った。いまボードナートで先生のお世話をしているミクマラというシェルパ族の女性は、もとは自分の妻の一人だったが、一人で学校経営をして大変そうな先生の様子を見かねて、ネパールに送り出したのだとも語った。

「帰りが遅くなって申し訳なかった。でも今日ちょうど『ヤンティ・ナクポ』の三巻本の印刷が仕上がったところだった[2]」。そう言って、下げていた大きな鞄の中からエンジ色の表紙のペチャ

（経本）を三冊取り出して、テーブルの上に置いた。

「この本がどういう本なのか知っているのかな」。私が「まるで知りません」と答えると、タムジュー・サンポは運ばれてきたおいしそうなモモを私に勧めながら、こう語り出した。

「『ヤンティ・ナクポ』はケツンさんにとっても私にとっても、とても大切な本なのです。この本にはまったく光の入ってこない部屋の中で、一週間にわたっておこなうムンツァム（暗黒瞑想）のやり方が書かれています。ドンツォ・レパというテルトン（埋蔵経発掘者）によって再発見された、パドマサンバヴァの教えのテルマ（埋蔵経典、テルマとテルトンについては後述する）です。昔はここに書かれているようなやり方で暗黒瞑想をやる修行者が、チベットにはたくさんいたものですが、いまではそれを伝承しているのはケツンさんのほかには数人しかいなくなってしまいました。ケツンさんはヤンティ・ナクポを完全にマスターしている、数少ないラマなのです。

ケツンさんの先生であったシュクセプ・ジェツンという有名な女性行者は、この暗黒瞑想をとりわけ好んで、自室の壁の裏側に暗黒部屋（ムンカン）をこしらえて、暇さえあればしょっちゅうそこに籠っていたそうです。その様子を見ていたケツンさんもヤンティ・ナクポに強く惹かれて、自分もそれを学びたいと考えました。そこでこの教えの直系の継承者であるドゥクパ・ヨンジン・リンポチェのところへ弟子入りして、小坊主のように加行から始めて灌頂法までヤンティ・ナクポの体系を完全に学び取りました。そのあと、故郷のヤクテに戻ってきて、自分でそこにムンカンを建てて暗黒瞑想の修行に打ち込んだわけだが、その修行には、外から部屋の中に届ける食事をつくる助手が必要です。その役を買って出たのが、親友のタムジュー・サンポさんだったというわけだよ」

私は初めて聞く「暗黒瞑想」の話に、驚かされるやら興奮させられるやらだった。

「そのヤンティ・ナクポの暗黒瞑想は、僕などにも学ぶことはできるのでしょうか」

「もちろんさ。だがその前に、ゾクチェンのテクチュウとトゥガルの訓練ができていないと、ムンツァムをやるのは難しいと言われているな。おれはよくは知らないが、ヤンティ・ナクポはテクチュウとトゥガルを加行として中に組み込んでいるし、そのあとにヤンティ・ナクポ自体の加行もあるらしい。複雑な灌頂も受けなければならない。なにせこの灌頂を与えるほうのラマも大変だ。一人で何種類もの楽器を同時に鳴らしながらやらなけりゃいけない。準備のためにはひどく金もかかる。だから灌頂を受けさせてくださいとお願いされても、そうそう簡単に引き受けるわけにはいかないのさ。でもおまえさん、まだ若いからがんばってみな。ケツンさん、おまえさんにだったら気前のいいところを見せるかもしれない。それに放っておくとこの教えは近いうちに途絶えてしまうかもしれない。そのことを心配して、ケツンさんは最近発見された『ヤンティ・ナクポ』の完全版の印刷を、このおれに頼んできたというわけだ」

大酒飲みのタムジュー・サンポは、話を続けながらぐびぐびとチャン（どぶろく）の壺を飲み干し、つづいてアラ（蒸留酒）のボトルへと移っていった。酒のせいで涙もろくなったのか、そこからは昔話が多くなった。とくにチベットからの脱出行を語る段では、いっそう語りに熱がこもった。

「亡命が始まった頃われわれは別々のところにいたから、それぞれ違う道を通って脱出したんだが、国境を越えるあたりで偶然再会を果たした。そのときはうれしかった。インドへ入ってからわれわれは、かつては独立国であったシッキムへ抜ける間道を選んでいた。たいした理由はなかった。たぶんドゥンジョン・リンポチェがすでにカリンポンに移住していたのを思い出して、そっちに近付こうとしたのかもしれない。じっさいシッキムはいいところだったよ。そこに何日か滞在してるうちに、ケツンさんはとんでもないことを思いついた。もう自分たちは長く生きられないかもしれないから、ここで最後の暗黒瞑想がしたい、と言い出したんだよ。しょうがない、親友の願いだ、叶えてやろうじゃないか。われわれは仲良くなった村の人たちに手伝ってもらいながら、そのあたりにたくさん生えている竹を使って、儀軌どおりのりっぱなムンカンを建てた。なにせムンカンには光が差し込んできてはいけないので、泥や漆喰で窓や柱の隙間という隙間を、ぴっちり埋めていかなければならない。便所を室内につくって外への下水管も整備しなくちゃいけない。臭いが中にこもるのはよくないから、これには工夫がいった。部屋の中に空気を入れる換気のための管も通さなくちゃいけない。シッキムは湿気の多いところだから、これに関してはチベットでつくったのより難しかった。座布団も運び込まなければならない。入り口近くにはタムジューさんの寝る場所と炊事場も用意しなけりゃいけない。

とにかくてんてこ舞いで短期間に立派なムンカンをつくりあげた。ケツンさんも壁に漆喰を塗ったりしていっしょに土方仕事をした。そして吉日を選んで、ケツンさんは一人で暗黒部屋の中に入っていった。部屋には厳重に鍵をかけた。

それからの二週間というもの、朝昼晩の食事を小屋の中に搬入したり、まわりを警戒したりと、なにからなにまで世俗の差配はタムジューさんがおこなった。そうして二週間が過ぎた頃（なにしろケツンさん、いい気なもので、気持ちがいいから瞑想期間を四十九日間に延ばしていいかというんだ）、シッキムの王立警察官が調べにやってきて、われわれに至急出頭するようにと命令した。おれは大急ぎで小屋の扉をはずして中に籠っているケツンさんに大声で呼びかけた。するとケツンさんはまぶしそうな目をしながら、じつにすがすがしい顔をしてゆっくりと小屋から出てきたものさ。あの二週間ほどが逃避行の中で唯一幸福な日々だったなあ……」[3]

そのうちタムジュー・サンポは居眠りを始めてしまった。店から使いが出されてしばらくするとさっきの雑貨店の女主人がやってきて、かいがいしく酔っ払いを抱きかかえてどこかへ消えていった。私はこのレストランの二階が宿になっていたので、『ヤンティ・ナクポ』三巻本を二セット（タムジューは私にも一セットをプレゼントしてくれていた）抱えて、その部屋に落ち着いた。

マジュヌーン神話の舞台の上に敷かれた寝具に横になった私は、なかなか寝付くことができなかった。私はそっと階段を降りて外に出た。皓々たる月明かりの下、ヤムナ川が静かに流れていた。一匹の野犬がおずおずと私に近づいてきた。私は食べ残しのチベットパンをポケットの中にしまってあったのを思い出して、この犬にあげた。犬はパンのかけらをくわえて、藪の奥に消えていった。

私は川べりの砂の上に座り込んだ。暗黒の部屋の中で人は何を見、何を体験するのだろうか。きっと自分の心の内部が光となって現れてくるのに違いない。もしも幸運に恵まれてそれを見届けることができたりしたら、自分はどんなに幸せだろう。私がそんな夢想に浸っていると、いつの間にか戻ってきたさっきの犬がペロリと私の腕を舐めた。

27　テルマ

　ボードナートに戻ってきた私は、朝早くケツン先生に印刷しあがったばかりの『ヤンティ・ナクポ』をお届けに上がった。大喜びの先生はさっそく本をめくって、私のことなどは眼中にない様子で、内容のチェックを始めた。ものすごいスピードで三巻すべてに目を通し終わると、ようやく顔を上げてこちらを見てにっこりした。

「ほっとしました。いままでは『ヤンティ・ナクポ』という本にはきわめて不完全なコピーしかありませんでした。このまま私が死んでしまったりしたら、このテルマは全貌を知られることがないまま、そのうち忘れられてしまうかもしれないと思うと、気が気でありませんでした」

「タムジューさんから私は初めてヤンティ・ナクポについての話をうかがいました。それでわかったのですが、ケツン先生にとってこの教えはとても重大なものなのですね。まったくゾクチェンは底なしですね」

　私はその頃、ニンティクのやり方でゾクチェンについて学び始めたばかりだったので、『イエシェ・ラマ』のような高度な体系の先に、さらにもっと深い教えの体系が控えているということに、驚きを隠せないでいた。すると先生は私が何を言いたいのかすぐに気がついた様子で、こんなことを語り出した。

　ゾクチェンにはあなたがいま学び始めているアティ・ヨーガ ati（この中にニンティクが含まれている）の先に、チティ・ヨーガ spyi-ti、ヤンティ・ヨーガ yan-ti と呼ばれる二種類のヨーガが伝えられています。どちらも超古代（ニンバ・ニンバ）の智慧を集めたものです。チティ・ヨーガはウッディーヤナ地方からチベットにやってきたパドマサンバヴァという大学者（パンディッタ）が伝えたもので、カワペル・ツェクというチベット人の優秀な翻訳官の力を借りて、チベット語に翻訳されました。ヤンティ・ヨーガはそれともまた違う系列の教えで、ヴィマラミトラのものとパドマサンバヴァのものとの二つの流れがあります。そこにはアティ・ヨーガには語られていない、別の種類の智慧が語られています。

チティとヤンティの教えは、おもに「テルマ」のやり方で伝えられてきました。テルマとは「埋められたもの」という意味です。パドマサンバヴァは古代チベットのチソンデツェン王の宮廷に迎えられ、王女たちや貴族たちに大きな影響を与えましたが、そのことを快く思わない人々もいました。その人たちはパドマサンバヴァをチベットから追放しようと画策していました。そのことを予知していたパドマサンバヴァは、女性の弟子のイェシェ・ツォギャルなどの協力を得て、自分が伝えようとしたたくさんの教えを文字に書き記して、それらを特殊な箱などに密封して、岩の中や洞窟の奥や川底や大気の中などに隠しました。サムエ寺の近郊ばかりではなく、チベット全土に埋めました。人間がもっと成熟した生き物になって、そうした教えを理解できる者が出現するまで、チベットの自然の中に「埋蔵」して隠しておこうと考えたのです。

それが「テルマ」と呼ばれるものです。このテルマを「発掘」して、神秘な古代文字などで書かれた内容を解読し、未発見の教えとして世に持ち出すことに成功したのが、「テルトン＝埋蔵経発掘者」と呼ばれる天才たちです。十一世紀くらいからチベット全土でたくさんのテルトンたちが現れるようになりました。そうやって出現したテルトンは、優に二百人を下らないでしょう。つい最近でもラダックのあるテルトンによって新しいテルマが「発掘」された、というニュースが流れていました。

『ヤンティ・ナクポ』もそういうテルマの一つとして、十五世紀頃のドンツォ・レパ・チマというテルトンによって再発見されたものです。私の書いた『チベット仏教人名事典』に彼の伝記を詳しく書いておきました（そう言って先生は本棚から分厚い本を取り出してきて読み始めた）。

ドンツォ・レパ・チマ Dung-mtsho ras-pa phyi-ma の項

ドンツォ・レパ・チマはラトゥ地方のディンマディン村に生まれた。父の名はシャン・コンネ、母の名をドンザ・ドンキといった。彼は自分の前世をはっきりと記憶していた。前世で彼はドンツォ・レパという有名な行者だったのである。そこで彼は「後の」という意味の「チマ」を付けて、ドンツォ・レパ・チマと呼ばれることになった。十一歳のとき仏門に入り、顕教と密教をくまなく学んだ。二十三歳のときカンブレのミニャク・レパの弟子となり、ニンマ（旧）とサルマ（新）の両方にわたる数多くの教えと灌頂を受けた。

彼は雪山近くの険しい岩山に囲まれた瞑想所を好んで修行場とした。その間にパドマサンバヴァが彼の面前に現れて、さまざまな予言をおこなった。その予言にしたがって、中央チベットやコンボ地方に出かけた。オンにいたクンガ・ブムという偉大な女性行者と出会い、彼女に認められて教えの相承者となる。

ドンツォ・レパはブータンでは「鷲の森」、ラトゥ地方では「ラクシャサの森」に聖地を開いた。ラクシャサの森で『グル成就法』と『アユ成就法』の二つのテルマを見出し、世に広めた。特筆すべきは、ガンポ山の背後にある「黒曼荼羅湖」のほとりで、うつぶせになった亀の形をした大石の下から『ヤンティ・ナクポの黄金の一文字』という体系を記したテルマを発見したことである。彼はこの教えを広め、それを学んだ多くの人々は「光の身体」を成就することができた。彼が岩に残した手形や足形が数多く残されている。

ドンツォ・レパの生まれ変わり、ドンツォ・レパ・チマが編集して残した『ヤンティ・ナクポ』の教え、修行法、灌頂法、伝達などからなる体系は、その後おおいに栄えて今日にまで伝えられている。[4]

ドンツォ・レパという名前には「レパ＝白い衣」という言葉が付いています。「レパ」はミラレパの「レパ」です。白い麻の衣だけをまとって、高山で修行する行者に付けられた尊称です。ここからもわかるように、ドンツォ・レパ・チマはカギュ派の伝統に属しています。彼が発見したヤンティ・ナクポの教えは初めはカギュ派が伝えていたのですが、そのうちニンマ派にも伝えられるようになります。私のヤンティ・ナクポの先生であるドゥクパ・ヨンジン・リンポチェも、ですからカギュ派のラマです。私はヤンティ・ナクポを学ぶためにカギュ派の教えにも帰依し、すでにニンティクによるゾクチェンを学び終えていたにもかかわらず、初学者のように加行についても最初の段階から再び取り組むことになりました。これは私の精神にとてもよい影響を与えてくれました。自分はニンマ派だゲールク派だなどと自分の所属にこだわっていることが馬鹿らしいことだと、おかげで悟ることができました。

でも残念なことに、ヤンティ・ナクポはいまではそれを学ぼうという人がすっかり減ってしまって、完全な教えの体系はエヴェレストの中腹のタンボチェ寺にいるトゥルシク・リンポチェと私のもとにしか残されていません。ヤンティ・ナクポのようなすばらしい教えが世の中から消え去って、また亀石の下などに隠されて何百年も見つからなくなってしまうのは、ほんとうに悲しいことです。

この話を聞いて、私はおののいた。日本をたつとき、私は東洋文庫に滞在中の一人のチベット僧に頼んで二通の紹介状を書いてもらっていた。一通はケツン先生宛てだったが、もう一通がタンボチェ寺のトゥルシク・リンポチェに宛てられたものだったことを、思い出したからである。紹介状をどちらのラマに手渡していたとしても、私は否応なく知らず知らずのうちにヤンティ・ナクポの教えに近づいていったことになる。このテルマと自分との深い因縁を感じて、私はおののきに似た感情を持ったのである。

*　　*　　*

ヤンティ・ナクポというテルマに関しては、まだまだお話ししておかなければならないことがたくさんある。私はこのヤンティ・ナクポについて長い時間をかけて思索を重ねてきたが、それによってヤンティ・ナクポが他のテルマとはそうとうに異質な性格をもっていることが、じわじわと実感されてきた。

人間の思考を「歴史的思考」と「神話的思考」に分類してみると、テルマはあきらかに神話的思考の部類に属する。そのことはテルマの由緒からしてあきらかである。歴史的思考は出来事を時間の順序にしたがって並べて、それらの間の因果関係を探るという思考方法である。時間は過去から現在、未来へと冷厳な順序にしたがって流れていくものであるから、その間の出来事の起こる順序を自由に置き換えることはできない。

ところが神話的思考においては、時間の秩序を自由に変化させることができるのである。遠い

ドゥクパ・ヨンジン・リンポチェ

過去に起こったことが、現在の秩序の中に入り込んできたり、未来に起こるはずのことが現在の人によって「予言」されて、人々がその予言にしたがった行動をとることによって未来が変えられていく、といった事態が起きる。神話的思考をつうじて、人間は事物に隠されている潜在的な「意味」を探ろうとする。その「意味」は普通の状態では世界の表面に現れてくることなく、時間の論理にそって配列された現実が表には現れてくる。そういう「歴史」の背後に隠されている「意味」を、神話的思考は探るのである。

ニンマ派では、テルマという形をとおして、こういう神話的思考法を自分たちの思想を理解する方法として、大規模に導入した。パドマサンバヴァとイェシェ・ツォギャルは彼らがいったん開示した教えの数々を、チベットの大地に埋めて隠した。そのさいに未来における発見者や発見場所についての、詳細な「予言」を残している。その出来事があってから、その埋蔵の教えを掘り出すテルトンという人たちが現れ、遠い過去にいったん消えた教えが、みずみずしい新しい教えとして復活をとげるのである。過去が現在に侵入し、予言が未来を開くのである。こういう様式をつうじて、古くからの教えのたえまない「更新」が試みられてきたのだった。

テルマは神話的思考法によって「発見」される。テルトンたちは、パドマサンバヴァとイェシェ・ツォギャルによって予言されていた、埋蔵の教えの埋蔵場所や教えを封印した特殊な容器の形などを、夢や瞑想の中で知る。その夢告にしたがって探検に出た彼らは、予言された場所に未知のテルマを発見し、解読して、世にもたらすのである。これは歴史を逆なでする神話的思考法そのものである。

そうして発見されたテルマは、テルトンの神話的思考を介して「制作」される。そのさい近代の作家による創作と異なって、テルマは「テキストが別のテキストを自発的に生み出していく」様式によって、神話的思考の厳密な「論理」にしたがってつくりだされる。それはつぎのようなプロセスである。新しく「発掘」されたテルマは、パドマサンバヴァたちが伝えようとした真理のメッセージを、いささかも歪めてはならない。そのかわり新しいテルマに登場してくる主人公となるべき神々やその眷属やアイテムなどの「項目」は、自由に変更してもかまわない。こうして「項目」を変更してもそのテキストが発するメッセージは不変でなければならない、という鉄則を守ることによって、つぎつぎと新しいテルマが制作されるのである。

これはレヴィ＝ストロースが明らかにした、神話の「異文（ヴァージョン）」がつくられる過程と酷似している。神話でもカラスをコヨーテに変え、真面目な青年をみだらな女に変え、ジャガーを禿鷲に変えるなどといったやり方で、「項目」の置き換えをおこない、新しい異文が制作されるが、その変形によっても元の神話が発信しようとしていたメッセージは、全体として同一性を保っていなければならないような、慎重な配慮が施されている。神話は「対称性変換」のやり方によって、新しい異文をつぎつぎに生み出す。そのために神話にはこれこそが原典というべき「正典《カノン》」が存在しない。すべての異文の集合が正典となる。

テルマはそれと同じように、対称性変換にしたがって、新しい異文としてのテルマを生み出す。自分はパドマサンバヴァによって隠された秘密の教えを発掘できるテルトンであるという直観にみたされた発掘者の思考は、そこで神話的空間に送り込まれることになる。その空間は対称性変換によってなかば自動的な「思考」をおこない、「テキストが別のテキストを自発的に生み出す」やり方にしたがって、新しいテルマを生むのである。

だからここにも唯一の正典というものはない。たがいに対称性変換しあっていく異文の全体が、正典をなしているのだとも言える。ニンマ派ではこういうテルマによる創造のやり方が承認されたために、教えが硬直し固定化されてしまうことがなかった。ふつう宗教では特定の選ばれたテキストが正統的なカノンとしての扱いを受け、選ばれなかったテキストは「外典」や「偽典」や「異端」として、正統なテキストとしては採用されない。この原則は『聖書』の場合にいちじるしい。そこでは後世の人間たちは、もはや新しい福音書を書く創造の自由を持たない。後世の人間にできることは、固定された少数のテキストを繰り返し「再解釈」していくことだけである。これは、ユダヤ教やキリスト教のような歴史的思考にもとづく宗教の特徴である。

ところがニンマ派では、神話的思考を導入することによって、テルマによる創造が可能となった。その結果例えば、ヴィマラミトラの伝えたニンティクの体系（ゾクチェンの中でももっとも正典に近い扱いを受けている）でさえ、パドマサンバヴァの神話に送り返されることによって、『カンドゥ・ニンティク（女神のニンティク）』という強力なテルマとして生まれ変わり、さらにロンチェンパによる変形作業をへて『カンドゥ・ヤンティク（女神のニンティクの進化形）』というテルマに変身をとげている。[5]

ゾクチェンを学びたい者は、どのテルマを選んで入り口にしてもかまわない。それどころか、正典よりもテルマの方が好まれる傾向さえある。ロンチェンパはヴィマラミトラの伝承に基づくもっとも正統的なニンティクの体系を編纂した人であるが、なにか足りないものがあると感じていた。そのためパドマサンバヴァ神話の強力な磁力に包まれた『カンドゥ・ニンティク』が自分のもとにやってきたとき、「これでようやくニンティクの教えは何百年も生き延びることができる」と喜んだと言われる。

創造の要素を含むものは、神話的思考の空間をくぐり抜ける必要があることを、テルマの実例は教えている。宗教や政治は真理を語る言葉や文章が、固定されることを求めている。宗教や政治の言語に神話的思考が侵入すると、自在な変形と増殖の運動に、真理の言説を委ねてしまうことになるからである。ところがテルマはそれとは反対に、真理は自由な創造的変換の中からしか生まれえないと考えている。チベットの政治・宗教史の中で、ニンマ派はつねに権力からはほど遠い周縁部に置かれてきたが、そのことは彼らの聖典であるテルマの制作原理と深くつながっている。

*　　*　　*

ヤンティ・ナクポはそういうテルマの一つとして、十五世紀のチベットに突如出現した。このテルマの中心主題は「暗黒瞑想（ムンツァム mun-mtsams）」である。ムンツァムはまったく光のささない暗黒の部屋の中に最短でも一週間籠っておこなうヨーガである。数多くあるテルマの中でも、このヨーガを扱っているのは、ヤンティ・ナクポだけである。

ニンティクを含むアティ・ヨーガでも、チティ・ヨーガでも、また他のヤンティ・ヨーガでも、組織立ったムンツァムのやり方は詳しく説かれていない。このヤンティ・ナクポだけが緻密に組み立てられた暗黒瞑想のやり方を説いている。ほかのゾクチェンでは太陽の光や青空をみつめ続けることによって、金剛連鎖体（ドルジェ・ルクギュー）をはじめとする内部空間からの発光現象を、目の前に出現させる。そしてこのトゥガルのヨーガによって、存在の意味を知ろうとする探究をおこなう。

それにたいしてヤンティ・ナクポでは、暗黒の中で大脳内での発光現象を促して、それを眼球をとおして暗闇に投射するのである。このような共通性のために、ヤンティ・ナクポの暗黒ヨーガは、「拡張されたトゥガル」と考えられた。このことは古い十七タントラの中ですでに暗示されていた。ニンティクではふつう眼球と心臓をつないでいる微細な神経組織（水晶管）が重要な働きをしている、と考えられている。心臓の活動をとおして表面にあらわれてくる生命的なパルスが、視神経にあらわれる発光現象と「同期」していることが、この系統のトゥガル・ヨーガでは重視された。

ところが前にも紹介した『燃え上がるランプ（ドンマ・バルワ）』というタントラなどには、眼球につながるもう一つの神経組織の系列がしめされていた。それは大脳（ドゥンカン dung-khang）から眼球に下っていくもう一つの神経組織である。この神経組織をとおして、大脳内のパルスが直接に眼球奥の視神経を刺激していく。大脳にあらわれるパルスは、心臓にあらわれる生命的パルスよりも激しい活動を予測させる。それは静かに空の青の中を動いていく金剛連鎖体とは異なる発光現象をもたらすであろう。

ヤンティ・ナクポはこの大脳と視神経をつなぐ神経組織に依拠しておこなわれる、拡張された別種のトゥガル・ヨーガである。このヨーガの効果を最大限に発現させるためには、光のまったくささない完全な暗黒の中が最適である。十五世紀のテルトン、ドンツォ・レパは、ロンチェンパによるゾクチェンの思想体系確立のあと、その体系にこの暗黒瞑想を組み込むという「発明」

をおこない、それを新しいテルマの「発掘」という形式を借りて、亀石の下から世に出現させたわけである。

ドンツォ・レパがどのようにしてこのような大発見に至ったのかは、まったくわからないが、それについてある程度確かな推測をおこなうことはできる。それはムンツァム（暗黒瞑想）が仏教ともゾクチェンとも関係なく、古くから（とてつもなく古くから！）チベットの土着宗教で実践されていたという考えを、採用することである。

太陽と青空をみつめるトゥガルのヨーガが、チベットで本格的に実践されるようになるのは、おおよそ十一世紀の頃である。この頃に仏教的なニンマ派と土着宗教的なボン教は、きわめて近しい関係にあった。そのためニンマ派のゾクチェン体系はすぐにボン教に吸収され、ほどなくして「シャンシュン・ニェンギュー」というボン流のゾクチェンがつくられている。ボン教では古くから素朴な形の暗黒瞑想がおこなわれていた。そこでそののち今度はニンマ派のゾクチェンパによって、土着的な暗黒瞑想が取り上げられて、それを換骨奪胎して、哲学的に高度なゾクチェンの体系に組織立てる試みがおこった。こう考えてみれば、ドンツォ・レパの「発見」も、無からの創造ではなくなる。つまり古代に大地に埋蔵されていた教えの、「発掘」による再発見なのである。

近年おおいに発達をとげた洞窟考古学による現代的知見は、このような仮説を支持するであろう。ヨーロッパにおける上部旧石器時代の研究者たちは、ラスコーやショーヴェなどにある洞窟の調査を通じて、旧石器の人々が巨大な洞窟の内部で、すでにりっぱに組織立てられた「芸術をともなう宗教祭儀」をおこなっていたことを明らかにしてきた。

上部旧石器時代人は、洞窟の壁にみごとな彩色絵画を描いた。それらの絵は現代の画家たちをうならせるほどの出来栄えをしめしている。しかし洞窟内にはそれらの具象的な絵画群といっしょに、抽象的な幾何学文様らしきものも発見されるのである。デヴィッド・ルイス゠ウィリアムズなどの先史考古学者は、その抽象的文様が「内部光学（entoptic）」のもたらす内部発光現象に由来するものであると考えた。[6] このことは現代の科学実験によっても示されている。真っ暗な部屋に長時間滞在する被験者は、自分の眼前にそれらの幾何学文様とそっくりの光の現象を見るのである。

旧石器時代から人類は「トゥガル」の現象を体験的に知っていたのである。真っ青な空を長時間じっと見つめたり、日の出や日没の太陽を凝視したりしながら、人類は空に光点の連鎖や虹色の輝きやさまざまな幾何学文様の出現を観察していた。それと同時に、真っ暗な深い洞窟の中でいろいろな名前で呼ばれた「超越的なもの」と対面する儀礼をおこなっている最中に、イニシエーションを受けていた若者たちは、まばゆい発光現象のおこるのを観察していた。

ところが、人類の脳に「象徴革命」が起こってからは、「超越的なもの」はおもに言語と象徴を介して思考され、体験されるようになったものだから、しだいに旧石器時代以来の「超越的なもの」の直接的体験はおこなわれにくくなってしまった。しかし、チベットの精神文化には、それが残されたのである。十一世紀頃、チベットに中世文化のルネサンスが起こるや、まず「空を見つめるヨーガ（sky gazing yoga）」がニンティクのトゥガル・ヨーガとしてゾクチェンの体系に組み込まれるようになり、それからさらに数百年たつと暗黒部屋でおこなわれる洞窟的瞑想が、「拡張されたトゥガル」としてよみがえってきた。

それがドンツォ・レパ・チマによるテルマ、ヤンティ・ナクポである。この体系は二十世紀の前半までは、チベットと中国の各地で盛んに学ばれていた。それが、私がゾクチェンの勉強を始めた頃には、ネパールに残った二つの系統を残して、ほぼ絶滅してしまっていた。

28 シトゥ灌頂を受ける

私は『イェシェ・ラマ』を通じてゾクチェンの勉強を続けている間、なんどもケツン先生からヤンティ・ナクポの話を聞き出そうとしたが、はじめのうちは「まだまだそんなことを考えなくてもよろしい」という態度で、話をはぐらかされていた。しかし私があまりしつこく質問するものだから、とうとう先生も根負けして、少しずつヤンティ・ナクポの話をしてくれるようになった。私はおぼろげながらそのヨーガの輪郭がつかめるようになったが、肝心なあたりの話題に近づくと急に先生の話は曖昧になるのだった。

それでも私はあきらめなかった。『イェシェ・ラマ』の伝授が終わり、一人で部屋にこもったり、丘の上で夜明かしして日の出を待ったりして、テクチュウとトゥガルの修行に打ち込む日々が始まった。そうなると先生と顔を合わせる機会は前よりも減ってきて、面会のたびごとに、私はヤンティ・ナクポの灌頂の可能性を尋ねたりしたが、そのたびに返ってくるのは、「あなたはまだ準備ができていません」というあっさりとした断りの返事だった。

私が初めてゾクチェンと出会ってから十年が過ぎた頃であった。しばらく日本に戻っていた私は、突然ケツン先生から送られてきた一通のファックスを見て、驚いた。そこには近々ネパールでヤンティ・ナクポの灌頂をおこなうので、あなたもぜひ参加してください、と書いてあった。細かな事情はなにもわからなかったが、当時私に押し寄せていたすべての仕事をキャンセルして、カトマンズに向かった。

その頃ケツン先生は、ボードナートのドゥンジョン・リンポチェの寺の敷地内に建てられた学舎（シェタ）の一室を住まいとされていた。その部屋を訪れると、室内には私の知らないラマ僧が一人、先生となにやら打ち合わせをしていた。

「おお、ナカザワさん、よくいらっしゃいました。待っていました。こちらはラサから昨日到着したカムトゥル・リンポチェという活仏です。あなたはこの方といっしょにヤンティ・ナクポの灌頂を受ける幸運を得ました。この灌頂がおこなわれるのは何十年ぶりのことでしょう」

活仏は「生まれ変わりのラマ」という意味である。すぐれたラマがどこかの赤ん坊として転生したらしいという報せを受けて、お寺から捜索隊が出される。候補となった子供には試験がおこなわれて、間違いないとなったら寺に引きとられて、英才教育がほどこされるのである。「カムトゥル」と呼ばれる活仏には、それまで何人も会ってきたので、このリンポチェがどういう系譜のカムトゥル活仏なのかは知らなかったが、がっしりとした体格とにこやかな笑顔をしたこの活仏とは、最初から妙に気が合うものを感じた。彼はケツン先生と私にこんな話をした。

「ラサではいまは仏教にたいする締め付けが少し緩んで、私たちも前より自由に活動できるようになっています。しかし長い間の締め付けと文化大革命で、貴重な伝統がどんどん途絶え始めています。なかでもゾクチェンのやり方については、重要な先生たちの多くがチベットを出てしまわれたので、正確なところが伝わらなくなりはじめています。ラサにある私の寺にはかつてはムンツァムの伝統が盛んでしたが、いまはまっとうな伝授者が一人もいません。そこで私が学ぶしかないと決意しました。ケツン先生からヤンティ・ナクポの教えをいただいて、それをチベットに広めていきたいと思っています」

ケツン先生の話では、このカムトゥル活仏が灌頂のためのいっさいの費用を準備してくれたので、何十年かぶりに灌頂の儀式をおこなうことができるようになった。そこでこの貴重な機会を、あなたにもおすそ分けしなければ、と思ったと言う。私はカムトゥル活仏の手を握って感謝の気持ちを伝えた。

隣室からはケツン先生の弟子たちが、灌頂の儀式の準備を着々と進めているらしい物音が聞こえて来る。いろいろな種類の楽器類が、隣室へと運び込まれて来る。濃厚なバターの匂いもする。これを混ぜ込んで儀式用のトルマ（チベット人の主食である麦こがしにバターを練りこんでつくった供物）をつくるのだろう。こんな盛大な灌頂を実現するのはなまなかのことではなかったろう。おすそ分けでもなんでもいいから、こんな幸運な機会が自分のようなものに与えられたことに、私は感動していた。

「明日の朝、シトゥ灌頂を始めます。三日がかりのたいへんな儀式ですから、今日はお二人ともゆっくりおやすみください」

そう言って先生は、弟子たちが明日からの灌頂の準備を進めている隣室に消えていった。なんでも弟子たちの話では、この灌頂をおこなおうと先生は身口意を浄化するために、自室を封印して長いツァム（隠棲瞑想）に入って、三日前に出てきたばかりなのだという。出てきた当初は髭ぼうぼうだったそうだが、私たちがくるというので今朝はきれいに髭剃りをしていたそうだ。

ニンティク・ゾクチェンの灌頂では、「リクパの力の灌頂」が重要だった。セムニー（心そのもの）から放射されるリクパの力を、水晶管を通して眼球から青空に投射するトゥガルのヨーガを中心に組織されているニンティク・ゾクチェンでは、新参者の心に内蔵されているリクパの放射力を増強させることが大切なので、そこに焦点を合わせての灌頂が重要だったのである。

しかしヤンティ・ナクポでは、人間の脳と神経組織の別の側面に焦点が合わせられる。このヨーガでは、心臓のパルスと同調している生命的な波動だけではなく、大脳（ドゥンカン）の空間を埋め尽くす複雑な神経組織網の全体に、焦点が合わせられている。心臓から大脳全域が、ヤンティ・ナクポのヨーガの舞台となる。

そのため、ヤンティ・ナクポでもっとも重要な灌頂となるのが、「シトゥ灌頂」となる。「シ」というのは「静寂」をあらわし、「トゥ」は「憤怒」をあらわす言葉である。「シトゥ」で静寂の波動と激しい波動を合わせたような意味になる。チベット仏教ではこれらの静寂波動と憤怒波動のそれぞれに、「神（lha）」のイメージが当てはめられている。チベットでは、神は超越者としての意味合いよりも、法界に充満している存在の「強度」をあらわす言葉である。現実世界をつくっているのは「低い強度」の力である。これにたいして存在情報が充満する法界には、「高い強度」がみなぎっている。それを「ハ（神）」と呼ぶのである。

*　　　*　　　*

この「高い強度」である法界には、さまざまな波動が共在している。それを百種類の「神々」

に分類することができる。神々の違いを、ちょうど現代のクオーク理論を思わせるような、色彩、形態、機能性によって分類すると、だいたい百種類にまとめることができる。それにアバターをかぶせて、静寂神、憤怒神というように表現する。

ヤンティ・ナクポではそのような静寂神四十八種類と憤怒神五十二種類の神々（アバター）が、心臓の神経叢《そう》から大脳の神経叢にかけて活動している、と考えられている。四十八種類の静寂神は心臓チャクラを中心とした神経叢に、五十二種類の憤怒神は大脳空間をつくる神経叢に「鎮座」しているというイメージだが、じっさいには神々のアバターを外してみると、心臓を中心とした静寂パルス群と大脳空間に充満する憤怒パルス群が、人間存在の重要な部分をなしているのである。

ヤンティ・ナクポでとりわけ重要になるのが、大脳空間に満ちているリクパの強度である。暗黒瞑想はこの大脳空間を刺激しながら進められる。そこでヤンティ・ナクポの暗黒瞑想では、心臓と眼球を結ぶ水晶管を中心におこなわれた（ニンティク・ゾクチェンの）トゥガルを土台として加行を組織し、さらにその上に大脳空間を揺さぶる独特の暗黒ヨーガが組み込まれることになる。

こういうわけで、ヤンティ・ナクポでは憤怒静寂あわせて百尊を集めた灌頂がおこなわれる。前にも（リクパ灌頂のときに）書いたように、灌頂では新参者の心を法界に充満するリクパの力に向かって開き、その力を受け入れることができるほどの心の「成熟」をもたらすために、さまざまな象徴的行為をとおしての心の解放作業がおこなわれる。

灌頂などというものはどれも同じようなものと一般には思われているようだが、じっさいには目的に合わせて内部の構造は少しずつ違っている。そのことがヤンティ・ナクポの場合ほど、目的に合致して大胆に改変されている灌頂も少ないように、私は思う。

＊　＊　＊

シトゥ灌頂の朝、学舎の小部屋でいつもより早く起きて、ケツン先生の居室に挨拶に入って行こうとした。すると先生の居室へつながる廊下の扉は厳重に禁呪の印で封印されて、入室を拒否していた。

しばらくするとカムトゥル活仏も威儀を正してやってきた。こういうときのやり方をよく心得ている活仏は、手には白い布と線香を持っていた。カタというその白い布を先生に奉《ささ》げて敬意をあらわすのである。私が手ぶらなのを見て、ケツン先生の弟子が私にも同じものを持ってきて手渡してくれた。

灌頂の式場となった部屋から、銅鑼と大太鼓が打ち鳴らされ、先生の低いお祈りの声が聞こえてきた。灌頂の儀式が始まった。私と活仏は廊下の扉の外に立って、中から聞こえてくる先生の声明に耳を傾けた。よく聞いていると、外にいる私たちに呼びかけているようだったが、私にはよくわからないところもあった。

それに気がついた活仏が小声で私に教えてくれたところによると、いま先生は私たちに秘密の教えを守ることの誓約（ダムツィク）を諭しているのだと言う。私たちは部屋の中から聞こえてくる先生の言葉に耳をすまし、「ダムツィクを守るか？」という問いに何度も、「ラソー（承知いたしました）」という誓約の言葉を大きな声で述べ立てた。すると外で待ち構えていた弟子によって封印が破られ、扉がすっと開かれて、私たちは灌頂の間に招き入れられた。

目の前に開かれた光景に私は思わず息をのんだ。みごとにつくられた立体の曼荼羅が壇上に置かれ、それをさまざまに彩色された大型のトルマが取り囲んでいる様子は、じつに壮観だった。部屋の中には気持ちの良い香りのお香が焚かれ、窓からはすがすがしい陽光が差し込んでいて、五感はいっせいに華やぐ。

ケツン先生は正装に身を固め、タンカ（仏画）に描かれたパドマサンバヴァのかぶっているような中央アジア風の帽子をかぶり、たくさんの楽器に取り囲まれた講壇に座っていた。活仏と私は先生の前に五体投地をしてから、それぞれの座についた。儀礼が本格的に始まった。先生は大太鼓と銅鑼を片手で扱いながら、もう片方の手でカンリン（人骨笛）を吹いたり、カンリンをディルブ（金剛鈴）に持ち替えては、大車輪で儀礼を進行させていった。

私は多数の楽器を易々と扱う先生の技量にただただ見惚れていたが、私の前に座っていた活仏は、先生と一緒に詞章を唱えながら、儀礼の進行の細かい記録を、私がインドから運んできたあの『ヤンティ・ナクポ』の本の余白に書き込んでいる様子だった。活仏は将来自分がこの灌頂をチベットの人たちにほどこしたいと本気で願っていた。私はと言えば、そんなことが自分にはできるはずがないと最初から決めてかかって、儀礼の進行にただ身をまかせていた。そういう自分に気がついて、恥ずかしくなった。私は気をひきしめて儀礼の観察に集中することにした。

ヤンティ・ナクポの灌頂では、ひんぱんに導師が弟子に呼びかけ、それに弟子が答えていくという一種の対話形式によって、儀礼が進行していく部分が多い。

（導師は弟子たちが自らのリクパをつかんだことを確認するために）
「あなた方は何者なのか」（と問う。それに対して弟子たちは）
「幸運に恵まれてこの場に立つあなたの精神の息子たちです」（と応える）

このような応答を繰り返しながら、しだいに導師と弟子の精神的つながりが深まっていく。灌頂の中ではヤンティ・ナクポの体系を全仏教史の中に位置付けて、教えの意味を明確にしていこうとする部分などもあって、導師であるケツン先生の語りかけに意識を集中していないと、自分の今いる場所さえわからなくなってしまう。弟子たちの能動的参加を要求する灌頂で、二、三時間もすると私はくたくたになってしまった。

前半部でとくに重視されたのが、弟子の身体・言葉・意識を浄化するために、金剛薩埵瞑想を繰り返しおこなわせる、この儀礼特有の「加行」の瞑想であった。これをおこなうために、儀式はいったん進行を止めて、導師と弟子がいっしょに金剛薩埵のイメージを頭上に置いた瞑想をする。その間室内はおそろしいほどの静寂に包まれ、窓の外でさえずる鳥の声だけが心地よく私の耳を打っていた。

さらに進むと静寂神と憤怒神がつぎつぎと呼び出されるパートに入る。神々の波動を示すマントラが唱えられ、その波動の形態性を表示する指記号（ムドラー）などが示され、私たちの前につぎつぎと出現した。壇上のシトゥ曼荼羅からそれらの神々は現れ、私たちに大見得を切って挨拶しては、ふたたび曼荼羅に戻っていく光景を、私は頭の中で想像していた。「おいしいトルマを召し上がっていってください」と先生が呼びかけている。このもてなしにすっかり気をよくした神々は、二人の新参者に良い印象をもってくれたらしく、数時間に及ぶ灌頂の儀式の第一日目がめでたく終了した。

ヤンティク・ナクポの教えの「内」「外」「秘密」にわたる灌頂の儀式は、三日間にわたって続いた。その間に、ヤンティ・ナクポの教えの出現の過程についての神話歴史的説明があり、その教えの哲学面についての解説があり、ゾクチェン全体の中でのこの体系の特異性が説明され、そのあと暗黒瞑想の概要の説明もおこなわれた。[7]

そのさい私には、ヤンティ・ナクポ独特の加行を最初から小坊主のように始めるようにと言われた。

「その加行がすんで、テクチュウとトゥガルの訓練をさらに続けて、私がもう大丈夫と認めたら、あなたはムンツァムに取り掛かることができます。たゆまず努力しなさい。ドゥクパ・ヨンジン・リンポチェも私にそうそう易々とはヤンティ・ナクポの門戸を開いてはくれませんでした。私は長いことあなたのことを観察してきて、この教えを授けても良い器だと判断したのです。その私の期待を裏切らないでください。そんなことをしたら、あなたばかりかこの私にも災いが降り注ぐことになります」

灌頂の儀式も果ててくつろいでいたカムトゥル活仏は、お供物のトルマ菓子をかじりながら、先生と私のやりとりを面白そうに聞いていた。そして帰り際に、あなた方のようなこんな自由で開かれた師弟関係をいまのチベットに持ち帰りたいものです、と語った。活仏は翌朝の飛行機でラサに戻っていった。

29 ムンカンを造る

つぎの段階はムンカン（暗黒の部屋）を造ることである。ムンカンは特殊な構造を持っている。もっとも重要な機能は、光を完全に遮断して真っ暗な空間を造り出し、その中に人を何日も安全かつ快適に滞在させることにあるから、それを造るには細心の注意と工夫が必要である。それを実現するために、ムンカンの基本構造、通風のための装置、食物の搬入口、トイレの仕組みなどに関して、伝統的に定められてきた決まりがある。

「ムンカンには大きく分けて二つのタイプがあります。一つはお堂のような建物の内部に、暗黒瞑想の修行者を入れる暗箱のような小部屋をつくるものです。二重構造の内部にムンカンをおさめるわけです。これにはさらに、暗箱を包む部屋自体も暗室にして、トイレ等は暗箱の外に設置するタイプと、外側の部屋には遮光の仕組みをつけないでおいて、暗箱の内部にすべてを整えて、修行者をずっと暗箱の中に閉じ込めるタイプとの二種類があります。私たちが造ろうとしているのはそれらとは違うタイプのムンカンです。それは小屋をまるごと一棟のレンガ造りのムンカンとして建て、その内部を完全に遮光して、修行者を籠もらせるタイプです。カギュ派では第一のタイプのムンカンがよく用いられましたが、ニンマ派では第二のタイプのムンカンが好まれました」

ケツン先生の話をまとめてみると、カギュ派はある時期からゾクチェンの教えを自分たちの体系に取り入れるようになったが、そのさい、ヤンティ・ナクポによる暗黒瞑想をその体系に組み込もうとする人たちが出てきた。彼らはゾクチェンのテクチュウとトゥガルのヨーガをまだ十分に習得できていない未修者には、暗黒瞑想の前段階（加行）として、光を使うゾクチェンのヨーガをおこなわせて、同じ一つのムンカンの中ですべてすませようとしたのだった。そこでムンカンの四方の壁に穴を開け、その穴を通して修行者が外の光を眼球の中に取りいれることによって、トゥガルの光の鎖（金剛連鎖体）を出現させる訓練をおこなわせた。こうして同じムンカンに閉じこもっていながら、昼間は太陽光を使うトゥガルを実修し、夜になると暗黒瞑想をするというサイクルで、ムンツァムがおこなわれた。上達してくれば、暗箱の窓を塞いで真っ暗にして、昼も夜も暗黒瞑想に集中できるようになる。

カギュ派のある儀軌《ぎき》書には、そういうムンカンの構造について、つぎのような説明があたえられている。

ムンカンは床を上げた建物として造る。その床の上にムンカンを設営する。大きさは幅約三メートル、高さ約二メートルほどが必要である。四方の壁は隙間なく塗り込められていなければならない。入り口の門の高さは、かがみながら入室する大きさである。部屋の中には心地よい座具がおかれ、周囲の邪魔なものは取り除けておく。食事や便利品を取り入れるために、東の方角に向けて、窓がつくられる。また通風のために、湾曲した管を中に通して、空気の出入り口は外に開いておく。部屋の床の隅には、トイレ用の小穴を開けておく。（以上が通常の用途に必要なものであるが、特別に）まだテクチュウとトゥガルを練習していない初学者のために、四方の壁に以下のような窓が設けられる。初学者はその窓をとおして、昼間は「白のヨーガ（テクチュウとトゥガルのこと）」をおこない、夜になってから「暗黒瞑想（ヤンティ・ナクポ）」を実修する。その窓としては、座具に座って前方を見てまっすぐなあたりに、東の壁に四十センチ×二十センチの大きさの長方形をした窓、南の壁には心臓の高さあたりに正方形をした頭ほどの大きさの窓、西の壁には臍の高さに半月形をしたこぶし大の窓、北の壁には床すれすれのあたりに指頭大の丸い窓を開けるのである。これらの窓はいずれも自由に閉じられるようにしてある。修行者は東の方角から入場して、座具に座り、そこから瞑想を開始する。[8]

ムンカンの設計図には何種類かの伝承があるが、つぎに掲げるのは[9]暗室を本堂内部に設置するタイプのものである。

ゾクチェンでは「獅子の坐法」「象の坐法」「仙人の坐法」という三種類の坐法（座り方）で、ヨーガがおこなわれた。カギュ派のこのムンツァムでは、その三種類の坐法を順々に取りながら瞑想をおこなう。そのために目の高さに合わせて種々の形をした窓が壁に開けられて、日中の光をそこから取り入れるのである。

しかしケツン先生の考えていたのは、それとは違うタイプのムンカンであった。ニンマ派ではニンティクの教えとしてテクチュウとトゥガルのヨーガに重点を置いているので、どのゾクチェンパもこの光のヨーガの訓練から始める。ヤンティ・ナクポのような特殊な体系は、この「空を見つめる（sky gazing）」ヨーガに習熟したうえで、さらに志をもった少数の者だけが学ぶもの。そのためにムンカンにはあまり複雑な仕組みは必要とされない。

シトゥ灌頂もすんでしばらくたった頃、ケツン先生は私にこう語った。

「私に数ヶ月いただけませんか。あなたはその間、日本に戻ってヤンティ・ナクポの加行を続けてください。その間に私はすばらしいムンカンを建てておいてあげましょう。いいアイディアが

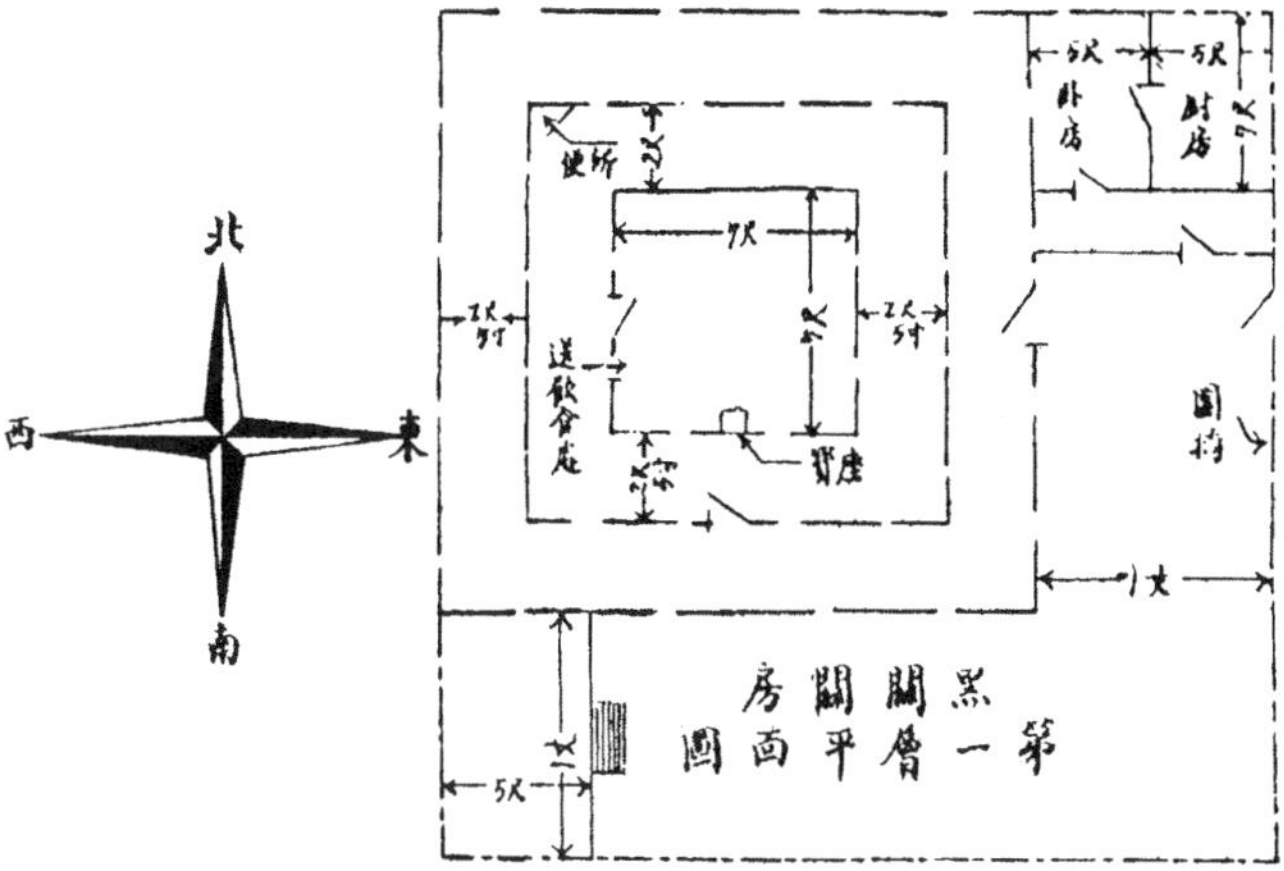

ムンカンの構造例

わいたのです。根本の構造は儀軌に定められている昔どおりのやり方に則っているのですが、内部に設置するいろいろな設備には現代の便利品を用いてあるというムンカンです。通風装置には現代のビニール管を使うことができますし、トイレは水洗にしましょう。昔のやり方では、ときどき臭気が中にこもって不快になりましたからね。シャワーもつけましょうか。真っ暗闇のなかでそれを操作できるかどうか、私にも体験がありませんが、暑い季節には汗をかいて気持ちが悪くなります。毎日三度三度ムンカンに差し入れる食事のメニューも工夫してみましょう。太陽の光が遮断された状態で長期間を過ごすわけですから、栄養価の高い食べ物が必要です。昔からの伝えでは、レバーやモツの料理がよいとされていますが、あなたがどうやら内臓料理が苦手そうなのは気づいていましたから、これも工夫してみます。ムンツァムはなにも苦しんでおこなう苦行などではありません。できるだけ快適な環境のなかで、自分の心の本然の姿をみつめることが、この修行の目的なのです」

ヤンティ・ナクポを取り囲む厳重な秘密の雰囲気に気圧されていた私は、この瞑想にたいして過酷な苦行の印象を抱いていた。先生はその間違った印象を簡単に打ち砕いてしまった。セムニーを見届けることに、どうして苦行などが必要なのか。その昔のムンツァムが過酷そうに見えるのは、暗箱の中の生活環境を快適にできる便利品が少なかったからだ。技術の発達がもたらすものを、適当な範囲内で活用することはすこしも悪くない。ゾクチェンの本筋をはずれていないなら、精神の探究は技術の発達と両立できる。日本や欧米で現代生活を経験したことのある先生は、そんな認識に達しているようだった。

先生は続けた。

「日本から送ってもらいたいものがあります。光が漏れてはいけないので、隙間を埋めるためのなにかよい素材を探してください」

私は建築用のパテのことを思い出した。

「それはまかせてください。ほかにも遮光のためのよい素材がみつかると思いますので、必要なものはなんでも送ります。いよいよ新型ムンカンの建造が始まるのですね」

ケツン先生はこの「新型ムンカンの建造」という言い方が気に入ったらしく、この言い方をその後もなんども用いた。

＊　　＊　　＊

数ヶ月後、日本に戻って昼間は大学の仕事などをこなし夜はヤンティ・ナクポの加行を続けていた私は、ネパールのケツン先生から、「ムンカンがほぼ完成したのでいつでもいらっしゃい、暗黒瞑想を始めましょう」というメールを受け取った。私はまたもや長い休暇をとってネパールへと向かった。

最近になって現代的に改装されたカトマンズの飛行場では、赤いジムニーの助手席に座ってにこにこしているケツン先生が私を出迎えてくれた。ムンカンを建てる予定地になっていた場所は、カトマンズ盆地の北にそびえる標高二千七百メートルのシヴァプリ山の中腹にある、ナギという村のはずれにあった。

前回灌頂を受けた直後に、ムンカンを建てる予定地の一つとして、先生に誘われてこの地にタクシーでやってきたときは、現地に向かうジグザグな山道は大雨の後でいたるところ崩壊し、何時間かけてもなかなか到着できなかった。その体験に懲りて、私は少々無理をして四輪駆動のジープを購入し（ネパールでは自動車本体よりも関税のほうが高いのである）、先生に自由に使ってもらうことにした。運転手は最近お寺で調理場の仕事を手伝うようになった軍人あがりのチベット人で、悪路の運転はお手の物だった。

「荷物を車に積み込んだら、その足ですぐにムンカンに向かいましょう」

ケツン先生はとてもうれしそうだった。道中もムンカンの出来栄えを自慢し続けていた。めったに自慢ということをしない先生には、珍しいことだった。

「これからヤンティ・ナクポを修行したい人たちは、みんなこのムンカンをお手本にして修行場を造ることになるでしょう。臭わない、息苦しくない、暑くない、寒くない、うるさくない、まさに新型のムンカンです」

ナギの村に着くと、小高い丘の上にそのムンカンは建っていた。そこから少し離れたところには数軒の農家しかなく、眼下にはカトマンズ盆地を広々と見渡すことができた。五月のさわやかな風が吹き渡り、数匹のヤギが物珍しそうにこちらに近づいてきた。数ヶ月におよぶ工事中、いったいこんな山の中に何を建てる気なのかと、好奇心いっぱいだった村の人たちも、ムンカンの近くに集まってきた。

そこには少し大きめではあるが、一見なんの変哲もないネパール農家が建っていた。しかしよく見ると、建物の左半分ではふつうなら窓のあるべきところがモルタルで塗り込められていて、開口部は入り口の扉だけという、箱のような構造になっていた。建物の右半分はふつうの農家のように窓を開けて、内部は普通の生活ができるように設えられている。

「この家の元の持ち主がカトマンズに降りてしまったので、ここは空き家になっていました。それを改造して左半分をムンカンにしました。右半分には私が住んで、修行中のあなたに口訣《くけつ》を与えたり食事のお世話などをします。さあ、中に入ってみてください。あなたはムンカンを見るのは初めてでしょう」

そう言って先生は入り口の扉を開いた。扉には大げさな鍵がつけられていた。中に入るとそこは箱のように閉じられた、小さな空間になっていた。

「私があなたに教えるために中に入るのはここまで。食事を運び込むときも、この小部屋までしか人は入れません。脇の壁に面白い箱がつくりつけてあるでしょう。食事を運び入れる箱です。私は日本にいたとき中華料理屋やお蕎麦屋の出前持ちが、面白い仕組みの岡持《おかも》ちというものを持ち歩いているのを見ましたが、あれとよく似た仕組みです。外の蓋を引き上げて、岡持ちの中に食べ物を入れ、蓋を閉じる。すると今度は中にいる人が、内側の蓋を持ち上げて食べ物を取り出す。こうすれば、暗室の中に光が入らないで、食事の出し入れができます。さあ、こちらの別の扉から中に入ってみましょう」

ここからは完全な暗室になっているので、私は懐中電灯を使って、中の様子を確かめた。部屋には低めの寝台が一台あるだけで、ほかにはなにも置いていなかった。この六畳間ほどのがらんどうの空間に、かすかに空気の流れがあることに、私は気づいた。調べてみると、壁に数本のパイプが通されていて、パイプに開けられた小穴から、外からの空気が少しずつ流れ込んでいるらしい。

「昔のムンカンでもこの通気の問題はなかなかむずかしかったのです。これで完全に問題が解決できているとはいいませんが、以前のものに比べればましになっています。部屋の裏にはトイレも付けました。しかも水洗ですよ。以前のムンカンではどうしても臭気がこもって不快なときがありました。その問題は現代の便利品で完全に解決できました。ついでにシャワーも付けておきました。ただあなたが真っ暗闇の中でそれを操作できればの話ですが、不思議なことに何日かすれば暗闇の中の様子がわかってきますから、試してみるのがいいでしょう」

ケツン先生は上機嫌で、やり手の不動産屋のような口ぶりで、この新型ムンカンの利点をつぎつぎと列挙していった。私は真っ暗な中で、はたして自分が岡持ちから食事を出して、こぼさずに食べることができるだろうか、とか、シャワーは無理だとしても無事にトイレを使うことができるだろうか、などと心配しながら、暗室の中の構造を頭に入れようと努力した。

そのときのフィールドノートを基に、ケツン先生が新しく作ったムンカンの構造を、簡単に図示してみた。厨房ともう一つのトイレは別の棟につくってある。これを見てもさきほど紹介したカギュ派のものに比べて、単純で簡素な構造になっているのがわかると思う。

吉日は明後日だから、明日の晩からムンカンに籠もり始めるようにして、今晩は先生の居室に泊まらせてもらい、寝るまで屋外で加行を続けることにした。近くに住む農民が夜中じゅう大きな音でラジオを付けっ放しにして困った。それを察したジープの運転手が、新聞紙にベーコンの塊を包んで手土産としてかけあいに行ってくれたものだから、その晩からラジオの歌はピタリとやんで、こんどはおそろしいほど静かな夜に包まれるようになった。

30 まばゆい暗黒

ヤンティ・ナクポの暗黒部屋の中でおこなわれる七日間の瞑想は、一日ごとにメニューが異なっている。[10] 毎朝、導師が外から部屋の中にいる弟子に、その日のメニューの題目と詳細を教えて、弟子はそれを頼りに一人で瞑想をおこなう。その第一日目の前夜から、弟子はムンカンに籠もって準備を整えていなければならない。

その入室前夜の夕方、先生は私に最後の注意を与えた後に、「あなたのムンツァムが成功するよう、諸菩薩と神々にお祈りします！」と祝福の言葉を語ってから、私をムンカンの中に送り込んだ。仕切りの壁と入り口の扉がしっかり閉じられると、小屋の中は完全な暗黒に包まれた。まだ暗闇に慣れていなかった私は手探りでまず寝台の位置を確かめ、お数珠や薬などの必要品をまとめた袋を座布団の脇に置いてから、恐る恐る裏側の部屋に回ってトイレと洗面台の場所を探り

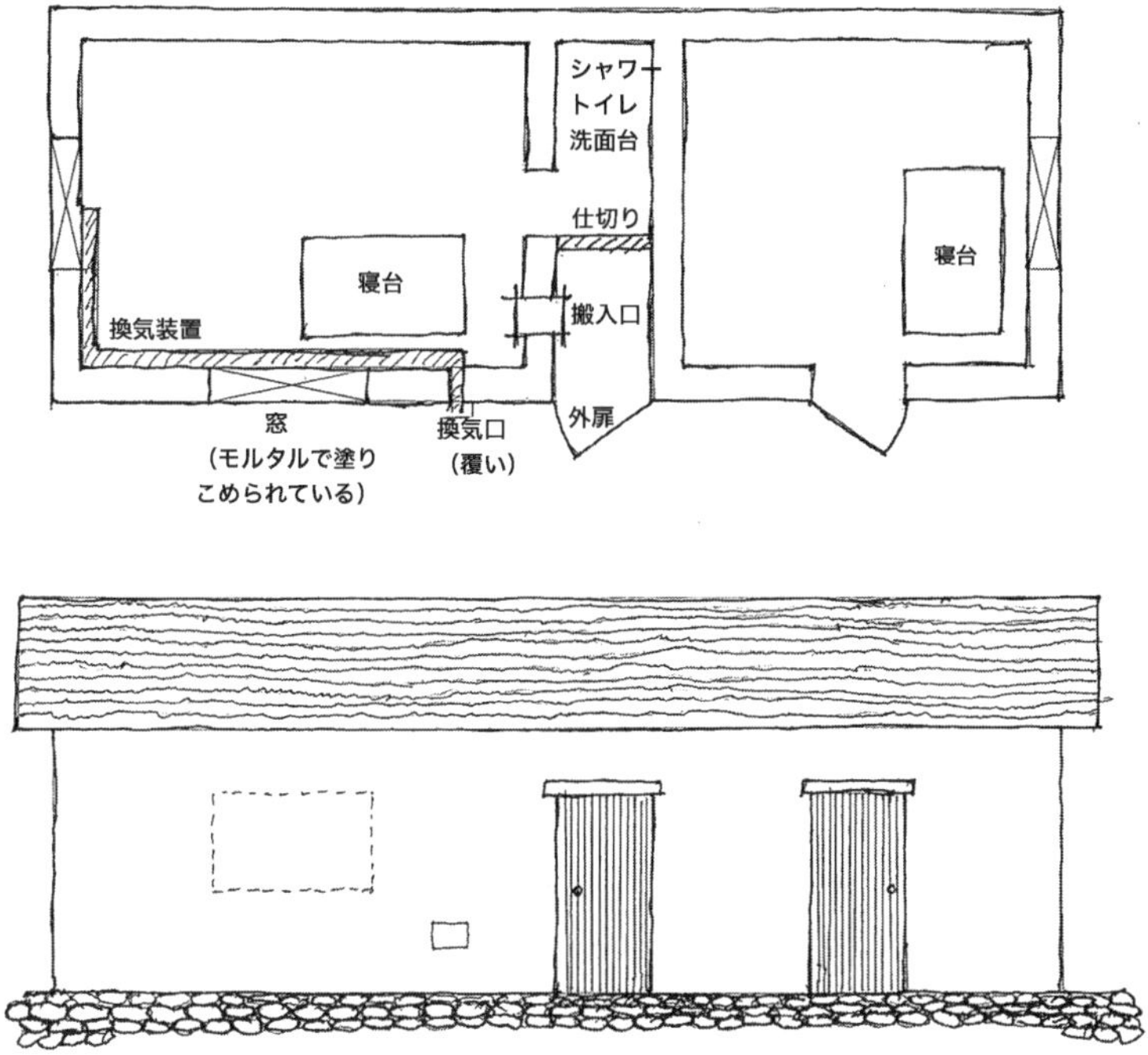

ナギに作られた新しいムンカンの構造図

当てて、また手探りで寝台へ戻ってきた。
ようやく落ち着いてきた私は、寝台の上に座りなおして瞑想を始めることにした。二日前におこなわれた伝授のとき、先生はムンツァム開始前夜の瞑想のやり方を教えてくれた。それは「テクチュウ」の心の状態を維持したままで、眉間の上約五十センチほどの虚空を、眼球をひっくりかえしながらずっと凝視し続けるという単純なものである。この瞑想の姿勢を続けていると、体の周囲の空間がぐらぐらと揺れ出すように感じていき、そのうち眼球の端に火のように燃えるものが現れてきた。白い雲のようなものも出現し、さまざまな形をした光が次々に出現しては消えていった。完全な暗室に入るだけで、「テクチュウ」にこんな効果が現れてきたことに、私は驚いた。しかし情けないことに、連日の疲れが出ていた私は、瞑想をしながらいつしか寝台に倒れこんで眠ってしまった。

〔ムンツァム一日目〕

翌朝目覚めた私は（外の農家の庭で鳴く鶏の声で、だいたい朝の五時頃だということがわかった）、さらに驚くべき光景を眼前に見ることになる。目を開くと、暗闇の中に細い糸のようなものが見えるのである。糸は細かい網目をなしてつながっており、それが視界いっぱいに拡がっている。まるで細かいネットが空間中に張り巡らされているようである。私は目をこすってみたが、糸の網は変化しない。頭を左右に振ってみたが、変化しない。糸と糸の結び目のあたりは、少しだけ膨らんで見えるので、たくさんの小さな宝石が糸でつながれて、空中にぶらさがっているようにも見える。

ムンツァムに入る前に、私は『ヤンティ・ナクポ』を丁寧に読んでいたので、ムンツァムに入って第四日目に、「蜘蛛の糸のような、篩《ふるい》のような、茶漉《ちゃこし》のような光の網が現れる」と書かれていたのを覚えていたが、もしも私の前にいま現れている光の糸の網がそれであるとしたら、私はなにか重大な手順の過ちを犯しているのかもしれない、と不安になった。しかしムンカンの中では誰にも尋ねることはできないので、私はなりゆきに任せることにして、この光の茶漉の中にじっと身をひたしていると、しばらくして見えなくなった。

ちょうどそのとき扉を外すガタガタッという音が聞こえ、寝台の頭のところにある「岡持ち」装置の外側の扉が外されて、トンッと食べ物の置かれる音が聞こえた。お腹が空いていたことに気づいた私は、岡持ち装置の内側の扉を上に持ち上げて、中から手探りで食べ物を取り出して、寝台の上に置いた。匂いでバターを塗ったパンとミルクティーであることがわかった。

それから一時間ほどして、ふたたび扉が開かれ、ケツン先生が待機の小部屋に入ってくる気配を感じた。先生は壁に顔を近づけて、中の私に文語調で呼びかけてきた。

「第一日目の題目は『イェシェ・ミク・チク・ティマ・メ（原初的知性の独眼に汚れなし）』[11]と呼ばれる。自分の大脳の蓋の内部に法螺貝《ほらがい》の形をした宮殿を想像しなさい。それは水晶の器をひっくり返した形をして、内も外も透明である。その宮殿を内から眺めれば外まで透き通っていて、外から見れば内まで透き通っている。内部に立って宮殿を見るならば、物質性によって汚されることなく、五色の光を放ちながら一個の球体をなしていると想え。眉間の額のあたりに憤怒の形相をした原初的知性（イェシェ）の眼が一個現れて、大脳の中を覗き込むと想え。色は青く、形は丸い」

これだけの文言を二度告げると、ガサゴソいう音の後、ふたたび扉が閉じられて、ケツン先生が出て行かれた。一人になった私はムンツァム「初夜」の瞑想に取り掛かった。私は幼い頃に、寝る前に見上げていた天井にたくさんの「眼」が現れて（それは天井板の節目だったのだが）、じっとこちらを凝視していたのに恐怖した体験を思い出していた。私の大脳の内部にそれとよく似た丸い憤怒の眼が現れて、じっと私の心を凝視しているのである。幼児期に私を恐れさせた天井の節目の眼は、鏡像段階に始まる私の心の中への他者の侵入を象徴するものであったのだろう。だがいまや、私の心《セム》は原初的知性の憤怒の眼によって、じっと覗き込まれているのだ。心の原基でありながら心を超越している原初的知性の眼が、私の大脳の内部をじっと観察していた。

これを続けていると、水晶でできた脳内宮の真ん中あたりの空間に、豆粒大の大きさの光の玉が現れてきた。ゾクチェンの教えの中で「ティクレ（心滴）」と呼ばれているものである。この光にはトゥガルの実修中なんども出会ってきたものだが、脳内宮の広大な潜在空間の中に浮かんでいるそれは、格別の威厳を持っている様に感じられた。私は何時間でもこの空間に留まっていたかった。

そのときガタガタと扉が開いて、人の足音が聞こえ、それから岡持ち装置の外扉が開かれた。朝食の食器が片付けられる音がして、つづいて昼食が運び込まれた。暗闇の中に座り込んでただ瞑想をしているだけなのに、私はもう空腹を感じていた。ムンツァムのヨーガは体力をひどく使う、と先生の語っていたのが思い出された。私は岡持ち装置を開いて、注意深く昼食を取り出して、食べ出した。ランチのメニューはご飯に肉野菜スープをかけたネパール風どんぶり。私はそれをゆっくりいただいてから、少し横になったあと、「原初的知性の独眼に汚れなし」を再開した。

もうあの蜘蛛の糸の網のような光は現れなくなっていたが、原初的知性の独眼の力がしだいに強くなってきて、大脳宮の中心に浮かぶティクレも強い光を出すようになった。闇の中の生活に慣れてきて、私はゆっくりとなら手探りしないでもトイレに行けるようになった。眼を開いて歩いていると、まるで自分の眼球から光が放射されているようにも感じられ出したが、それは錯覚で、油断していると壁にぶつかってひどく頭を打つことになった。

自分が食事を楽しみにしているのに気がついて、少し恥ずかしくなった。しかし大脳の内部に意識を集中しておこなうこの瞑想では、ほんとうにお腹が空くので困った。ムンツァムはひどくエネルギーを使うヨーガであることが実感された。テクチュウを続けているので、前頭葉でおこなわれる思考はほとんど停止した状態にあるが、脳幹や辺縁系のような原始的な部分が活性化しているのだろう。そこがエネルギーを消費しているのではないか、などと休み時間に考えた。

夜になってトゥクパ（チベットうどん）の軽食が、岡持ちに運び込まれた。大脳内部の発光現象を見つめながら、暗闇の中でおいしい食事を摂る。ケツン先生はムンツァムほど幸福な体験を与えてくれるものはない、と語っていたが、私もその言葉を実感した。

〔ムンツァム二日目と三日目〕

早朝に目覚めると、目の前の空間にまた細い光の糸を「茶漉」状に編んだような網が現れてきた。前の日よりもさらに安定を増している様で、頭を左右に強く振ってみても光の網に変化は起こらなかった。この光の網は何なのだろうかと思いながら、二日目の瞑想を開始した。

二日目の題目は「ニナン・トクパ・ロレイデ」である。意味は、「二様の顕現を分別する心を超越する」[12]というもので、内部空間からのリクパの顕現と外部空間の現象世界の顕現を分別する心を超えて、脳内現象を体験せよ、というような内容である。

昨日と同じように岡持ち装置に食事が運び込まれ、しばらくしてケツン先生の声が聞こえてきた。二日目の瞑想では、脳内を凝視する眼の数が二つに増える。心臓の神経叢に意識を集中していると、そこが光りだすように感じられる。そこには四十八の静寂尊が住むと考える。これらの静寂尊は、前に書いたとおり心臓に集まってくる生命的脈動（パルス）の種類をあらわしている。それらのパルスに神々のアバターを被せて、生命活動の観察をおこなうのである。

つづいて三日目。この日の瞑想の主題は、「スムリク・ツァンマ・タクパ」、「三つのリクパは清明にして純粋」という意味である。[13]一日目に現れた眉間の眼と二日目に現れた左右二つの眼との、都合三つの眼で脳内宮を凝視する。このとき、脳内宮には五十二の憤怒尊が現れている様に考える。さまざまな生命機構のクッションに守られているほかの身体部位の生命活動に比べると、脳内に発生している知性的脈動はより直接的で激しい。その強度の高いパルスを五十二種類の憤怒尊のアバターでとらえる。

三日目には、あの茶漉状の光の網は現れてこなかった。脳内に充満する光や三眼の凝視が強い効果を与えるので、それに抑えられてしまったのかもしれないと思った。三日目を過ぎる頃になると、暗闇での生活にも慣れてきて、おっかなびっくり手探りしなくても、部屋の内部のありさまがはっきりわかるようになり、三日目の夜思い切ってシャワーを浴びてみた。しかし体を拭くタオルがどこにあったかわからなくなってしまったので、手近に見つかった小さな布で体を拭いて我慢した。

〔ムンツァム四日目〕

四日目の題目は「プッパ・トゥルマ・タブ」である。意味は「遷移《せんい》ある篩（茶漉）の如し」である。[14] これまでに脳内につくりだした三つの眼に加えて、後頭部や耳の後ろにも五つの眼をつくり、これら八つの眼を用いて脳内宮を光で満たしていくのである。朝の伝授のとき、先生は最後に「今日は大きな変化が現れます。面白いですよ」と私にささやいた。

私は昼食も抜いて、この日の瞑想主題に打ち込んだ。正午をすぎて何時間かたった頃、あの光の網が前よりもくっきりと安定した形で出現するようになった。脳内空間は眼の放つ光で満たされていたが、この光が体内にも充満するようになり、その光が細い糸の網を編むようになっていった。それぞれの網の目の中心には小さな眼がついているようにも思われ、身体中が光の茶漉に覆われていくようだった。体のまわりにも光でできた蜘蛛の糸の網が張り巡らされている。いままで目覚めるとすぐに眼の前にあらわれてきた光の網の正体が、いまやはっきりと私の前にその全容をあらわしていた。

その日の真夜中、あまりに集中度の高いヨーガに疲れて横になっていた私は、突然、自分がついさっきまでじっさいに自分の眼と神経組織を使って、体内と眼前の空間に見ていたものが、宮沢賢治が『インドラの網』という作品に描いていた光景とそっくりであることを思い出して慄然《りつぜん》とした。宮沢賢治はその作品で、中央アジアのツァラ高原の空に出現した「インドラの網」を、こう描写していた。

天の子供らは夢中になってはねあがりまっ青な寂静印の湖の岸、硅砂の上をかけまはりました。そしていきなり私にぶっつかりびっくりして飛びのきながら一人が空を指して叫びました。
「ごらん、そら、インドラの網を。」
私は空を見ました。いまはすっかり青ぞらに変ったその天頂から四方の青白い天末までいちめんはられたインドラのスペクトル製の網、その繊維は蜘蛛のより細く、その組織は菌糸より緻密に、透明清澄で黄金で又青く幾億互に交錯し光って顫へて燃えました。[15]

宮沢賢治が夢想的ヴィジョンの中でとらえた、『華厳経』に描かれる「インドラの網」のあらわれは、ヤンティ・ナクポの瞑想をとおしてじっさいに体験される脳内の光現象とそっくりなのであった。

『華厳経』は中央アジアの雲一つない青空を見つめていた仏教徒によって書かれた仏典である。その地帯は、洞窟内での瞑想修行が仏教徒やボン教徒の間で盛んであった。そのことを考えてみると、この経典を書いた仏教徒にとって、「インドラの網」の体験とは、けっしてたんなる想像上の産物ではなく、現実体験と深く結びついていたことが想像される。彼らは法界を無数の細い光の網で覆われた空間として描き出そうとしたが、それは彼らが脳内でじっさいに体験していた光現象に根ざしていたものではないだろうか。

そしてそのヴィジョンは、宮沢賢治の脳内に再現されて、『インドラの網』が書かれた。ここでは現実界と想像界と象徴界が一つに結び合って、相互嵌入しあっている。宮沢賢治の想像力は、このような意味で物質的である。ヤンティ・ナクポの目指しているのも、物質の領域から心の領域までを一つにつないでいく横断的回路を、人間存在の中に確立していくことにあるのだろうと、私は暗闇の中で考えた。

〔ムンツァム五日目〕

次の日の朝に扉の外の先生から告げられた五日目の題目は「チッタ・タンソン・タバル・チャ」、「心臓の神経叢を端正に整え観察せよ」の意味である。[16] 心臓部に集まってくる神経組織を静かに整えて、そこに新しく一つの眼をつくるのである。頭蓋骨に包まれた大脳空間にこの日までにつくられた八つの眼と、この新しい心臓部の眼が向かい合う。この状態を静かに保ちながら、一昼夜を過ごす。

すると夜になってから（夜食の後という意味である）、大脳に穿たれていた穴＝眼から皓々たる光があふれ出てくるようになった。この光の放射は長い時間続いたので、私はすっかり疲れ切って、またもや寝台に倒れこんで眠ってしまった。

〔ムンツァム六日目〕

六日目の朝。岡持ちの中にいつものようにパンとミルクティーが置かれた。昨日のヨーガの鎮静効果のせいか、この朝は眼の前から「インドラの網」が消えていた。私は先生がやってくるまで、しばし食後の休みをとることにした。

ガタガタッと扉が外されて、先生が壁の外にやってくる気配がした。声が少しかすれているようだった。夜の寒さで風邪でもひかれたのかもしれない。

「六日目の題目は『プンダ・チャラン・タッパィ・ツル』、すなわち『盾と鉞を撃ち合わすが如く』である[17]。脳内宮と身体いたるところに現れる光は、いっときも静止することなく、激しく動き、お互いに盾と鉞が撃ち合わされるごとくぶつかりあい、火花を発していく。全身に無数の目が出現して、そこから放たれた光はぶつかりあい、火花を発する」

そのあとにさらに具体的な詳しい説明がおこなわれ、最後に「今日の体験がこれまでよりもっともあざやかなものになります。あなたは自分の存在が光であることを如実に見ます」と付け加えてから、扉を閉じて出て行かれた。さっそく私は教えられた瞑想を始めた。

大脳だけではなく身体中に小さな目が出現して、上と下、右と左、と互いに睨み合いながら、光の撃ち合いが繰り広げられた。グラインダーで鉄の道具を削るときのように、激しい火花が身体中に散っていくようであった。熱はまったく発しない。そのうち眼球の奥が、まばゆい光の放射に麻痺してくるように感じられた。そして夕方を過ぎた頃かと思われるが、私の脳内に大きな変化が起こった。

脳の奥の視床下部のあたりから、もわもわと光の雲が広がりはじめ、それが渦をなして時計回りで回転を始めたのである。脳内で「クィン」となにかが弾けたような軽い衝撃が走ると、光の雲が七色のスペクトルに分かれて、高速で回転していった。この回転が始まると、私は体を動かすこともできず、ただこの光の回転運動に全身を委ねたままになっているしかなかった。この状態が十分以上も続いた（ように思われた）。

すると回転する光の雲から別の光のかたまりが千切れるように飛び出して、私の視界の右側の空間にじっと浮かぶようにしているのが見えた。こちらの光のかたまりはスペクトルに分解を起こすことなく、強い白色光を長い間放っていたが、そのうちすっと消えてしまった。それと同時に、脳内で回転していた大きな光の雲もゆっくり消えていった。

身体内に起こるこのような回転する光のスペクトルを描いた何種類かの仏画（タンカ）を、私は思い出していた。私はそれまでそのような状態は想像上のものとばかり考えていたのだったが、じつはそれらの絵は現実の体験を描いていたのだと気がついた。

深夜になって、私はもう一度「盾と鉞を撃ち合わす」瞑想を再開した。しかしそのときはあの回転する光のスペクトルは出現することがなく、寝台に横になっていると、ふたたび眼前に細い光の糸を編んだあの「インドラの網」が現れて、数十分後にはそれもゆっくりと闇の中に消えていった。

私は真っ暗闇の中で、持ち込んでいたノートに鉛筆でこのときの体験を見たとおりに書き込んだ。あとでノートを見ると、字の上に字が重なり、大きくなったり小さくなったりと大混乱の記録となっていた。

〔ムンツァム七日目〕

「ヤンティ・ナクポ七日法門」の最終日になった。最後の日の題目は「タンソン・ツォクブ」すなわち「仙人の蹲踞《そんきょ》法で観る」である。[18] 連日の激しいヨーガに比較すると、この日のヨーガはゆっくりと鎮静に向かっていくように感じられた。この日の食事は朝昼晩とも手の込んだ美味しい食べ物ばかりで、まるで満願の日のお祝いのお膳のようだと思った。

これまで大脳空間の内外につくりだしてきた眼のすべてを使って、周囲の暗黒空間を凝視し続ける。これは広い意味での「テクチュウ」のヨーガにあたる。周囲の空間は真っ暗で何も見えないが、そこが清浄な法界に変容していることを想うのである。いままでのように疲れて倒れこむようなこともなく、私は鶏の鳴き始める明け方まで、この静かな瞑想を続行していた。

するとその明け方、これまで入り口にはめ込まれていた扉が、一気に外されるのを聞いた。暗室と入り口の間を隔てていた壁も、大きな音とともに外されて、群青色の淡い光がムンカンの中に流れ込んできた。私は寝台を降りて入り口に向かった。すると薄明かりの中にケツン先生が立っていて、微笑みながら私にこう告げた。

「タシデレ（おめでとう）！　七日間のムンツァムが完了しました。外の光に目を慣らしていくために、しばらく中にじっとしていなさい。そうでないと目を痛めます。一時間ほどしたらもう一度迎えにきますから、あなたはそのときムンカンを出ることができます」

早朝の光がやさしく小屋の中に射し込んできた。私はその光をむさぼるように自分の目に入れた。光が目をとおして全身に流れ込んできた。自然の光のなんとやさしかったことか。自然の光は、大脳の中で発光する強烈なリクパの光と暗黒との中間にある、やさしい地球《ガイア》の光だった。

＊　＊　＊

朝日が東の山端に昇ってくる頃、私はそろりそろりと慎重に小屋を出た。あたりの緑がじつに鮮やかだった。太陽の光が地面に降り注がれ、私はそこにたくさんの昆虫たちが活動を始めてい

身体内から発する光のスペクトルを描いたタンカ（仏画）の一例

るのを見た。私の中ではまだ昨夜までのまばゆいほどの光の体験がそっくり残っていたので、そのときの光の運動と地面を動き回る昆虫の動きが、ひとつにつながっているように感じられていた。

小屋の前の庭に、キラキラと光るものが見えた。近づいて見ると、地面に小さな穴が開いていて、穴の中に数個のトカゲの卵が、朝の日の光を受けて光っているのが見えた。その柔らかそうな卵のつやつやとした輝きを目にしたとたん、私は言い知れぬ感動に襲われて、涙を流してしまった。私はそのとき、このトカゲの卵たちと自分が同一の生命であり、生命は根源において光であり、また光は法界から放たれるリクパの運動にほかならず、トカゲの卵と私は根源において同一の法界の波動に属しているという認識に、いたく感動していたのである。

思いもかけなかったことだが、私はそのとき、高校生の頃に愛読していたジャン＝ジャック・ルソーの『孤独な散歩者の夢想』の一節のことを考えはじめていた。私はルソーとは違うやり方によって、人間と自然との「根源的同化」の瞬間を体験していたと思ったのだ。ルソーは野原を散歩の帰り道、犬に飛びかかられて転倒し、したたか頭を打って長いことその場で気を失っていた。意識がしだいに戻ってきたとき、ルソーは言い知れぬ恍惚感に満たされた。人間は植物や昆虫や鳥たちにまさった存在者などではなく、同一の「存在」に根を下ろした平等な存在者なのであることを、ルソーは思考によってではなく、ひとつの瞬間的体験によって理解し、恍惚となったのである。[19]

このときのルソーの体験と思考に深い共感を示しながら、人類学者レヴィ＝ストロースはつぎのように書く。

彼はいつまでもその瞬間について書き続け、散歩の赴くままにつねにそこに戻ってゆきます。むろんそれは、失神して転倒したあと意識が回復したというだけの、ごくありふれた話だったのではないか、という人もいるでしょう。しかしながら、存在の感情こそは何よりも「貴重な感情」なのであり、それはおそらく、それがごくまれであり、はなはだ不確実な感情だからなのです。すなわち、「私は自分のかすかな存在で、目に映るあらゆる事象を満たしつつあるような気がした。……私には私という個体についての明確な概念が少しもなかった。……私は自分の全存在の中にうっとりとした静けさを感じていたのであり、それをいつ思い出しても、これまでに知った快楽のどのような経験にも、比べるもののないものだったのである」。（……）「私は、いわば、もろもろの存在の体系の中に私を基礎づけ、自然全体と私を同化する、得もいわれぬ恍惚を、法悦を感じている。」

この根源的同化、社会状態が人間にその機会を与えることを拒み、人間はそのことの本質的な徳を忘れやすくなって、偶然に、ふとしためぐり合わせでしか体験することのなくなったこの根源的同化、それこそはルソーの仕事の核心そのものにわれわれを導くものであります。[20]

ゾクチェンはここで言われている「社会状態が人間にその機会を与えることを拒み、人間はそのことの本質的な徳を忘れやすくなって、偶然に、ふとしためぐり合わせでしか体験することのなくなったこの根源的同化」を、深い思慮をめぐらした諸手段を用いて、偶然によるのではないやり方で確実に体験させるためのひとつの体系をつくりあげてきたのである。仏教の概念と語彙を用いて語られたその思想では、法界におけるあらゆる生き物の同化が語られる。この同化をとおして「慈悲」の思想が、けっして破壊されることのない堅固な礎の上に据えられるようになる。この慈悲の思想の今日的な重要性について、レヴィ＝ストロースはつぎのように語る。

最も貧しいものから始めて、生命のあらゆる形態に対する同化は、それゆえ、人間にノスタルジックな隠れ家を提供するどころか、今日の人類に、ルソーの声を通じて、すべての集団的な知恵と行動の原理を与えるものであります。それは、相互の思いやりがますます困難となり、それゆえにますます必要となっているこの混雑した世界において、人間がともに生き、調和ある未来を建設することを可能にする唯一の原理であります。この教訓は、おそらく、東洋の偉大な宗教のうちにはすでに含まれていたでありましょう。[21]

ゾクチェンの思想が形成しようとしていたのは、このような調和的人格にほかならない。ヤンティ・ナクポの修行者は、暗黒の中で、あらゆる生命の根源をなすリクパの光を、この上ないあざやかさをもって体験することによって、自分と他のあらゆる生命（有情）が異なる存在ではないという、根源的同化の原理を確信するであろう。この確信はふとしためぐり合わせによってもたらされたものではなく、確実な思想的・身体的・技術的体系をとおして、「発心した」あらゆる人間に分け隔てなくもたらされる可能性がある。「東洋の偉大な宗教」たるチベットの宗教文化は、そのような機会をあらゆる人間に公平に開こうとしてきた。

その日の夕方、ケツン先生と私は赤いジムニーに乗り込んで、ナギの修行場を後にした。だんだん小さくなっていく小屋を見つめながら、私はこの七日間を過ごした「宇宙」の大きさをあらためて実感した。すでに米粒のように小さくなったあの小屋に封じ込められた暗黒は、まことに広大な心的空間を、私の前に開いてくれた。心はどんな世界よりも大きい、という先生の口癖を、私も自信をもって語れる気がした。

＊　＊　＊

次の日の朝、私がケツン先生のお宅を訪ねると、先生はなにやら書き物に忙しそうだった。何を書いているのですかと訊ねると、詩を清書しているのだと言う。ここ数日久しぶりに山に籠もっていたら、急に詩想が湧いてきてつぎからつぎへと詩が生まれてくるので、小さな紙片に書き留めておいたのを、いま清書しているのだそうだ。どんな詩なのですかと訊ねると、それが不思議なことに若い頃にチベットの各地を、優れたラマを訪ね歩いていたときの思い出ばかりが、湧き上がってきてしようがない、その道すがらに見た村の風景や空の景色などが映画のシーンのように湧いてくる、歳をとった証拠かもしれませんね、などと笑いながら話された。

私はムンツァムの最中に体験できたことを一通り話したあと、気になっていたあのことを質問した。

「ムンツァムの第一日目の朝から、目の前に細い糸を編んだ網のようなものがあらわれ、その後も朝になると私の視界はこの光の網で覆われていました。しかし『ヤンティ・ナクポ』の本には、そのような光の網は第四日目に初めてあらわれてくる、と書かれていました。私はなにか間違ったやり方をしてしまったのではないでしょうか。そのことが心配でなりません」

するとケツン先生は興味深そうに私の話を聞いてから、つぎのように教えてくれた。

「ヤンティ・ナクポの瞑想は、人の脳と神経組織に蔵されているリクパの力を眼の神経を通して外に引き出してくる、トゥガルのヨーガの進んだやり方にほかなりません。ですから太陽の光や青空を眺めることによってリクパを引き出す、ニンティクとまったく同じことをめざしています。それによって、私たちは心の真実のありさまを如実に見届けることができます。

ただ暗黒瞑想（ムンツァム）の方法は、ニンティクに比べても強力で、結果が出るのに一週間という短期間しかかかりません。それだけに失敗すると危険な思いをすることになりますが、さいわいあなたの場合はうまくいったようです。光の網が最初から出現したのは、偶然によるもので、出てくるものの順番が違ったという程度のことにすぎません。じっさい、ムンツァムは人によって体験するものも多種多様で、本に書いてあることはそのうちのいちばん平均的なケースをあげているのです。あなたは変則的な順番で、体内に蔵されているリクパの運動であるドンマ（燈明）を外に引き出してしまったのですが、それはたいした問題ではありません。あなたはたんにユニークだったのです。

さきほどあなたは自分の体験したことを話されましたが、じつはそれもムンツァムで体験できることのほんの一部分にすぎません。つぎは二十一日間のムンツァムに挑戦してみなさい。心の中に蔵されている月や星や太陽の、さらにもっと驚くような別の姿を目撃することになるでしょう。

ムンツァムの体験をすると、人の心にとてつもなく大きな慈悲心が湧き上がってきます。有情と自分が同じ存在だということをはっきり悟り、有情にたいする共感と同情がこみあげてくるのです。人類が皆こういう体験をするようになれば、世界はもう少し善くなっていくでしょう」

私はナギの村で、ムンカンを出た直後に見たトカゲの卵の話をしようとしたが、やめた。自分の体験をひけらかすように思えたからである。そんなことをしても、先生は喜ばない。しかしその体験は自分の中に秘しておけばいずれ私の中で花となる。ケツン先生は必要なことを語り終えると、すぐに目を紙の上に落として、詩の清書の仕事に戻っていった。

第九部　チベットへ

31　テルマ巡礼

　このようにして私は、一九七九年の冬からほぼ十六年かけて、チベットに伝えられてきた古代的知識の集成体である「ゾクチェン」の精髄を学んだのである。私の学問と修行のほとんどは、ネパールに暮らすケツン先生のもとでおこなわれた。そのあいだ私は一度もチベット本土への旅をしなかった。その頃、中国政府のチベット政策が以前よりも多少軟化して、外国人にも比較的自由なチベット旅行が可能になっていたにもかかわらず、私はそれを自分になかば禁じていた。

　先生の気持ちを察してというのが、いちばん大きな理由だった。ネパールにやってきて仏教の勉強を始めたばかりの頃、秋学期が終了して若い学僧たちが正月休みの帰郷を前にうきうきしていたある日、学舎の広い部屋でケツン先生の講話がおこなわれた。私たちはなぜ仏教を学ばなくてはならないのかという内容の話だったが（なにしろその頃の私はチベット語がほとんどできなかったので、友達になったパッサンの解説で、そのことを理解した）、話題がチベットにおいてかつておこなわれていた学問と修行の豊かさにいたったあたりで、ケツン先生は学僧たちの前をもはばからず、はげしく嗚咽《おえつ》し始めたのである。

つられて若い学僧たちも涙を流した。彼らのほとんどはインドの亡命地で生まれたので、チベット人の故郷暮らしを体験したことがない。しかし子供の頃から親たちの国を想って悲しむ姿を見て育った彼らには、はげしい望郷の感情が大人たちとも共有されていたのであろう、先生と学僧たちは一緒になって、体を揺らして泣いていた。それからもなんども、私は先生の中から望郷の思いがほとばしり出る場面に立ち会うことになった。その姿を見ては、自分だけが日本人の恵まれた立場を利用してチベットへ旅をすることなどはできない、と思うようになった。それ以来、私はどんな誘いを受けても、チベットへの旅をしなかった。

ところがヤンティ・ナクポの暗黒瞑想の修行がまずまずの上首尾で終了した頃から、先生は私との会話の中で、「いちどチベットを見てきなさい」と折に触れて語るようになった。

「チベットに巡礼（ネコル）をしてくるといい。巡礼は瞑想の一種です。その昔に精神の探究者たちが修行していた神聖な土地（ネチェンボ）へ旅して、そこに自分の体で立ってみると、書物を読むだけでは理解できないこと、自分の努力で体験してきたことだけでは見えなかったものが、全身で体得できるようになるものです。土地はじつに不思議な力をもっています。土地も重要なラマ（師）の一人なのです」

先生の語るのには、聖人伝などを読んでいろいろと想像を巡らせていてもわからないことが、物語の舞台になっている土地にでかけてそこに立ってみれば、聖人が何を考え、何を感じていたかが、まるごと理解できるようになる、想像したり思考しているだけでは見えないものが、具体的な土地へ旅してみるとわかるようになるという。土地は不思議な力を放射していて、その力は言葉やイメージよりも深く、心の奥底にまで浸透していく。ただ景色を眺めているだけの観光ではだめで、土地の力を心の内面に取り込むような気持ちで、聖地を巡礼するのである。

「あなたはそういう巡礼ができるような心になっています。だからチベットに巡礼に出かけるといい」

先生のその言葉は、私の心の中のチベット旅行への封印を解いてくれた。いつもカトマンズ盆地から北方に眺めていたヒマラヤ山塊の向こう側に広がっている高原地帯への巡礼の旅への思いが、私の中に強く湧き上がってきた。ゾクチェンの昔の先生たちが暮らしていた場所にでかけて、その土地に座り込んで、あたりの景色をゆったりと眺めてみたい。そこに湧いている泉の水を飲んでみたい。空を飛んでいる鳥たちにも声をかけてみたい……チベットの旅への私の思いはふくらんでいった。

そんなある日、私は思いもかけない幸運に恵まれて、ブータン政府高官のご子息の結婚式への招待を受ける形で、自由なブータン旅行ができるという特典を手に入れることができた。そこで小手調べの意味もこめて、同じチベット文化圏であるブータンへの旅にでかけることにした。出版社に勤めるインドの言語に堪能な古くからの友人を道連れにして、私たちは二人旅に出発した。

私はこの旅を最初から「テルマ（埋蔵経）巡礼」にするつもりだった。私は以前からブータンのテルトン（埋蔵経発掘者）たちに深い興味を抱いていた。ブータン出身のテルトンたちのパーソナリティー、テルマ発見のいきさつ、その発見を重大なものに見せる演出と発信方法、そしてなによりも発見されたテルマの内容など、そこには私の心をそそる不思議な艶やかさが感じられた。

　そのことを私に吹き込んだのは、ネパールの聖地チュウミク・チャンジュにある瞑想場で世話になった、あのブータン人のラマだった。寺の前の石畳の上に座って、よもやま話をしていた折に、ラマがこんな話を始めたのである。

「ネパールにはこのチュウミク・チャンジュをはじめとして、たくさんの聖地《ネチェンボ》がある。しかしブータンだって負けてはいない。あそこにはパドマサンバヴァとイェシェ・ツォギャルが埋めて隠していったという、たくさんのテルマの発掘場があるのだ。岩や崖や淵にそういうテルマが埋蔵されている。おまえはパドマ・リンバの話は知っているか？　ブータンの有名なテルトンだ」

　まだゾクチェンの初心者だった私には、その名前は初耳だった。

「知らないなあ。みんなはよくテルマがどうのテルトンがどうのという話をするけれど、本当なのかなあ。信じられないなあ。テルトンになりたい人が、自分で書いて埋めておいた本を後で掘り出してみせて、そう振舞っていただけなんじゃないの？」

　私の無遠慮な返答にブータンラマは少しムッとした表情を見せたが、すぐに気を取り直して、つぎのように語り出した。

「おまえにはまだわからないさ。じゃあ聞くが、霊感《ゴンパ》はどこからやってくる？　脳からか？　では脳のどこからそれは湧いてくる？　おまえたちの世界でだって、誰もそんなことわかっていないだろう。霊感が岩からやってきても、おかしくはない。まあいい、俺の話を聴け。チベットの五大テルトンの一人、パドマ・リンバの話だ。[1]

　パドマ・リンバはいまから五百年ほど昔、ブムタンという東ブータンの町からさらに山奥に入ったチャル村に生まれた。家が貧しかったので、小さい頃に村の金属細工師のところに徒弟に出された。彼は細工師の仕事をとても気に入っていた。手先が器用だったんだな。親方も目をかけてくれていて、村の誰もがこの子は将来立派な細工師になるにちがいないと期待していた。ところが……」

ところが、彼が成人に差し掛かった頃から、彼のまわりに不思議なことが頻繁に起こるようになり、そこから彼の運命は大きな変化をとげていった。まじめな細工師だった彼は、その頃から頻繁に意識を失って恍惚状態におちいるようになった。夢にダーキニー女神が現れて、あなたは真実の探究者にならなければなりません、と告げて消えていったりもした。この体験の後、細工師の徒弟はもの狂いになってしまった、と噂されるようになった。彼はクンサンタクという大岩の脇にあった小さなお堂にこもって、一人で我流の精神訓練を始めた。

五月だったか六月だったかのある日のこと、若い細工師は寺の裏山にキノコ狩りに出かけた。この季節、森の深いブータンにはいっせいにさまざまなキノコが生え出す。ブータン人はキノコにめっぽう目がない人たちで、とりわけセセシャモという（マイタケに形がよく似ている）黄色いキノコが大好きだ。キノコの季節、ブータン人は暇さえあれば森に入ってキノコ狩りに精を出す。

この日も若い細工師は、いつものようにキノコを求めて森深くに入り込んでいた。突然目の前に現れた強烈な光に包まれて、彼は気を失って草むらに倒れこんでしまった。その光に包まれながら、彼はつぎのような言葉を聞いた。

「あなたはパドマサンバヴァの予言書の中に、テルマの発見者として予言されていた人の一人です。まずそのことを信じなさい。あなたは吉日を選んで、メバルツォの淵に行きなさい。そして淵に立つナリン崖から、埋蔵されてきた教えを取り出すのです」

この言葉にしたがって、彼は友人を連れて吉日に、メバルツォの淵のほとりに立った。モンスーン期であったので、淵には激流が渦を巻いて流れていた。ナリン崖の上に出て心を鎮めた後、服を脱ぎ捨てて裸になると、激流逆巻く淵に飛び込んでいった。一分、二分、三分と、なかなか浮かび上がって来ない。証人として呼ばれた村の衆からは「やれやれ、これであの法螺吹きの細工師も、自分のついた法螺で身を滅ぼしたというわけだ」と、あざ笑いがもれはじめた。

その時である、水中から両手に小さな仏像と巻物をつかんだ彼が、勢いよく浮かび上がってきた。こうして名もない細工師だった若者に、「テルトン・パドマ・リンバ」としての新しい人生が始まった……


私たちはこのような物語を聞かされると、たいがい荒唐無稽だと言って疑ってかかる。ましてや、パドマ・リンバが二度目の「テルマ発掘」をおこなったさい、事前の宣伝によって集めた大勢の見物衆を前にして、火を灯したランタンを手に持ったまま淵に飛び込み、新しいテルマを手にして水から上がってきたとき、そのランタンの火は灯ったままだった、などという伝記の一文を読まされるにいたっては、思わず困惑してうなってしまうだろう。

しかし、前にも書いたとおり、この種のテルマ発見をめぐる聖者伝（ハギオグラフィー）で重要な点は、「創造」というものは因果関係の支配する空間の連続の中ではおこなわれないという強い確信が、それを語る人々の思考の背後にあることである。因果関係の「外」から、霊感にみちた何かが入り込んでこないかぎり、発明も発見も創造もおこなわれない、という考えだ。

その因果関係の「外」とは、分別する知性の「外」である、無分別の法界の空間にほかならない。自然がその二つの領域を仲立ちする。とりわけ大岩や崖のような大地からの突出物が、法界の言語道断な力の流入口となる。テルトンたちはそこに目をつけていた。そういう大岩や崖には、遠い古代に発見されていたがまだ時が熟していないという理由で、いったん埋めて隠され、未来の人々の再発見に委ねられたテルマが眠っている。テルトンが霊感によって、そのことを知る。彼（ジョモ・メンモやクンガ・ブムなど女性テルトンのケースもある）は確信に満ちて、そこへ出かけてテルマを大地から取り出すのである。

＊　＊　＊

私たちが昼過ぎにメバルツォに着いてみると、淵の周囲にはすでにたくさんの観光客が群れていた。大半がブータンの人たちだった。若い恋人同士や、弁当を詰めたカゴを提げた子供連れの女性たち、その後ろから退屈そうに家族についていく男たち。彼らはいちどは崖の縁に出て、激流の流れる淵瀬を覗いてみるのだが、怖くなってすぐに道路脇の広場に戻ってしまった。なかにははしゃいでパドマ・リンバの真似をして淵へ身を乗り出して飛び込むふりをして楽しむ若者たちもいるが、淵から吹き上げてくる風にあおられて、大声をあげてすごすご引き返してくる。

ここが東ブータン最大の観光地であることを、忘れてはいけない。テルトンのパドマ・リンバは、ブータンが誇りとする最高の文化英雄であり、彼がなにをなした人物であるかをよく知らない若者たちにとっても、メバルツォを訪れることは人生の一頁に書き込まれるべき価値ある出来

メバルツォの淵。パドマ・リンパはこの場所から水中に潜って
テルマを取り出した

事なのだ。それにしてもテルマの発見場所などが大観光地となることとの不思議さ！

私はその数年前にイスラエルで訪れた死海文書発見の洞窟の、人気のない荒涼とした景色を思い出していた。そのときゲッセマネの園や聖墳墓教会のようなローマ時代になかば捏造された派手やかな聖地には観光客がごったがえしていたのに、それよりもはるかに重大な価値をもつ死海文書発見の洞窟には、ほとんど観光客の姿は見えなかった。それにひきかえ、重大な思想的価値を持つといわれているだけで、その中身についてはおぼろげなことしかわかっていないテルマ文書が発見された場所に、いまもこんなにも多くの人々が、巡礼がてらに集まってくるという光景は、私にはなんとも異様に感じられた。おそらくは私の思い違いであろうが、この人たちは、「思想的価値」などという現代では人々がもう忘れかかっている価値に、尊敬の念を抱いているのかもしれない。そう思うと、その素朴さに私は心打たれた。

ブムタンにはパドマ・リンバに関係した聖地がたくさんあった。私たちは午後の時間をたっぷり使って、それらの聖地をゆっくりと見て回った。巨大なパドマサンバヴァの半身像のあることで有名な、パドマ・リンバ建立になる寺を訪れたときのことである。友人とはぐれた私は、木立の中を広大な寺院の奥のほうに向かって歩いていた。そこに小さなお堂があった。そこまでくればもう観光客も巡礼者もいない。私はひっそりと佇むそのお堂の扉を静かに開けて、中に入っていった。

お堂の正面の祭壇には、パドマサンバヴァの像と艶めかしいダーキニー姿のイェシェ・ツォギャルの像が祀られていた。私はその像の美しさにしばし見惚れていたが、ふとお堂の左側の壁際に置かれていた低い寝台から、二人の男女が半身を起こしてこちらをじっと見ているのに気づいた。二人はいままで愛し合っていたらしく、毛皮の掛け布団から出た上半身ははだけられたまま、しかし突然の闖入者《ちんにゅうしゃ》の登場にうろたえもせず、私のことを凝視していた。そのうち私のほうが驚いて、「アレー！」というチベット語の叫び声を漏らした。

そこにいたのが、私のよく知っている女性だったからである。彼女も「アレー！」とばかりに破顔一笑、すぐさま着衣を整えて、寝台から降りて私の手を握った。そこにいたのは、ネパールで知りあった仲のよい友人の妹Y嬢だった。この友人の家に遊びにいくたびに、私は彼女と軽い冗談を交わしたり、ときどきいっしょに散歩に出たりする仲だった。ほっそりとした典型的なチベット美人で、おそらく望みが高かったのだろう、三十歳を過ぎてまだ独身だった。北米の仏教センターで教えるためにアメリカに渡ったその友人からの手紙によって、この妹が最近結婚したという話を、私は聞いていた。お相手はカム地方の有名なニンマ派のC活仏、この活仏は大テルトンの系譜につながるラマで、自身もテルトンとして知られていた。

そのC活仏とY嬢がこんなところで愛を交わしていようとは、想像だにしていないことだったので、私はひどくうろたえてしまっていたが、二人は涼しい顔で私に微笑みかけていた。Y嬢は活仏に、私がケツン先生のもとでゾクチェンを学んできた日本人で、とても信頼できる人だと伝えてくれた。活仏は私に、まあどうぞといって、まだ生温かい寝台の上に、私の手をとっていっしょに座らせた。

私が自分の無作法を謝ると、活仏は「いえ、私が鍵を閉め忘れたばかりに、あなたにいらぬ気遣いをさせてしまいました。私たちはここのお堂に住んで、もう三週間ほどになります。彼女もいっしょだったので、おかげで一人のときよりもプラーナ（気息）の修行が進みました」と、柔らかい声で語った。

ニンマ派でもカギュ派でもサキャ派でも、修行者は性にかかわることを遠ざけたり、隠したりしない。もともとチベット人はおしなべて性にたいしてすこぶる開放的な人々で、性にまつわることに妙な羞恥心を抱いたりしない。遊牧の民として彼らは動物たちの性の営みや受胎・出産の過程などについて、子供の頃から体験的によく見聞きしていて、人間のことは動物のことと異ならないと認識している。それどころか神仏でさえこのことに関しては異ならないと考えているから、お寺の本堂に抱擁しあう神仏の像が堂々と飾られていても、年頃の娘でさえ恥ずかしがったりしないのである。

ましてや密教の行者ともなれば、エロティシズムは重要な悟りのための通路でもある。この世界では、性的な事柄を抑圧するのはむしろ悪であり、性は法界とのより大きな「合一（ナルジョル）」を実現するための、有力な手段を与えると考えられている。二人は私が闖入したことで、合一のための至福の「行」を中断されてしまったわけだが、そこからいともスムーズに元の状態に移っていくのにも、じつに平静なのであった。

Y嬢がいれてくれた温かいチベット茶を、同じ寝台の上でいただきながら、私たちはおたがいの身の上を語り合った。Y嬢がチベット本土で挙行された自分たちの結婚式の写真を見せてくれたものだから、私たちの会話は最近のチベットでの庶民の暮らしぶりのことなどにも及んでいった。私が近々チベットへ巡礼の旅に出かけようと思っているというと、活仏は重要な聖地の寺の知り合いに宛てた何通かの紹介状を書いて渡してくれた。二人にお礼と別れを告げて私がお堂の外に出ると、木立の向こうに、はぐれていた友人が不安そうにあたりを見回しながら佇んでいた。

＊　＊　＊

その晩ブムタンで泊まった宿の主人はドルジェという名の陽気なチベット人で、私たちが明朝タルパリン寺へ巡礼に行こうとしているのを知ると、ぜひ自分がガイドをしようと申し出てくれた。タルパリン寺まではまだ自動車道路が開かれていないので、長い山道を登っていかなければならない。道はいくつにも枝分かれしているので、ガイドなしにはたどり着くのが難しいという。それに彼自身が熱心な仏教徒で、久しぶりに寺にお参りもしたいのだった。

翌朝、宿の主人は大きなリュックサックを背負い、作業用のゴム長靴を履いて、私たちの前に現れた。日帰りのトレッキングなのにこの大荷物はなんだろうと訝《いぶか》しんでいたが、その理由は山を登り始めてすぐに判明した。

幹線道路をはずれてタルパリンへの登山道に入ったあたりで、深い木立の中に寺の廃墟が現れた。崩れた木材や彫刻の跡などから判断するに、建築の時期はきわめて古そうだ。ドルジェが教えてくれた。

「サムテンリンというお寺だ。ブータンへ亡命してきたロンチェンパ様が最初に建てたのが、このサムテンリンと言われている。ここにしばらく滞在してから、もっと山の上のほうを目指して登っていき、タルパリンの土地を見つけてそこに新しい寺を建てられた。サムテンリンはそれからしだいに寂れてしまい、いまではこんなに崩れた廃墟になってしまった。私はこのお寺を再建したいと願ってきたが、まだ実現できないでいる」

このあたりの事情をもう少し詳しく説明しておこう。

ロンチェンパは中央チベットの聖地カンリ・トゥカルに住んで瞑想しながら教えを広めていた。その名前はしだいにチベット中に知られるようになっていた。しかしその頃、モンゴルの威勢を背景にして権力を握りタイシトゥ（大司徒）という称号を元朝から拝命していたチャンジュップ・ギェルツェンは、ニンマ派にたいする弾圧を強めていた。とりわけタイシトゥはロンチェンパの名声を憎んだ。そこでトラブルを避けるためにロンチェンパは遠くブムタンの地への亡命を余儀なくされたのである。[2]

もっともこのあたりはヒマラヤの南斜面にあたり、古くから「モン」として知られた、有名な女神（ダーキニー、チベット語でカンドゥマ）の聖地の一帯であり、パドマサンバヴァが『カンドゥ・ニンティク』という重要なテルマの出現地と予言していた場所でもある。ブムタンに住んだロンチェンパは、チベットでのような真っ青な空の現れる日の少ない、照葉樹林に囲まれたこの湿潤で曇りがちな土地に少々がっかりはした。しかしブムタンの人々にゾクチェンを教えることに情熱を抱いていたロンチェンパは、ここにサムテンリン（三昧寺）とタルパリン（最果寺）という二つの寺を建てた。

私のブータンへの巡礼の旅の目的地の一つが、このタルパリンの寺であった。私たちは遠い日にロンチェンパの一行がたどったのと同じ道を登って、山頂付近にある寺を目指した。サムテンリンを過ぎてしばらく登ったあたりで、ドルジェは一休みしようと言い出した。地面に座り込むとリュックサックの中からチャン（どぶろく）を詰めた瓶と湯飲みを取り出した。私たちにも湯飲みを手渡して、そこになみなみとチャンを注いだ。リュックサックを覗いてみると、中にはまだ五本も大瓶のチャンが詰め込まれていた。ドルジェに勧められるまま、私たちは山道で酒盛りを始めてしまった。

「登山にはチャンがいい。元気が出て山道でもどんどん登っていける。チベット人はみんなそうしている。こういうとき日本ではどんな酒を飲む？」

「山に登りながら酒なんか飲みません」と言いつつも、高山にまだ慣れていない私も友人もすでに真っ赤な顔になっていた。「さあ、もうそれぐらいにしておけ。飲み過ぎはよくない」。いくら飲んでも平気な顔をしているドルジェに促されて、私たちはのっそりと立ち上がり、また登山を再開した。

息が苦しかった。あたりはしだいに濃い霧に包まれ出した。草原の向こうに小さなお堂が見えた。ドルジェは「おお、あれあれ」と言いながら、そのお堂にどんどん近づいていった。

ぼろぼろになった暗いお堂の中に入ると、木でできた祭壇の上に石が一つのせられていた。懐中電灯で照らして見ると、それは日本の民俗学調査でもおなじみの艶めかしい形の石に割れ目が穿たれた「女陰石」だった。

「ロンチェンパ様の一行が新しい寺の所在地を探して山道を歩いていたとき、この石が突然空中から現れたそうだ。ロンチェンパ様はこれをダーキニーの祝福だとたいそう喜ばれて、ここにお堂を作ってお祀りした。そしてしばらくの期間、このお堂に滞在した。こういう霧の多い日にはダーキニーの甘露があふれてくる。どうぞ、その石の割れ目に口をつけて、甘露の雫をお舐めなさい。心を覆っていた暗雲が晴れると言われている。ロンチェンパ様もそれを舐めた」

言われるままに、私は石の割れ目に口をつけて、霧の雫を舐めとった。冷たい水分が口の中に流れ込んできた。私はロンチェンパの肉体の臨在を感じた。その様子を見ていたドルジェはさも満足そうにうなずいて、私と同じ動作をした。いかにも「モン・カンドゥリン（女神の王国モン）」らしい伝承だ、と私は思った。ゾクチェンのような高度な哲学がこういう素朴なフォークロアと合体しているところが、この世界の魅力である。ブータンでは男も女も少しも気取っていないのだ。

そこから二時間ほどの登山で、私たちは四千メートル近い山の頂上近くに建つタルパリン寺に到着した。この寺はいまでは尼寺になっているから、少々遠慮深く行動しなければならない。ドルジェもここでは飲酒を慎んで、寺のまわりの散策に私たちを誘った。本堂から数百メートルほど離れた山道までくると、道端にえぐられた小さな穴を見つけて、そこを指差しながら手招きで私を呼び寄せた。

「言い伝えではその昔、この穴の中にロンチェンパ様が座って、一人一人弟子を呼んでは、自分の書いた本の内容をていねいに説明してあげたそうだ。ていねいに、ていねいに、時間をかけて、弟子が完全に理解できるまで、教えてやったそうだ。一人すむとまた一人と、つぎつぎに弟子がやってきて質問するものだから、それは大変な苦労だったろうけれども、ロンチェンパ様はもともと屋外で過ごすのがお好きだったから、少しも疲れることなく親切に教えてくださった。おかげでブムタンにはゾクチェンの教えがしっかり根付いて、ロンチェンパ様がチベットに戻られてしまわれてからも、教えは少しも途切れることなく、いままで伝えられてきた」

ドルジェはここまで語ると、少し声を落としてこう付け加えた。

「教えるばっかりじゃあなくて、ロンチェンパ様はブムタンで幾人かのご子孫をも、お残しになったという」

私がそれを聞いてニコニコしている様子を見ると、ドルジェはこいつは大丈夫な奴だと踏んだらしく、さきほどの話の続きを再開した。

「あるとき、いつものようにロンチェンパ様がここに座って、弟子の一人に菩薩の道について説いていらっしゃると、突然ロンチェンパ様の座っておられたあたりにだけ、突風が吹いてきて、手にしていた経文の一枚を巻き上げてしまった。ロンチェンパ様の書かれたそのお経は風に持ち上げられて舞い上がり、あそこに見えるあの松の木まで運ばれていった。そして驚いたことには、木にひっかかったお経の紙が、そこでぼっと火を吹いて燃えだした。その火はいつまでも消えなかった。驚いた寺の者たちも見守るなかであたりが真っ暗になっても燃え続け、とうとう一晩中燃え続けて明け方になってやっと消えていった。この一部始終を見ていたロンチェンパ様が、うれしそうにこうおっしゃった。あれは夜叉神《ヌウイン》の仕業だ。私があんな風にして教えているのを聞いていた夜叉神がうれしくなって、その喜びを私に知らせようとして、あんなことをしているのだ。まあ、そんな話だったらこのあたりには他にもいくらでもある。向こうのほうに見える岩、あそこでは……」

ドルジェの語る話を聞いていて、私は深い驚きに包まれていた。こんな話はたくさんあるロンチェンパの伝記のどこにも書いていない。ブムタンに生きていた人々が、生きているロンチェンパに出会いその人格に感化されて、彼の周囲に起こることを注意深く観察して、それを物語にして語り続けてきた。その物語がこうして現代を生きているドルジェの生命をとおして、かつてロンチェンパが座っていたという地面の上によみがえっているのだ。

これがテルマの力だ、と私は思った。何百年たっても、そこに生きたロンチェンパが座って教えを語っているという臨在感があたりにはみなぎり、そこにある土や植物や風や鳥までが、「知っています。覚えています。私たちはあのお方がそこに座って、存在の本質について語っていたのを、よく覚えています」と語りかけてくる感じである。

この臨在感なのである。テルマは、既存のテキストにこの臨在感が吹き込まれることによって生まれる。このテルマによる新しい創造の道がつねに開かれていたことによって、ゾクチェンの教えは硬直した伝統や冷たい学問に陥ることなしに、今日まで創造的な生命を保ち続けることができた。テルマが新しく出現するたびに、書かれていた文字は創造の泉に身を浸して、新しい生命を得ることになる。

私はケツン先生が「巡礼に出なさい」と言った言葉の意味がわかったような気がした。先生は言った。「巡礼地は過去の聖者たちの祈りと体験が滲み込んでいる土地だから、その土地の息吹に包まれていると、巡礼者の心にも霊感《ゴンパ》が入り込んでくる。これは書物を読んだり、ありがたい説法を聞いたり、一人で修行していたのでは、得られない体験です。巡礼は瞑想の一種で、土地の霊性《ゴンパ》の働きによって、言葉や思想だけでは得られない力が、その人のうちに注ぎ込まれてくるようになります」

タルパリンではそこの土地の土にも、道にも、草にも、水にも、鳥たちにも、虫たちにも、ロンチェンパの精神《ガイスト》が浸透しているのが、感じられた。そこでは現実界（土地）と想像界（神話）と象徴界（教え）が三一体の構造に結び合って、特別な力をあたりに放っていた。これら三つの界のうちのどれか一つが欠けていても、聖地はその力を放出することができない。

教えだけでは抽象的すぎるし、神話だけでも物語に特有な弁証法に阻まれて想像力の堂々巡りに陥ってしまう。地形の魅力だけだと観光の域を出ることがない。この三つの界の要素が固く結び合っているときに、はじめて土地は聖地としての力を放出するようになる。その力を人は「霊力」と呼んできた。人間がきわめて古い時代から聖地への巡礼を、人生の重要な節目の時期におこなってきたのは、聖地の持つこの三一体構造の放つ力を浴びて、よみがえりを果たそうと願ったからである。

32 カンリ・トゥカル

ブータンへの旅の翌年、私はチベット本土への旅に出た。いちばん大きな目的は、ロンチェンパが人生の多くの時間を過ごし、そこで彼による最大のテルマ『カンドゥ・ニンティク』の「再発見」がおこなわれた、カンリ・トゥカルを訪れることにあった。何人かの若者を、私はお供に連れて行った。

私は何日もかけて遠回りしながらカンリ・トゥカルに近づいていった。ラサを出発した私たちのジープは、まずショー川のほとりのウル地方に向かった。そこはラサの北東二百キロほどの地点にある盆地で、その中心部に「シャ寺《ゴンパ》」がある。ヴィマラミトラによって伝えられたニンティクの教えは、長い間この寺にひっそりと隠されていた。

北西インドからチベットに招聘されたヴィマラミトラは、そこで国家事業である仏典翻訳のプロジェクトを指導して、チベット人の翻訳官とともに多くの翻訳をおこなった。ヴィマラミトラはたんなる学者ではなく、ゾクチェンの達人でもあったが、自分の継承するニンティクやヤンティの教えについては、ごく少数の弟子にしか教授しなかった。宮廷の内大臣にして瞑想の達人、名門ニャン家の出自を誇るティンゲジン・サンポにすべての体系を伝えきったあと、ヴィマラミトラは中国の五台山に去っていった。

そのあと宮廷には内紛が起こって、仏教派の有力な政治家たちが多く殺されたり、逃亡を余儀なくされるという時代が始まった。ティンゲジン・サンポもそのとき犠牲になったと言われている。クーデターの起こる直前、彼はヴィマラミトラから伝えられたニンティクとヤンティの教えを記した書物を、サムエから遠く離れたシャ寺に移し、三階建ての柱廊玄関の柱の内部に慎重に隠した。また彼がニンティクの伝授を受けた弟子ド・リンチェン・バルワも、ひそかにその寺に避難させた。

その事件があってから八年後、この寺にダンマ・フンギェルが生まれた。父親と同じように彼はこの寺の管理人となった。ある日、彼に「玄関の柱の中から宝物を探し出せ」というドルジェ・レクパ神からの啓示があった。そこに彼はニンティクの教えを記した書物を見出したのである。瞑想法に関する口頭伝授は、かろうじてド・リンチェン・バルワから同じニャン一族のウェ・ロドゥに伝えられていたので、ダンマ・フンギェルは彼から学んでそれを書物の内容と照らし合わせながら、一人で研究を続けていた。

ダンマ・フンギェルはこの教えを完全に理解することのできる人物を探し出して、その人に自分の知っていることのすべてを伝えておこうとした。探索の末ようやく彼は、ニャン一族の住むこの地方の奥地でチェツン・センゲ・ウォンジュクという密教行者と出会うことができた。ダンマ・フンギェルは彼に自分の知っているニンティクの教えのすべてを伝えたが、まだそこには足りない部分がたくさんあった。

その不足していた部分については、チェツンの夢に現れたヴィマラミトラが、直接に教えてくれた。「チンプのゲゴン岩に行って、そこの斜面の上の方を探しなさい。そこにお前はニンティクの秘密の教えを見出すだろう。そのあとオユク・チゴンへ籠って誰にも見られないようにして七年間、瞑想をしなさい」との、夢のお告げであった。チェツンはすぐにチンプに出かけた。そこで彼は法螺貝の歯とトルコ石の眉毛を持つ不思議な女性に出会い、彼女からヴィマラミトラの言ったとおりの書物を受け取った。

チェツンをつうじて、ゾクチェン・ニンティクの教えはしだいに完全な形に整えられていった。『タタル・ギュルバ』と並んでニンティクの根本テキストとされる『リクパ・ランシャル（リクパの自己顕在）』というタントラは、彼によってまとめられた。チェツンにはシャントンとニブムの父子という得がたい盟友もできた。この父子はたいへんに学問を積んでいたので、協力してニンティクの教えを正確に表現する「十七タントラ」を完成に導いていった。ウル地方はこのようなニンティクの伝承に彩られている。[3]

シャ寺の柱廊に隠されていたニンティクの教えは、こうやって人間の世界に届けられた。こういう場合、じっさいに「発見」されるテルマ文書はたいがい完成形ではなく、教えの鍵を含んだわずかな断片であることが多い。例えばヤンティ・ナクポの場合なども、テルトンのドンツォ・レパが最初に岩の下から掘り出した時点では、「イェシェ・ミク・チク・ティマ・メ」以下の暗黒瞑想の手順を示した短い口訣《くけつ》でしかなかったと思われる。ここにテルマ出現の模様を神話的に描いた短い歴史の部分を書き加えて、彼のテルマができた。そこに後継者たちが原初の口訣部分を拡大したテキストを大幅に書き加えて、増補版ができていった。それが「ヤンティ・ナクポ」というテルマとして、伝えられてきたのである。

それと同じように、ニンティクにあっても、シャ寺の管理人ダンマ・フンギェルがじっさいに柱から取り出したのは、今日『ヴィマ・ニンティク』として伝わっている伝承といくつかの短いタントラだけであると推定され、あとの部分の完成はチェツン以後の十一〜十二世紀のゾクチェンパたちの努力に委ねられた。そういう努力がなければ、ニンティクの教えでさえも途中で忘れ去られていた危険性も否定できない。こういう幸運に恵まれなければ、テルマは後世に隆盛できないのである。

じっさいこのウル地方には、ニンティクのような幸運に恵まれなかった、偉大なテルマの消えた伝統が存在している。『ゲトゥン・ドゥパ（真実義の集成）』の伝統である。この教えはヴィマラミトラによって「ヤンティ・ヨーガ」として伝えられた。初めティンゲジン・サンポに伝えられたが、そこから後の運命が異なった。ニンティクと同じようにウル地方に伝えられたが、シャ寺に隠されるのではなく、「ドゥム Drom」という一族の手に委ねられた。この一族からはドゥム・イエシェ・ニンボというテルトンが現れて、「ゲトゥン・ドゥパ」の伝承と体系が整えられていった。何種類もの注釈書も書かれた。ところがそれから百年も経たないうちに、この教えは伝承する者が絶えてしまうのである。[4] 理由はよくわからない。

テルマには途中で絶えてしまうものもあれば、大いに隆盛していつまでも伝えられていくものもある。ニンティクの教えが師クマララージャからロンチェンパに手渡されたとき、彼の心にはニンティクの将来にたいする一抹の不安があった。今日でこそニンティクの教えはゾクチェンの中でもっとも有力な体系として、多くの人々によって学ばれている。しかしロンチェンパの時代にはそれはまだきわめて弱小なグループにこっそりと伝えられている、か弱い秘伝にすぎなかったのである。

師クマララージャはニンティクの将来を心配し、弟子となった優秀なロンチェンパにこの伝統の未来を託そうとした。クマララージャは彼に、いまだ多くの混沌を抱えているニンティクの教えに、思想体系としての堅固な骨格を与え、哲学的にも瞑想体系としてもまったく矛盾のない体系としての完成を与えてほしいと願った。ロンチェンパは『ゾゥドゥン（七蔵）』をはじめとする多くの著作で、師の願いに応えた。しかし、それでもまだ、ロンチェンパには十分だとは思えなかった。何かがまだ足りない。それが何なのか、ロンチェンパにはよくわかっていた。それはテルマとして、ニンティクの教えがチベットの大地との強い結びつきを実現することである。

ロンチェンパが三十歳を過ぎた頃、ゾクチェンの世界に重大な飛躍が起ころうとしていた。ツアンポ河の支流スバンシリ川の中流域に出た天才的なテルトン、ペマ・レデル・ツァルによって、『カンドゥ・ニンティク』という恐るべきテルマが出現したのである。それは重大な飛躍をはらむテルマであった。その飛躍の意味を、他の誰よりも正確に理解していたのが、当時カンリ・トゥカルにいたロンチェンパであった。

＊　＊　＊

カンリ・トゥカルを訪れるためには、まずはツァンポ河のほとりのシュクセプ村にたどり着かなければならない。この村の名前は、そこで活躍した二十世紀の女性ラマであるシュクセプ・ジェツン（ロチェン・リンポチェ）によって有名になった「シュクセプ寺」に由来している。この寺のある場所はもともとウギェン・ゾンといって、ディクン・カギュ派の瞑想小屋が立ち並ぶ修行場のあったところである。ディクン・カギュ派はマハームドラーやナローパ六法の厳格な修行をおこなうことで知られていて、たどり着くのも難しい静寂な土地を求めていた。ロンチェンパがこの地のことを早くから知っていて、その近くに自分の理想の修行場をみいだすことになったのも、もともと彼がディクン・カギュ派の人々と親しくつきあっていたからだろう。

麓の村でジープを降りて三時間あまり、急な山道を上り詰めたあたりから、シュクセプ村の全貌が現れてくる。当時はウギェン・ゾンと呼ばれたその修行場を見上げて、彼もほっと息をつき、ふとその左後方に広がる山腹に目をやったことだろう。そしてその山腹の地形を見て、深い感動を味わったにちがいない。なぜならそこから見上げた山腹の形は、まるで女神が仰向けになって横たわっているように見えるからである。

この地形の見立てからいくと、ウギェン・ゾンは左膝の部分にあたった。そこから景色全体を見直してみると、仰向けになった女神の心臓部にあたる山腹がはっきり見えた。ロンチェンパの一行はさらに登って、その山腹にたどり着いた。するとそこには大きな洞窟があり、洞窟の脇には左右に二つの泉も湧いていて、乳白色のおいしい水がこんこんと湧いていた。この泉はのちに「ダーキニーの二つの乳房」と呼ばれることになる。

あたりは灌木がたくさん生えていて緑にも恵まれている。藪をかき分けると、たくさんの小さな洞窟や岩室も見つかった。ロンチェンパはここそゾクチェンの修行に最適の地であると確信した。当時の彼には数名の弟子しかいなかったが、弟子たちはすぐに自分の洞窟を見つけて、近辺に散らばっていった。ロンチェンパは彼らといっしょにお堂を建てて、そこで瞑想や講義をおこなった。十四世紀中頃の話である。

いまではその場所に立派な寺が建っている。巡礼者がたくさん訪れていて、空いている小屋はないと告げられたので、屋外にテントを張ってキャンプすることにした。即席麺の夕食を手早くすませ、夜になって食堂《じきどう》を覗いてみると、大きなかまどを囲んで巡礼者たちがくつろいでいた。皆押し黙ってかまどの火を見つめていた。幼い子供を連れて、これからカン・リンポチェ（カイラッシュ山）を目指すという家族がいた。母親が私に熱々のモモをくれた。「これから聖なる山をめぐり、三年かけてチベット中を巡礼して回り、また東チベットの村に戻ります」という父親の言葉を聞いていると、私はずっと以前に四国で出会った巡礼の親子のことを思い出した。彼らももう二年もこうして歩き回っていると言っていた。なにも生産せず、なにも蓄えず、聖なるものに触れながら、ただ歩き続ける人生というものがあるのだ。私は人にとっての価値とはなにか、と自問しながら、かまどの火を見つめていた。

33　ウセル・ゴチャの帰還

その夜遅くなって食堂からテントに戻ると、遠くの谷間に、揺れながら動く小さな明かりが見えた。明かりはこちらを目指してゆらゆらと進んでいるようにも見えた。こんな時間にこの山道を歩く人がいるのだということに驚いたが、その明かりが寺に到着するまでにはまだまだ時間がかかりそうだと思ったので、疲れ果てていた私はテントに入り寝袋に潜り込むことにした。

しかしなかなか寝付かれなかった。そのときである。さっき見たあの明かりが、私の連想の中で、三十代初めのロンチェンパに起こった人生最大の出来事に登場する、「谷間を進む灯火」のイメージと重なってしまった。その出来事はじっさいにはチンプで起こったものだが、私はそれをカンリ・トゥカルの山道を進んでくるあの明かりと重ねていた。そのときもこういう明かりがゆらゆらと遠い谷間をこちらに向かって進んでくるのを、ロンチェンパは見ていたのではなかったか。そしてその明かりといっしょに『カンドゥ・ニンティク』の教えが彼のもとにやってきたのである。

この連想に私は興奮して眠れなくなった。私は以下のような小説めいた手記を、石油ランプの明かりを頼りに大急ぎでノートに書きつけた。おおむねのところはニンティク史を書いた本の記憶によっているが、ところどころに自分の想像を織り交ぜて創作している。渓谷に見た揺れる明かりのイメージは、私につぎのようなヴィジョンを抱かせた。

「ウセル・ゴチャの帰還」

カンリ・トゥカルの中腹から見下ろすと、眼下には広大な渓谷が広がっている。月夜ともなると皓々たる月光に照らし出された渓谷の様子が、夜目にもはっきりと見えているが、その夜は新月を前にした闇夜で、そこには黒々とした大地が静かに眠っていた。

カンリ・トゥカルを正面から望む。この中腹にロンチェンパたちが暮らした

その闇夜の中を小さな明かりがゆらゆらと揺れながら、こちらに向かって進んでいるのを、庵室の窓からロンチェンパは見た。外に出てみると相変わらず明かりはゆらゆらと山道を登ってくる。そのときロンチェンパの心に思いもかけなかった喜びが湧き上がってきた。あの明かりは何かとてもよい知らせを、自分にもたらそうとしている。誰なのだろう。何を私にもたらそうとしているのだろう。ロンチェンパはその明かりをずっと見つめ続けた。明かりはしだいに大きくなってきたが、つづら折りの山道を登ってくるのには、まだまだ時間がかかりそうだった。

三時間ほどして、庵室の扉をほとほとと叩くものがいた。扉を開けると、そこに弟子のウセル・ゴチャが立っていた。ウセル・ゴチャの姿が見えないと弟子たちが噂しあっているのを聞いたのは、いまから三ヶ月も前のことだった。扉の前に立ったウセル・ゴチャは、満面に笑みを浮かべて、ロンチェンパを見つめながら、こう話しだした。

「先生、とうとう『カンドゥ・ニンティク』を見つけ出しました。ペマ・レデル・ツァルという南チベットのテルトンが発掘した、あの『カンドゥ・ニンティク』です。先生が何ヶ月か前、見知らぬ黒い顔の老女とひそひそとこのテルマについて話しているのを、庵の裏で仕事をしていた私は何気なく耳にしてしまいました。なんでもペマ・レデル・ツァルはチソンデツェン王の王女ペマサルの生まれ変わりと言われるテルトンで、この王女にパドマサンバヴァが与えたニンティクの教えを掘り出したと、その老女は語っていましたね。南チベットの聖山ツァリ周辺ではこのことが大変な評判になっていて、ツァリにいるランジュン・ドルジェやリンチェン・リンバなども、それに習って自分のニンティクをつくって教え始めている、とも言っていました。先生はその話に大変興味をお持ちのようでしたが、私はまだ目にしたことがない、とおっしゃっていました。そうしたらその老女は怒り出して、お前がこのテルマを知らないでどうする。これはお前が完成すべきテルマなのだと怒鳴って、その場を立ち去ってしまいました。

私はその話に大変惹かれるものがありました。先生こそその教えの完成者となるべきだと、あの老女は語っていました。そのとき私は、自分がその『カンドゥ・ニンティク』を見つけ出して、先生にお見せするのが弟子としての務めであると、強く感じたのです」

ロンチェンパにもその噂は耳に入っていたが、遠いロロ地方の出来事ゆえいままでそっとしておいた話題である。それにロンチェンパは、その黒い顔の老女がゾクチェンの守護神エカジャティ女神の化身であるとは、誰にも言えなかったものだから、弟子たちにも秘密にしていたのだった。

じつはロンチェンパはそのテルマの中身がとても気になっていた。彼は自分が古《いにしえ》の王女ペマサルと深い縁をもっているらしいことに気づいていた。それにニンティクの教えを未来につないでいくために、そこに女性性《ダーキニー》の原理を強く結びつけていく必要を感じていた。そうなるとペマサルにつながる新しいテルマの出現は、彼の関心を惹かないではいなかった。

ウセル・ゴチャは中央チベットの、この人ならと思うようなゾクチェンパを訪れて、このテルマについて知っていないかと尋ねてまわった。誰一人知らなかった。そこでこのテルマの教えがおこなわれているらしい南部のロロ地方へと旅立つことにした。『カンドゥ・ニンティク』の発見者であるペマ・レデル・ツァルは二十代の若さで、だいぶ以前に早死にしてしまっていたが、彼の弟子である活仏ギャルセ・レクパが教えのすべてを相承していた。ウセル・ゴチャはレクパのもとを訪れ、『カンドゥ・ニンティク』を記した書物を譲って頂きたいと申し出た。しかし簡単には書物は見せてもらえなかった。

「このテルマを知りたいと願った人はたくさんおります。しかしその皆様にはワン（灌頂）、ルン（講読）、ティ（解説）という正式な手続きをへてのち、初めてお見せできることになっています。それで有名なカルマパのランジュン・ドルジェや法王を名乗るリンチェン・リンバたちにも、そうしていただいた上で、教えをお分けしました。長くここに滞在なさってくだされば、それも可能ですが」と、ギャルセ・レクパの返事は峻厳だった。

ウセル・ゴチャは困った。師はできるだけ早く持ち帰ってほしいはずだ。テルマを記した本だけでも早くお届けしなければ。そう考えたウセル・ゴチャはレクパに、できるだけ早い時期に戻ってきますので、そのとき正式な手続きをへてテルマを拝見したいと告げて、彼のもとを辞した。敏捷なウセル・ゴチャはそれから聖山ツァリ周辺の各地を走り回って、書物を探し出そうと試みた。ランジュン・ドルジェやリンチェン・リンバがもう入手しているのであれば、その写本が必ず近くに見つかるはずだ、とにらんだからである。

彼の読み通り、書物は見つかった。しかし全巻を完全に入手することはできず、手に入ったのは一部分のみであった。彼は持ち主に破格な謝礼を与えて、それを入手した。それほどにこのテルマは彼の地では貴重な宝物の扱いだったのである。ここから韋駄天で道を急いで、ウセル・ゴチャは一路カンリ・トゥカルを目指して戻っていった。戻り着いたときはすでに夜になっていたが、一刻も早くその書物を師に手渡したかった彼は、夜道を走ってカンリ・トゥカルの師の庵室を目指した。

そのときウセル・ゴチャが手にしていた明かりを、ロンチェンパが遠くから見ていたのである。

待ち遠しい長い時間であった。三時間ほどしてようやく到着したウセル・ゴチャが恭しく布に包まれた『カンドゥ・ニンティク』の書物を、ロンチェンパに手渡した。完全なものでないとは言え、それがロンチェンパの手に渡ったということが重要である。

この瞬間に、ニンティクの歴史に新しい頁が開かれた。不完全な断片とはいえ、それを慎重に点検したロンチェンパは、南チベットに出現したこのテルトンのおこなった発見が、まことに画期的な意義を持っていることを即座に理解した。この新しいテルマにおいて、それまで結びつけられることのなかったヴィマラミトラによるニンティクの教えと、パドマサンバヴァの思想活動に結びつく「テルマ発掘運動」とが、見事に一つに結合されていたからである。

それまでは「十七タントラ」に基づくニンティクとパドマサンバヴァの教えは関係ないものと見なされていた。パドマサンバヴァにもニンティクに類似した内容を持つ教えはあったが、それは「ヴィマ・ニンティク」とは無関係なグループの中で展開された「チティ・ヨーガ」として伝わっていた。だからパドマサンバヴァとニンティクの教えは関係ない、と思われていた。

そこをペマ・レデル・ツァルは、王女ペマサルの生まれ変わりという立場を用いて、一つに結合することに成功したのである。『カンドゥ・ニンティク』では十七タントラを基礎とするニンティクの教えが、王女ペマサルを介してパドマサンバヴァから直接語られる。それをイェシェ・ツォギャルを中心とした女神たちが護るという構成である。ヴィマラミトラのニンティクではあまり表に出てこなかった女神＝ダーキニーの存在が、このテルマでは前面に出てきて、さながら「女神の叡智」とでもいうべき内容になっている。

おそらくロンチェンパも、この若い天才の「発見」に驚きを感じたのではあるまいか。そういうテルマが出現する必要を、彼自身が思っていたからである。ヴィマラミトラのニンティクでは、まだそれが異国からの「輸入思想」であるという性格が、色濃く現れていた。そこにはチベットの「現実界」が深く入り込んでいない。それに「現実界」を浸みこませるには、いちどチベットの大地に埋蔵される必要がある。そうすれば土地の神々と女神たちの力を浴びて、チベットの精神《ガイスト》によって窯変《ようへん》をとげるにちがいない。

しかしどうやってそれを実現したらよいのか。中央チベットのニンティク正統派の中心で訓練を受けてきたロンチェンパには、なかなか大胆に思い切った飛躍をおこなうことができなかった。ところが南チベットで自己流の独自の学問をおこなってきたペマ・レデル・ツァルは、非正統の強みを生かして、じつに大胆なやり方で難関を突破してしまった。彼のつくったテルマは、最初の創造につきものの穴や荒さを隠せないところがあったが、それを補って余りある創造性に満ちていた。

ロンチェンパは『カンドゥ・ニンティク』の長所と短所を含んだその本質を即座に見抜いたことだろう。カルマパのランジュン・ドルジェとリンチェン・リンパもこのテルマの出現に刺激を受けて、それを伝授してもらってから、自分流のニンティクの新しい体系をつくろうとしていた。じっさいツァリ地方を中心に、「カルマ・ニンティク」（ランジュン・ドルジェのテルマ）や「チクシェ・クンドル」（「一を知ってすべてを悟る」、リンチェン・リンパのテルマ）などのニンティクの教えが流行しだしていた。

ロンチェンパは少し無造作な彼らのやり方に懐疑的だったので、彼らとは違う道を模索しようとした。ペマ・レデル・ツァルの発見した『カンドゥ・ニンティク』を、ロンチェンパ自身の

「霊感（ゴンパ）」によってさらに拡張することによって、原型を包摂しながら、パドマサンバヴァのニンティクというものを完成に導いていく、新しい「ゴンテル（霊感によるテルマ）」をつくりあげることである。このやり方は、テルマ創造の歴史の中でもきわめて異例である。

ロンチェンパは『カンドゥ・ニンティク』という原型的な核から自己展開していく新しいタイプのテルマを、『ニンティク・ヤシ（四支ニンティク）』として生み出す仕事にとりかかろうとした。この新しい体系は、ヴィマラミトラによるニンティクの最古の教えを集めた『ヴィマ・ニンティク』を劈頭《へきとう》に据えて、そこにパドマサンバヴァによるニンティクである『カンドゥ・ニンティク』の原型と、ロンチェンパによるその緻密な発展形である『カンドゥ・ヤンティク』をひとまとめとし、さらに展開形としての『ラマ・ヤンティク』と『サモ・ヤンティク』を加えた四部からなるであろう。[6]

この構想を実現するためには、テルマ全巻の入手が必要である。また正統な継承者となるためには、ロンチェンパ自身がギャルセ・レクパから正式な灌頂と伝授を受けなければならない。そのことを告げられたウセル・ゴチャは、ロロ地方に向けてふたたび旅立つ決心をした。翌朝早くウセル・ゴチャがロロ地方にひっそりと旅立っていたのに気づいていたのは、ロンチェンパ一人だった……。

その頃からロンチェンパの周辺では、さまざまな異変が生じた。灌頂の儀式中に弟子のうちの何人かが深いトランスに入ってしまい、彼らの中に神が入って、ロンチェンパと対話するようになってしまったのである。ある女性弟子に憑依した神（ヴァジュラ・バラヒ）などはずいぶんと威嚇的な口調で、彼に語りかけてきた。

「いまお前はリク（rigs）と読むべきところをリッ（rig）と発音したろう。だめだ、やり直し」

ロンチェンパは苦笑いしながらさっきのところを読み直した。別の弟子がこの女性弟子に尋ねる。

「パンガンパ・リンチェン・ドルジェとは誰のことですか？」

この質問はこのグループにとってのとても微妙な問題に触れている。古代の予言書にはペマ・レデル・ツァルの別名あるいはその生まれ変わりはパンガンパ・リンチェン・ドルジェという名前で、ブムタンに生まれると書いてある。ロンチェンパはそのいずれの条件からも外れている。そのことをみんなが口に出さないまでも心配していたからである。

するとヴァジュラ・バラヒに憑依された女性弟子は、すっと指を伸ばして、ロンチェンパを指した。「その者はここにいるではないか」

これにはロンチェンパが反論した。

「ブムタンに生まれると書いてあるのに、どうして私がその者でありえよう」

すると神が応えた。

「そのとおり、お前はそのような生まれをしなかった。しかしリンチェン・ドルジェが短命のゆえに完全に取り出すことのできなかったテルマを、お前が完全な完成に導いていく必要がある。ペマ・レデル・ツァルは発掘したテルマをもっと秘密のうちに温めておくべきだったが、早く明らかにしてしまいすぎたので、短命に終わった。お前はそれを自分の体験した法界の深みから、さらに完全なものとして発掘しなおさなければならない。だからお前こそがパンガンパ・リンチェン・ドルジェなのだ」

この神託はロンチェンパと弟子たちみんなを、おおいに勇気づけた。それからも何人かの弟子に神々が宿って、さまざまな予言を語った。興奮した弟子たちは踊り出し、最後はロンチェンパまでもが美しい舞を舞った……。

ウセル・ゴチャがロロから戻ってきたのは、ひっそりと彼が出発してから数ヶ月後のことだった。ロンチェンパと八人の弟子たちはその頃、修行場をサムエ近郊のチンプ山中に移していた。ウセル・ゴチャの帰還は、彼が帰路を急ぐ山道を煌々と照らし出す虹色の鬼火、谷間を進む灯火によって知らされた。その鬼火をロンチェンパも八人の弟子たちも全員が見たのである。彼の背中には『カンドゥ・ニンティク』の全巻が背負われていた。それが届けられたことで、ロンチェンパの前には大きな道が開かれることになった。「ヴィマ・ニンティクは今後百年栄え、カンドゥ・ニンティクは今後五百年[7]栄えるだろう」――これは盛大な祝いの儀式の最中に、ロンチェンパ自身が語ったという言葉である……。

ここまで書いたあたりで、私は眠ってしまったようだ。終わりのあたりの文章が乱れてきていることでも、そのことがわかる……

翌朝早くに目覚めると雲一つない晴天で、もう周辺の小屋ではゾクチェンパたちのお祈りやトゥガル瞑想が始まっていた。食堂で休んでいた巡礼者たちも起き上がり、出立の準備にとりかかっていた。私は寺の石畳の端に座り込んで、呼吸を整えてからトゥガルの瞑想をした。二時間ほどして食堂を預かる中年の僧から、朝ごはんができているから食べていかないかという誘いを受けた。私たちは喜んで、チベット茶と蒸し直したモモの朝飯をいただいた。

昨夜からの体験で、私は自分の中にまた一つの新しい変化が生じたのを感じていた。カンリ・トゥカルでなまなましく追体験することになった『カンドゥ・ニンティク』の出現をめぐる逸話は、人間のおこなう創造の秘密に触れている。ゾクチュンでは「地下に埋蔵される」という表現を用いて、どんなすぐれたテキストもいったんこの世界から見えなくなって、分別世界の「外」である無分別の潜在空間に沈潜する体験を持つことがなければ、真の創造的な生命を持続することはできない、と考えられている。

ニンマ派やカギュ派の世界では、神話の時空においてパドマサンバヴァとイェシェ・ツォギャルが、チベット高原の各地にそのような創造の種子を埋蔵していったと伝えられている。それがテルトンによって大地から掘り出されるとき、原初の創造の力に充ちた言葉がふたたび世界にもたらされる。しかもそういう奇跡は、何度でも実現されうる。逆にいえば、どんな伝統も地下に埋蔵された（死んだ）のち、生きている人間の想像力をつうじて生まれ直すのでなければ、真の生命を保つことはできない、とゾクチェンは主張している。

これは神話である。しかし人間の体験を深め変えていく力を持つ、「大きな物語」としての意義ある神話である。テルマ出現の場所を巡礼しながら、私は人間の心がおこなう創造の秘密に触れようとしていたのだ。巡礼は重要なラマの一人です、とケツン先生は語っていたが、私はそのことを感覚と思考を総動員しながら全身で体得していた。

第十部　いかにして人は精神の考古学者になるか

34　霊（ガイスト）の考古学

まえがきにも書いたように、ゾクチェンをめぐる私の探究を、吉本隆明氏は「精神の考古学」と名づけた。この名称には言うまでもなくヘーゲルの『精神現象学』とフーコーの『知の考古学』という、二つの偉大な書物のタイトルが影を落としている。この二つの書物は私の知的形成にも大きな影響を及ぼしてきた。とくに『精神現象学』のほうは、同じヘーゲルの『エンチクロペディ』や『論理学』などといっしょに、ゾクチェンを学んでいる間も、ずっと私の思考の道標の一つとなってくれた。

しかし正直なことを言えば、私はマルクスの影響で人生の早い時期からヘーゲルの著作を読みだしていたのだが、そこに頻出する「精神」という言葉には、いつもどこかしっくりこない感覚を抱き続けていた。とくに「絶対精神」のような概念は、私にほとんど嫌悪感に近いものをあたえていた。それでもその頃はわきあがる違和感をおさえて、「精神」という言葉を「意識」の働き全般をさしている概念として理解しようとつとめていた。そういう風に解釈すれば、現代的な心理学や現象学とも折り合いがつきそうに思えたからである。ところが、大学に入って宗教学を学ぶようになった頃、ヘーゲルはこの「精神」という言葉に、どうもそれだけでない意味を込めている、と私は気づくようになったのである。

じっさい『精神現象学』の原題は、Phänomenologie des Geistes であり、英訳本でも Phenomenology of Spirit となっている。つまり「精神」と日本語訳されている西欧語の原義は、いずれも「霊」をあらわす「ガイスト」(ドイツ語)や「スピリット」(英語)やラテン語系の「スピリトゥス」やギリシャ語の「プネウマ」なのである。「精神」の「精」は「精霊」などを表す漢字で、「神」も広く霊的な存在を指す漢字である。そのためこの翻訳自体は間違ってはいないのだが、その後のこの翻訳語の運命を考えてみると、しだいに狭い近代的な「意識」の意味に限定されてきて、もともとガイストやスピリットが持っていた奥深い宗教的な意味からは、遠く離れてきてしまっていることが痛感される。そこで「精神の現象学」と言っても、それは人間の分別知に根ざす意識の形成過程を描き出す書物として、広く理解されるようになってきている。

しかしこの書物が出現したとき、西欧とくにドイツの知識人たちはそのようには理解していなかった。ガイストはキリスト教の教義に現れるあの霊であり、イエス自身がなんども「霊なしには神はあなた方のうちに現れない」と語っている、あの霊なのである。とくにプロテスタントのドイツでは、霊は神という概念よりも重要なものと考えられていた。ルターの影響で、プロテスタントは教会制度よりも、個人の心の内面にたちあらわれる霊の働きのほうが、大切であると考えていた。霊は大気(プネウマ)のように運動する純粋な力であり、霊の力に突き動かされないうちは、その人の信仰は外面的なものにすぎない、というのである。

ルター派のこのような考え方は、「プネウマ学 Pneumatologie」と呼ばれていた。古代ギリシャのミレトスやイオニアで発達していた、古代プネウマ学の近代的再生である。ヘーゲルが親友のヘルダーリンやシェリングとともにチュービンゲン大学で神学を学んでいた頃、このプネウマ学はキリスト教神学におけるいっぽうの有力な思想となっていた。プネウマはガイストと同義である。したがってプネウマ学は「ガイストの学」であり、キリスト教を霊＝ガイストの視点から統一的に理解しようとする思想ということになる。

しかし長いことこのガイストは「神学教義の孤児」[1]と呼ばれてきた概念である。父と子と聖霊とからなる三一体の教義に組み込まれてきたとはいえ、その正体については明らかでないことが多かった。父である神は子であるイエスと霊の流動によって結ばれ、子であるイエスは霊の力を受けて父を現す。ではその霊とは何かというと、謎ばかりだった。おまけにキリスト教がヨーロッパに広まっていくにつれて、霊の力に突き動かされる個人の信仰よりも、教会の制度をとおして確立される信仰のための組織のほうが重視されるようになると、ガイスト（霊）はますます神学の孤児のように扱われるようになった。

ルター派プロテスタントは、このような状況を根底から覆そうとした。彼らは信仰の礎はガイストの発動にあると考えた。そして神学の基礎にガイスト＝プネウマを据えた新しい学問の創出を模索した。ヘーゲルの観念論哲学出現の背後には、このようなプネウマ学復活の動きが随伴していたのである。

キリスト教の神学研究の中に現れ始めた、このような新しい視点の登場に出会うことのできた

40代の私は、ようやく長年の疑問が解けていくのを感じた。[2]『精神現象学』は『ガイスト（霊）の現象学』なのであり、『エンチクロペディ』の第三部「精神哲学」はまさに文字通り「ガイスト（霊）の哲学」と理解してよいのではないか。このように理解すると「絶対精神」のような概念も、空恐ろしいものではなくなってくる。プネウマ学では、霊＝ガイストはこの言葉をめぐるいっさいの大衆的・オカルト的イメージから切り離されて、「純粋な運動性（純動）をはらむもの」をあらわす概念となる。具象的なイメージでは、それは大気や気息のような動くものとしてとらえられる。そして自然にラテン語の「アニマ」や「スピリトゥス」に結びついていった。その純動の完全な純粋運動状態を「絶対ガイスト」と考えることにすれば、「絶対精神」の厳しさも消えていく。

ヘーゲルは古代のプネウマ学を詳細に研究することによって、ガイストというものの実像に近づこうとした。彼はソクラテス以前のギリシャ哲学を研究して、ドイツ語の Geist の古層に、「動き」や「正気をはらむもの」、「（発酵が起こるときふっふつと湧いてくる）泡」や「酵母」などの古代的概念や、ラテン語からくる「アニマ」「スピリトゥス」などの概念が、深く埋め込まれている様子を観察している。そしてそれが「こころ（プシケー）」につながり、そこからさらに深い「ロゴス」の考えへとつながっていく。ヘーゲルはこうした概念の複雑な地下茎網の中から、彼自身の「ガイスト」概念を練り上げていった。

ヘーゲル哲学は、「ガイスト（霊）の考古学」として誕生したのである。ヘーゲルは彼の学生時代にプロテスタント神学が推し進めようとしていた、ガイストを「父—子—霊」の三一体構造から自由な霊に解き放つ運動に、大きな霊感を受けながら、独自の「プネウマ学」を創造しようとした。それを実行するために、三一体構造の堅い岩盤を掘り抜いて解体していくことによって、その下から自由な状態にあるガイスト（霊）のほんらいの姿を露わにしたのである。これは考古学的発掘の実践に匹敵する、近代哲学に出現した最初の考古学の試みにほかならない。

ドグマ的なキリスト教は、ガイストをこの三一体構造の中に組み込むことによって、自由霊の働きを制御しつつ教会制度の中に取り入れてきた。自由霊はいわば「民衆」なのである。フランス革命を熱狂的に支持したヘーゲルは、それまで教会制度に抑圧されてきた民衆を解放する哲学を創造したとも言えよう。私は、ヘーゲルとマルクスを結ぶ真の絆はここにある、と考える。霊は運動力をもった力なのであるから、マルクスのいう「生産力」を自由霊と見れば、それに制限を加えて有用な仕事をさせる「生産様式」は、三一体構造に対応していることになる。生産力は技術の発達によって、いやがうえにも増大していく。そしてその圧力によって古い生産様式は変革を余儀なくされていく。一見すると保守的に見えるヘーゲル哲学は、このようなプネウマ＝ガイスト学的構造によって、たやすく革命理論に変容していくことが可能だ。

こうしてヘーゲルのガイスト学としての哲学が構築されていった。『論理学』では、純動体であるガイストが概念をつうじて自己展開していく過程が、詳細に描き出された。純動体は弁証法によって運動し、自己展開をとげていく。それは「プシケー（こころ）」を生み出していく。それがつくられていく過程が、『精神現象学』で詳しく分析された。「ガイスト（霊）の哲学」としてのヘーゲル哲学は、そのようにして最初から思弁的な考古学として生まれたものである。

したがって「精神の考古学」という名称は、二重の意味で奥深い。それはヘーゲルのガイスト学に連なっていくことによって、「こころ」以前から始まって「こころ」の現象化過程を解明するための、「こころ」の母型であるガイストに立脚する普遍的な学問に発達していくことができる。またそれは考古学の方法を駆使する一種の「知の考古学」として、思考におけるアジア的段階の堅い岩盤を破って、その下からアフリカ的段階の地層を露呈させるための、確実な道を開くことができる。

しかしヘーゲルの「考古学」と私の「考古学」との間には、決定的な違いがある。ヘーゲルはキリスト教に覆いかぶさっていたドグマ的神学の堆積を取り除いて、その下から自由を取り戻した「霊（ガイスト、スピリット、プネウマ）」を実体として取り出し、弁証法によって運動するその真の姿を明らかにしようとした。だがそこで発掘の手は止まってしまった。ヘーゲルが明らかにしたのは、アジア的段階における精神（ガイスト）の姿までであって、さらにその地層の下に隠されているアフリカ的段階の地層へと掘り進んでいくことはしなかった。やろうとしてもできなかった。近代主義の大前提がそれを阻んでいたからである。

そのあたりの残念な事情について吉本隆明氏はこう書いている。

ヘーゲルの同時代は絶対の近代主義が成立した稀な時期といってよかった。時代が歴史を野蛮、未開、原始と段階をすすめるものとみなしたのは、内在の精神史を分離し捨象しえたためはじめて成り立った概念だった。現在のわたしたちならヘーゲルが旧世界として文明史的に無視した世界は、内在の精神史からは人類の原型にゆきつく特性を象徴していると、かんがえることができる。そこでは天然は自生物の音響によって語り、植物や動物も言葉をもっていて、人語に響いてくる。そういう認知は迷信や錯覚ではない仕方で、人間が天然や自然の本性のところまで下りてゆくことができる深層をしめしている。わたしたちは現在それを理解できるようになった。これはアフリカ的（プレ・アジア的）な段階をうしろから支えている背景の認識にあたっている。

わたしたちは現在、内在の精神世界としての人類の母型を、どこまで深層へ掘り下げられるかを問われている。それが世界史の未来を考察するのと同じ方法でありうるとき、はじめて歴史という概念が現在でも哲学として成り立ちうるといえる。[3]

ここで「内在の精神世界としての人類の母型」と言われているものは、具体的には一神教の構造から自由になった「精神＝霊＝ガイスト」を、アフリカ的段階に向かって可能なかぎり深く掘り下げたところにあらわれるものにほかならない。ヘーゲル的ガイストを掘り下げていくと、アフリカ的段階における霊につながっていく自然な通路が開けてくる。さらにその通路は、吉本隆明氏が言うように、「世界史の未来」における人類の心の活動につながっていくはずである。私の「精神の考古学」は、アフリカ的段階と人類の未来をつないでいる、この通路を開こうとする試みである。

35　アフリカ的段階の仏教

ゾクチェンの扉が私に開かれたときにもっとも驚かされたことのひとつは、「そこでは天然は自生物の音響によって語り、植物や動物も言葉をもっていて、人語に響いてくる。そういう認知は迷信や錯覚ではない仕方で、人間が天然や自然の本性のところまで下りていくことができる深層をしめしている」と吉本隆明氏が書いているアフリカ的段階の特徴をもっともよく示す認識方法が、トゥガルの修行の最初の部分にいきなり置かれていることだった。

もう一度、その頃のことを思い出してみよう。ケツン先生が使っていた『イェシェ・ラマ』という十八世紀のニンティクの基本テキストには、その昔は四大＝自然元素の声を聞き分ける修行がさかんにおこなわれていたが、最近ではその修行法について書かれた本も少なくなり、またじっさいにその訓練をおこなっている修行者も少なくなってしまっているので、この修行はとばして、先に進んでよいと書かれていた。そのくだりを読んだとき、私はなぜか大きな落胆を感じたのである。いまとなっては落胆の理由がよくわかる。そこにはゾクチェンの本質である「アフリカ的段階への通路」を開く鍵が示されていたはずなのであるが、近代になるとチベットでもそのことへの関心がしだいに薄れてきて、ゾクチェンの教え自体が自然の本性とのつながりを失いはじめていることを、あらわしていたからである。

そこで私はケツン先生にお願いして、ヴィマラミトラのニンティクの古形に戻したやり方で、「四大の聲《こえ》を聴く」ための古風な修行をおこなってもらうことにしたのだった。ロンチェンパの『ツィクトンズ（詞義宝蔵論）』には、この修行について古代人の書いたたくさんのテキストが引用されている。前にもそのうちのいくつかを紹介しておいたが、ここでは『秘密行の種子』という別のタントラからの引用をしておこう。

かくのごとく聲のヨーガ行者は

土、水、火、風の四大元素の
本質を瞑想することによって
六種類の意識存在それぞれの聲を知り
聲による神的な透視力を得ることとなる。
六日間にわたって日毎の訓練を重ねれば
自然に生物たち（意識存在）の聲が判明してくる。
意識存在の聲に通達することによって
過去・現在・未来にわたる
心連続体の真実相を了解するにいたる。
この聲の修行をおこたってしまうと
利他をめざす化身たちも
化身の種子を蒔く力を失ってしまう。
それゆえヨーガ行者は四大の聲を聴くことを学ぶのである[4]

ここに書かれているように、ゾクチェンの準備である加行は、「天然は自生物の音響によって語り、植物や動物も言葉をもっていて、人語に響いてくる」という認識のアフリカ的段階を、身につけさせることから開始されている。自然元素（土、水、火、風の四大）はそれぞれの自生物の音響を持っていて、それによってなにかを語っている。これを聴き取る能力を得るために、「四大の聲を聴く」の修行がおこなわれる。

輪廻するこの世界（六道）に満ち溢れている有情（意識を持った存在・生命体）は、四大元素で構成された自然の中に埋め込まれた条件を生きている。そのため彼らの生存は、自然の自生的音響との直接的交渉をとおして形成されている。これらの意識存在は人間の持っているような言語を持たないからである。動物をはじめとする意識存在は、人間の言語のような仕組みを持たない「言」を語るが、それは四大の聲に直通している。それゆえに、自然元素の聲に習熟したヨーガ行者は、有情たちの「言」にしぜんに通達できるようになる。これが「コルデ・ルシェン」である。すると鳥が何を歌い、獣たちが彼らの「言」によって何を語っているのかわかるようになる。このことを「神通」と言っている。

古代のゾクチェン文書は、ヨーガ行者はこのようなアフリカ的段階の認識能力を鍛えた上でなければ、つぎの段階の正行に進んでいくことはできない、と語っている。四大元素と輪廻する意識存在（有情）は、ひとつの心連続体の上に生起している現象だからである。この心連続体は、過去、現在、未来の三時にわたって流れ続けていて、一瞬たりとも途絶えることがない。その流れから自然も意識も人間の心（セム）も生起している。四大元素と諸生物の聲を聴き取ることができるようになれば、諸存在の生起のさまをありありと理解できるようになる。

またそのことが理解されると、おのずから他の生き物たちへの慈悲心が湧き上がってくる。ほんものの慈悲心は、個々の対象物を相手にしていても、しぜんに湧き上がってはこないからである。個々の愛情の対象物ばかり相手にしていても、狭い利己的な慈悲しか湧いてこない。ところがあらゆる存在物と有情を貫いて流れる心連続体とそこからの生起の真相を了解するようになると、ほんものの利他心がおのずと湧き上がってくる。「化身の種子が蒔かれる」、とはそのことを言っている。

かくて、ゾクチェンの修行者は「四大の聲を聴く」修行に打ち込むのである。それをとおして自然自生物の音響を聴き取るアフリカ的段階の認識の土台が育成される。そしてそれは大乗仏教の土台をなす、心連続体の理解と利他行の実践につながっていく、とこのゾクチェン文書は語っている。大乗仏教の土台はアフリカ的段階の認識に深く根を下ろしている、とゾクチェンは主張していることになる。

*　*　*

このようなアフリカ的段階の認識様式は、つづいて展開されるゾクチェン正行において、さらにラジカルに深められていく。ゾクチェンはしばしば「密教」というカテゴリーに入れられることがあるが、この分類はあまり正しくない。密教では神仏のイメージを思い浮かべながらおこなう、観想という瞑想のやり方（キェーリム、生起次第）が使われる。またゾクリム（究竟次第）と言って、特殊な呼吸法で神経叢を強く刺激することによって、体内に熱や光を発生させるヨーガもよく用いられる。密教を代表するそれらの瞑想法を、ゾクチェンは不要として退けるのである。

それらの密教的なやり方が、「努力を必要とする」という理由である。そうした密教的方法では、身体の自然状態に強い働きかけをおこなうことによって、通常では表面にあらわれてこない状態を、無理やり外に引き出してこようとする。ハイデッガーの言うところの「テクネー（技術）」によって、自然を挑発して内部から特別な力や状態を引き出してこようとする方法が、ゾクチェンでは否定されている。

ゾクチェンは「無努力」の教えである。『金翅鳥タントラ』はつぎのように語る。

真実であるリクパは思考せず、動揺せず、働きかけをおこなわず、歪みなく真実をそのまま（如実）に示す。

真や偽の判断をとおして真を受け入れるのではなく、そのままをそのままで放下する。言葉で考えることが思考であるが、言葉がすべてを覆い尽くすことは不可能であるから、思考を到達としない。

修行を成就することなどは考えず、そのままをそのままとして受け入れる。

到達のないことが純粋な到達であるから、到達という概念自体を超えていけ。

対象を対象ととらえず、如実のままに放下する。そうやって放下した心をも表象に委ねることなく、平等のままに放置する。

ムドラーは空《くう》であるから、個々の瞑想そのものではなく、瞑想そのものを高みから眺めるのである。

個体もなく対象もないことが、最高のムドラーである。

対象性の絶滅した歪みない真実の状態にとどまるのである。（………）

対治のやり方を学ぶのではなく、はじめから対治者として、生まれるやいなや飛び立つ金翅鳥（ガルーダ）は、卵から出るとすぐさま空《そら》に飛び立つ。

他からの教えによらず、文字に表すこともない（悟りへの）この近道は、快楽《けらく》を完成し、行為の道も完成しているから、修行の道に依ることなくはじめから成長をとげているのである。大きく翼を広げた金翅鳥が自分の舞っている大空にすら執着しないように、ゾクチェンはすべての教えの拡張された広大な大地であるが、その大地の広大さにも執着することがない。
金翅鳥の子が卵の中で成長をとげてしまっているように、不生不滅の自性そのものが、真実のティクレとして法界に思うがまま伸び広がっていく。[5]（私訳）

ここでは、アジア的段階の社会で高い価値をあたえられている、ひたすらの勤勉さや真面目な努力や高い目標への執着などが、いっさい否定されている。そういう価値はむしろゾクチェンにとっては邪魔者である。無努力、無執着というゾクチェン的価値は、この点から見ればあきらかにアフリカ的段階の価値であろう。自然への働きかけが価値や富をもたらすのではなく、価値や富は自然からの贈与として「ランジュン（自己生成的）」にもたらされなければならないという信念が、ここには示されている。

トゥガルの光のヨーガにいたっては、この特徴にさらに磨きがかけられていく。このヨーガは眼の神経組織への刺激から成り立っている。しかしその刺激は、けっして技術的な刺激や圧迫によってはならない。リラックスした状態で、太陽や月やろうそくの光を見つめることで、眼の神経組織の中に光を受け入れる。眼に入った光は、視神経の組織（水晶管）をとおして、大脳や心臓部神経叢に届き、そこでリクパの光の内部からの自然発生を促すのである。このリクパの光が、眼球から外に現れてくる。その様子をゾクチェンパは完全な受動性の中で見届ける。この状態に無努力のままにとどまることで、如実（あるがまま）を見る知性が、自然に湧き上がってくる。この知性が「原初的知性（イェシェ）」である。

ゾクチェンにおいては、「絶対ガイスト」とも言うべき最高の純粋度を持つ原初的知性が、「自然まみれ」のアフリカ的段階の知性を土台としてあらわれてくるのである。ここがヘーゲルのガイスト学とゾクチェンとのもっとも大きな違いである。

ヘーゲルの「絶対ガイスト」は思考そのものと同一である概念であるから、それをめぐるさまざまな思弁はすべて観念の内部で起こることになる。ところがゾクチェンの言う原初的知性《イェシェ》は、物質的な四大元素の聲や他の生物種の聲への通路を保ちながら、法界（存在）をみたす知性である。物質現象も生物現象も、すべてが法界の中に生起していて、そこを原初的知性がたえまなく活動している。

ヘーゲルの「絶対ガイスト」が純粋な運動性であるように、原初的知性も法界の純粋運動と一体になって活動している。しかし双方で働いている「論理」は違っている。「絶対ガイスト」はロゴスによって運動する。それにたいして原初的知性は縁起的なレンマの原理によって運動する。[6]縁起の論理は法界を満たしているあらゆる事物が相依相関しながら全体運動をおこなっているので、物質も生命も観念もおたがいを巻き込みながら変化を続けていく。それゆえ原初的知性はそのもっともプリミティブな形態において、アフリカ的段階の思考であるアニミズムを生みだす。しかし「絶対ガイスト」からは、アニミズムの霊《ガイスト》が出てくることはありえない。

仏教の思想を根底までとことん深めていくことによって、ゾクチェンはアジア的段階の思考の壁を突破して、あるいは底を踏み抜いて、アフリカ的段階の思考にまで踏み込んでしまっている。

そうやってゾクチェンとして再生をとげたアフリカ的段階の思考は、しかしもとのままの姿をしていない。飛躍が起こっている。そこには高度な哲学があり、洗練されたヨーガの体系がある。しかし本質において、それは自然に向かって開かれているアフリカ的段階の思想そのものなのである。もとのものを保存しつつそれを否定して新しい段階へ登っていく。ここで起こったのは、まさにほんものの飛躍である。

＊　＊　＊

ではどうして仏教思想を突き詰めると、精神のアフリカ的段階への飛躍が起こるのだろうか。それは仏教自体が、はじめからアフリカ的段階への志向を内在させた思想運動だからである。それはつぎのような事情による。

サーキャ族の王子シッダールタが、ヒマラヤ山塊の裾野に広がるタライ盆地に生まれた頃、この小さな王国はマガダ国やコーサラ国という大国に囲まれていた。非アーリャ系のサーキャ族のつくるこの王国は、ほんとうに小さな王国だった。大国に比べて規模が小さいだけでなく、サーキャ族の王国は、当時周囲に勃興しつつあった大国とは異なる原理でつくられていた。大国は専制的な王によって支配された君主制の国であった。それに対して、サーキャ族の国は王はいるが専制王ではなく、国の体制は共和的な制度によっていた。サーキャ族の国ばかりではなく、周辺にはミティーラ族の国をはじめとして、いくつもの共和制の小国が散在していた。これらの小国群は「サンガ」的な国家と呼ばれていた。古くからの部族的な集団が自然に結合しあって形成された国、というような意味である。私たちの概念を用いれば、アフリカ的段階の社会組織が自生的に国に発展していったものを、サンガ国家というのである。

アフリカ的段階の社会は、系譜関係で結ばれるリネージ（同じ出自を持つ親族集団）という小さな集団をもとにしてできあがっている。これが小さな政治単位となってムラができ、よそのムラと結婚や交易や祭りなどをつうじてつながっていたが、それ以外のことではむしろよそのムラとは、離散的に切れていた。つながりながらも切断されているという関係を保ちながら、「隣人は潜在的に友にして敵」というような、おたがいがべったりくっついてしまわない関係が、大きな見えない環をなしていた。

ところが大国は、それとはまったく違う原理でつくられている。王によって民や奴隷となった民衆は、収穫物や労力を租税として貢納しなければならない立場におかれる。王はその租税を使って、軍隊を組織して他国と戦争をしたり（徴兵されるのは民衆である）、運河を掘るなどのインフラ整備をおこなう（ここでも民衆は労力の提供を求められる）。社会の階層分化が進み、インドではそれがカースト の制度にまで発達・固定化されていった。専制的な王が民衆を支配する。こうしてそれまでなかった「国家」の観念が発達してくるようになる。これが「アジア的段階」の原理である。

サーキャ族の国のようなアフリカ的段階から自生した小国群は、たえず大国からの圧迫や侵略に脅かされていた。じっさいシッダールタが出家を敢行して、ブッダとしての悟りを開いてからしばらくたった頃、サーキャ族の国は大国コーサラの攻撃を受けて滅んでしまっている。

ブッダは「縁起」の理法を説いた。あらゆる事物が相依相関しながらつながりあっていて、世界は全体運動をしている。個物は自律しているが、縁起によって他とつながりあっている。したがって個物に実体はなく、「わたし」さえも実体を持っていない。人はもともと国民でも家族でもないのであるから、そこを出て、サンガの集団で新しい人間関係を模索していかなければならない。

また生産は悪である。アジア的段階の社会では、かつてない規模と強度での農業生産がおこなわれ、民衆から貢納される富が大国家を支えている。このような生産を促進するために、この社会では大掛かりな呪術や宗教がおこなわれる。農業革命に先行して、人間の等身大を超える神々を想像的につくりだす「象徴革命」が起きていたが、それに導かれて農業の技術革新は起こったのである。ブッダはそれらを否定した。

財産の私有も否定される。サンガに寄せられた富は、すべての出家者によってシェアされ、分配される。私有財産の制度が伸張したのは、農業革命以後のことである。それ以前のアフリカ的段階の社会では、狩猟で捕獲された動物の肉や脂や毛皮は、共同体の中で平等に分配された。もちろんその動物を仕留めた者には、体の中の上等な部分が与えられたりしたが、狩りに出られない老人や病人にも一定の分け前が分与された。私有物とはその人間が生きている間だけ、神から貸し与えられているものであって、死んだら他の人に譲られていかなければならない。後の社会の王たちのように貴重品を自分の墓に持ち込んで、死後も豊かな暮らしを維持しようなどという考えは、アフリカ的段階の社会ではむしろ吝嗇《りんしょく》として笑われてしまう。そういう財産観が仏教のサンガのものでもあった。

サンガに属する出家者は、自ら生産をおこなってはならない。食べることにも関心を持ってはいけない。出家者は生きるために必要最小限の食物や便利品を得るために、都市の周辺部を托鉢して回り、生産者である都市の住民たちからの布施を贈与してもらう生き方に徹しなければならない。それはまるで、自然からの贈与で生きていたアフリカ的段階の人間の生き方を、都市的環境において再現しているような、恐ろしいほどラジカルな行為である。

またサンガでは、象徴革命の華々しい成果である呪術的な宗教が否定された。近代人の合理主義とは違う考えによって、この否定はおこなわれている。象徴的思考が発達すると、人間はしだいに「自然自生物の音響」にたいする感覚をなくしていく。四大の聲が聴こえなくなって、かわって記号とイメージで心がいっぱいになってくる。これらの記号もイメージも象徴も、実在しない幻影である。そういう幻影を動員して、呪術的宗教はおこなわれる。合理主義によって呪術を否定するのは、幻影を別の幻影で処分するようなものである。そうではなく、サンガではアフリカ的段階の人類の感覚に戻るために、騒々しい呪術は不要とされる。

ブッダのサンガにおいて否定されたものの大半は、おおむね専制国家的なアジア的段階に発生した機構である。このことをとらえて、仏教学における批判理論の盛んになった一九七〇年代のインドと日本の仏教学者の中には、つぎのように書くものも多数あらわれるようになった。

初期仏教時代にガンジス河中流域地方に出現した大小の都市を中心とした国家を今日、わが国の学界ではしばしば《都市国家》(ギリシャの Polys=City State)の名でよんでいる。そして、古代仏教の社会的経済的基盤を商工業の発達、都市の出現にもとめる。もちろん、都鄙における生産力の著しい発達、私的所有、富の蓄積、奴隷所有などの、いわゆる国家的諸要素にもとづくものではあるが、しかし、種族社会こそ仏教発生の真の母胎であり、非アリアン的ないし反バラモン的な種族宗教こそ、仏教の萠芽の基礎となっていることを確認しなければならない。種族社会はすべて解体すべき運命にあった。仏教は人間的な真の自由、平等、慈愛が息吹いていた種族社会の宗教的再建をめざしたものであった。したがって、マガダの奴隷制国家を中心に発展した仏教が革新的な宗教として階級否認、人間平等の思想を抱く市民的ブルジョアジーに迎えられた秘密も、ここに認められるであろう。[7]

この文章にある「種族社会」という言葉は、私たちの言うアフリカ的段階の社会と言い換えることができるので、仏教の萠芽の基礎はアフリカ的段階の部族的宗教にある、ということになる。こう考えてみると、そののちにあらわれる大乗仏教の空の思想に、仏教の萠芽に蔵されていたアフリカ的段階の思想の哲学的展開を見ることはたやすい。

こうして、仏教思想の精髄を極めていくと、そこにはしぜんにゾクチェンが現れてくるのである。ゾクチェンは文字どおり「進化した自然まみれの思想」である。そこにはアフリカ的段階の思想の本質が、高度な形態でよみがえっている。初期仏教が乗り越えようとしたアジア的段階の思想が、さらに発展させられている。こうしてゾクチェンでは、物質的自然との通路を穿《うが》ち、人間的な心的構造をセムニーの自然状態につくりかえ、視神経をとおしてこの自然状態のセムニーを外部の空間に戯れさせるという、独特な修行の体系が発達することになった。

現代の私たちは「精神の考古学」の方法によらなければ、ゾクチェンパたちがそこで何を追求してきたのかを、じっさいに、内面から、知ることはできない。ゾクチェンだけではない。ひとくくりに「秘教」と呼ばれてきたものの多くは、じっさいには精神におけるアフリカ的段階を志向する思想的な実践であった、と私は考えている。「精神の考古学」の探究を組織的におこなうために、自分たちはすでに遅きに失してしまったかもしれないというおそれが、たえず私の心を苦しめる。しかし、精神のアフリカ的段階は、現在でもホモサピエンスたちの心の土台をなし、どんなに技術の発展がそこからの離脱を人類に可能にさせていると喧伝されようとも、その土台はいっこうに揺らいでいないのである。現代人の精神の奥底でも、ゾクチェンパが青空に見届け続けているリクパの運動が、いまもたえまなく生起し続けている。そこが精神と物質の不変の土台である。

エピローグ

フランス中部のドルドーニュ県にあるレゼジという小さな町は、ラスコー洞窟をはじめとする先史文化の遺跡群によって有名である。美しいヴェゼール渓谷を走る鉄道の列車をレゼジ駅で降りてしばらく歩くと、小さな街並みの中にすでに旧石器時代の遺跡が点在している。渓谷沿いの崖には、いたるところに洞窟や岩のテラスがあって、上部旧石器時代のクロマニヨン人たちの住居に使われていた。昔から岩のテラスを利用してそこに居館を建てている人々もたくさんいて、自分の住居を博物館のように仕立てて、観光客が見学もできるようにしてある。レゼジは街全体が考古博物館のようなところである。

渓谷の上方にしばらく登っていくと、そこには広大なペリグー地方の大地が広がっている。牧草地には点々とシャトー（館）が建ち並び、中でもひときわ目立つのがシャトー・ドゥ・シャバンで、そこを中心にした広大な土地はすべて、イギリスの発明家バーナード・ベンソンの一族の所有となるものである。第二次大戦中には英国空軍の戦闘機パイロットとして名を馳せたバーナード・ベンソンは、戦争が終わるとミサイル開発に従事し、その後ＩＢＭコンピューターに使われるパンチカードを発明し、その特許によって巨万の財産を得た後、ほどなく引退して悠々自適の生活に入った。

彼はドルドーニュのこのあたりの土地が気に入って、広大な土地をシャトーごと買い取って、そこをチベット仏教のセンターにつくりあげていった。ダージリンで出会ったカンギュル・リンポチェの人格に感銘を受けた彼は、リンポチェと彼のご子息たちをこの地に招待して、そこで仏教セミナーを開く活動を始めたのである。こうしてレゼジはしだいに、フランスにおけるチベット仏教伝道の中心地になっていった。

バーナード・ベンソンはこの地にチベット仏教の拠点を開くに際して、ペリグー地方の文化を尊重して、そこに極彩色のチベット寺院を建てることをさせなかった。この地方には、特産の黄色い石だけを使って建物を建てるという伝統があったが、この伝統を尊重して、どのセンターも黄色い石でできたペリグー風の建物になっている。このような細かな配慮の数々によって、地元の人々とチベット人の関係は、いまもきわめて良好である。

ケツン・サンポ先生は、一九九〇年代に入るとしばしばこのセンターに招かれて、フランス人をはじめとする欧米の人々に仏教を教えるようになった。ある日そのレゼジから先生からファックスが送られてきて、近況報告とともにラスコー洞窟を見に行った、と書いてあるのを読んだ。私はがぜんそこを訪ねてみたくなった。ちょうどうまい具合にパリでの講演の仕事ができたので、私はスケジュールの合間を縫ってドルドーニュへの旅行に出かけた。

先生の滞在先はバーナード・ベンソンの購入した広い敷地の立派な農家風の館だった。先生は黄色い石作りの館の三階のペントハウスに滞在していて、亡くなった父親に代わってこの土地を管理している娘のアン・ベンソンといっしょに、私を出迎えてくれた。先生はネパールにいるときよりも健康そうだった。「食べ物がいいからね」と笑っていたが、じっさいはお寺の経営や頼まれごとの重圧から解放されて、久しぶりに伸び伸びとした気分になっていたのだろうと思う。

ケツン先生のこちらでの講義日程はほぼ終了していたので、私は先生と毎日のように、散歩がてら周辺の遺跡見学に出かけた。レゼジの街中にある洞窟や岩のテラスに出かけたり、自動車を出してもらって、ラスコー洞窟のレプリカを見に行ったりした。もともと古代文化に並々ならぬ関心を持っていた先生は、ヨーロッパの旧石器考古学にも大いに関心を示していた。若い頃チベットで新石器時代の洞窟に描いてある壁画を見たことのある先生は、ヨーロッパの洞窟壁画との比較に関心があった。

「チベットのチャンタン高原に残っている洞窟にも、よく似た動物の絵が描かれていました。その写真をネパールで見せてくれたアメリカ人がいました。洞窟の入り口に鹿やヤクの姿が描かれていました。ラスコーの洞窟の絵ほど見事ではありませんが、それでも動物の特徴をうまく捉えて描いているなと思いました。チベットのもここのも、動物がよく獲れますようにという呪術のための絵なんでしょう。しかしラスコー洞窟の絵を見て、私は不思議に思ったのですが、これほど大きくて深い洞窟に長い間潜っていたら、とうぜん目からのリクパの自然放射が起こるはずなのですが、見たところそれがはっきり描かれていませんでした。昔のゾクチェンの本に書いてあるように、ゾクチェンが生まれる以前には、古代の人たちは同じドルジェ・ルクギュー（金剛連鎖体）を青空や暗黒に見ていても、それが何か深い意味を持つものであることをわからずにいたのだろうね」

ケツン先生は当時の最新の旧石器考古学で話題になっていることなどは知らないままに、ヤンティ・ナクポの暗黒瞑想の体験から得た考えをもとに、独自の見解にたどり着いているようだった。私は最近の旧石器考古学の研究について説明をした。

「旧石器のクロマニヨン人たちも、真っ暗な洞窟の中でそれにきわめてよく似た光の模様を見ていたようです。彼らは岩の上にさまざまな模様を描きましたが、そこに描かれたパターンは、トゥガルに出現するものとそっくりだそうです。ラスコー洞窟に描かれている絵の大半は、なかば専門の絵描き集団がスペインの方から呼ばれてきて描いたもののようですから、そういうことも関係して、光の文様が表には出てきていないのかもしれません」

「やはりそうですか。ないのはおかしいと思っていました。あるとすれば、それはチベットの歴史書に書かれていることと符合しています。コントゥル・ロドゥ・タイェの『全智集成（シェーチャー・クンキャプ）』[1]をはじめとして、多くのゾクチェン関係の本に、雄大な宇宙論が語られているのは、あなたもご存知でしょう。宇宙が無の空間に力をはらんだ渦として出現し、それがたくさんの太陽系を形成し、その中の一つに地球が生まれています。汚れのない純粋な原初的知性に無明の風が侵入すると、四大元素が渦を巻きながら形成していった地球に、生への欲望を持つ有情（生命）が発生しました。長い時間をかけて、その有情の中に、原初的知性の純粋な輝きを認識することのできる生命、すなわち人間が出現するようになりました。しかしこの初期の人間は、自分の心が見ているものの本性をなかなか理解できなかった。そのために高い知性を持ちながらも、無明の分別心のままの暮らしをしていました。

その頃、その人類たちは洞窟に住んで儀式をしている最中に、リクパの顕現であるさまざまなパターンを見ていたのですが、無明の分別心にはそのことの意味がわからなかったので、ただ絵に描いたり神様に祀ったりしていました。この世にブッダが出現して、人間の心の本性はリクパの光であることを説くようになってはじめて、人間は自分たちが宇宙に出現したことの、ほんとうの意味を知るようになりました。仏教のアビダルマ宇宙論では、その後長い時間が経過して、地球上のすべての有情が絶滅し、地球も崩壊して、太陽系すらこの宇宙から消滅していく様子が詳しく描かれています。

私たち人類の生存とはそのようにちっぽけなものです。私たちが仏教だ、やれ修行だなんだと言っていても、この雄大な宇宙のサイクルの中では、小さな、小さな、砂つぶよりも小さなお話にすぎません。なにごとも自分のしていることをおおげさに考えてはいけません。変化しないのは法界だけで、すべての事物は変化し、消え去って行きます。そういうことを瞑想するのに、ここはほんとうに良い場所です」

旧石器人が生活していた岩庇の下のテラスに置かれたベンチに腰掛けながら、ケツン先生がそう語るのを聞いていて、私はとても奇妙な気持ちに襲われた。ケツン先生の口をとおして、とてつもなく古くから地球にいるモノリスのような知性体が、まるで独り言をしゃべっているかのように、私には感じられた。先生にとって、自分が私という日本人の師であるとか、私が先生の弟子であるとか、そんなことはもうまったく意味を失っていた。あるのはたったひとつの法界からの声の響きだけであり、その声がかりそめに師と弟子の姿をとっている幻に向かってその響きを伝えている、そんな感じだった。

私は先生に、気になっていたことを質問した。

「ヨーロッパの人たちに仏教を教えていて、なにか変わったことはありませんか。仏教は彼らによく理解されていると感じていらっしゃいますか」

「彼らはとてもよく勉強し、理解してくれています。そもそも仏教はひとつの真理ですから、チベット人にもヨーロッパ人にも、違う真理が届けられるということはありません。しかし土地の力というものは、たしかにあるようです。どこの土地にも土地霊（サダク）のようなものがいて、その土地霊たちはみんな違う個性を持っています。宗教はこの土地霊の上に育ちますから、キリスト教はヨーロッパの土地霊によって育てられ、仏教はチベットや日本の土地霊によって育てられました。だからどうしても他の土地に移植された真理は、そこの土地霊から影響を受けることになります。ヨーロッパに移植された仏教は、いずれチベットで育った仏教とは違うものに育っていくでしょう。でもそれでいいのです。あらゆるものは変化していくのだから。

　でも私はチベットの土地霊が育てた仏教が愛おしくてなりません。そこに育てられてきた精神が、愛おしくてなりません。チベットには、ほかの土地にはけっして育たなかっただろうと思えるような精神が、たくさん生まれたのですよ。私は若いときに、ウザン（中央）地方のある修行場近くの洞窟で、一人の修行者に出会ったことがあります。一目でその人がすごい成就者だとわかりました。鋭いハゲタカのような目をして、私を見据えていました。私はそのラマの威厳に射すくめられて、身動きもできなくなりました。

　そのラマは人に知られることもなく、山の中に籠って何十年も修行を続けていたそうです。ただ『ヴィマ・ニンティク』だけを頼りにして。まるでタントラの中の金翅鳥《ガルーダ》のようなラマでした。大空高く悠々と孤独な飛行を続けているようなラマで、彼に比べたら自分も含めてふつうの人間はさしずめ雀のような存在で、金翅鳥にいつ襲われてもおかしくないのですが、私たちの心の毒をついばむためにだけ地上に降り立ってくる慈悲の鳥だとわかっていましたから、恐れよりも畏敬の念のほうが勝っていました。私はそういう金翅鳥に射すくめられたのです。

　チベットはそういう精神をたくさん育て上げてきました。名前を知られることもなく、また人に知られることを嫌い、本を著して有名になるわけでもなく、ただひたすら真理を求めて生きている、そういう無名の修行者たちがいっぱいいたのです。チベットの土地霊が、そうした無数の人々を育て上げていました。チベットには金翅鳥のような精神の持ち主が、数え切れないほどたくさん出たのです。

　私はいまその土地霊と切り離されて、地上での放浪を続けています。私はときどき自分が、チベットの土地霊に育まれて金翅鳥をめざしていた鳥たちの種族の、最後の一羽になってしまったように感じられることがあります。私よりもっと大きな精神を持った先生たちも、いまではみんな亡くなってしまいました。私は生き残った鳥たちの種族の、とうとう最後の一羽になってしまった気分です……」

　私には、ケツン先生の深い悲しみを理解できたとは、とうてい言えなかった。私はそのとき、若い日の先生が自分を金翅鳥の前に立たされた雀だと感じたという以上に、自分のことを小さな雀だと痛感した。

　私は二十世紀のアメリカ詩人が、小鳥たちにおそれられているハゲタカについて歌った一編の詩を思い出していた。

それでも、市民の雀よ、君が血も涙もないという
このハゲタカが、またのっそりと空に飛び立って、
腐った「勤め」の上を過ぎ、屍肉の底荷を
持ち上げて、高い空のてっぺんをのんびりと

うろつき回るのなら、そうさせておくがいい。そうすれば、
天上にもこれほど美しい鳥、これほど広く穏やかな翼、
こんなに油断のない飛び方は、他にないことがわかるだろう。
こわいほど自由なあいつ、剝き出し頭のあいつは、あそこで

自然を肩に背負っているのだ。果樹園の小道をせかせかと
突っ走る君は、あいつを許してやるがいい。なぜなら
あいつなのだ――死を貪り食い、無常を嘲笑い、あっさり
けりをつける勇気をもち、自然をいつも新鮮に保っているのは。

子ども心の持主よ、あの箱舟のノアを思って、忘れよう――
狂乱にみちたどれほどの長時間、あいつの鋸状の歯が
ぜいぜいと噛む音で、鳥たちの歌が気まずいものになったかを。
そしてあいつのハンマーのばしんと打ちつける音が、一日中、

どれほどみんなの耳を悩ましたかを。また忘れよう、あいつが
舟の下の珊瑚のような町々や、気の滅入るほどに深い野原を
平気で見下ろしていたことを。むしろ思いやってみるがいい、
あいつが自分のただひとつの世界、みんなの世界をゆらゆらと
揺すっていたあの海が、どれほど高く、うんざりだったかを。
自分の得たわずかな知識を抱いて、喜んで死んだであろう君は、
ヒーローを許してやることだ。あの海原を越えて、あいつは
アララテにまで辿り着いたのだ。人はみなノアの子ではないか。[2]

チベットの土地霊は、このような天空を高く舞う鳥たちの精神を育んできたのである。そしてチベットの普通の人々は、このような大鳥たちを恐れながらも畏敬した。大きな鳥となることを目指して情け容赦もなく家庭を捨てて、山の中の修行場に籠もってしまったり、そこで奇妙な楽器を鳴らして平凡な人たちの安眠を妨げたとしても、人々は喜んでそれを許した。それどころか深く尊敬した。「あの方たちはアララテまで辿り着いた人たちなのよ（いやチベット人ならアララテではなく兜率天《とそつてん》というかもしれない）。あなたもそういう大きな鳥におなりなさい」とチベットの親たちは、我が子に語りかけながら育てた。そういう土地霊が生んだ大きな鳥たちの最後の世代が、ケツン先生たちである。私は先生と出会うことによって、そういう土地霊のまなざしの一瞥に触れ、打たれたのである。

「ナカザワさん、あなたは私を離れてどこへでも飛び立って行くことができます。大切なのは、ラマ（師）という人間ではなく、その教えなのですから。しかし私はあなたがどこにいてもいっしょです。法界で結び合っているもの同士は、現実世界でどんなに離れていても、じつは離れることがありません。たとえ相手が亡くなってしまっても、離れることはないのです」

手の届くほどに低いところを流れていく冬の雲が、めまぐるしく形を変えながら、頭上を走り抜けていく。その雲の行方を見つめながら、ケツン先生は穏やかな声でそう私に語りかけた。

ケツン・サンポ先生は二〇〇九年、ネパールのスンダリジャールで亡くなった。

あとがき

ケツン・サンポ先生はたくさんの弟子を育てられた。私が初めてネパールを訪れた頃、先生はインドのオリッサ州の難民キャンプの子弟をネパールに呼び寄せて、私費を投じてつくった仏教学校で教えていた。そこにはラダックやスピティやソロクンブなどから評判を聞いて集まってきた、何人もの活仏（トゥルク）たちも学んでいた。勉強にやってくる欧米人の弟子も、何人もいた。その中で、どうして私だけが先生のご自宅に同居して、朝から晩まで先生の言動や行動を観察しながら、ゾクチェンを学ぶことができたのか、今でも不思議でならない。

たぶん先生のもとを訪れる外国人の中で、私がそうとうな変わり種に見えたので、面白いと思ってくれたのではないかと推測している。私は大学で比較宗教学や人類学を学んできたこともあって、たとえゾクチェンのような高度な思想の体系であろうとも、その思想はそれを物心両面で支えている土着の人々の伝統的思考を土台にしているはずだという確信があった。そこで目的としていたゾクチェン以外の民衆文化にも、深い関心があった。

しばしば私はこっそりと勉強の場を抜け出して、放浪の密教の行者（ンガッパ）が村でやっている治療儀礼や、ネワール族のシャーマンのトランス儀礼などを、覗きにでかけていた。ときにはそういう行者たちから、手取り足取りやり方を教えてもらうこともあった。小さな町では噂はすぐに広まる。あの日本人はどうも変な趣味の持ち主だと言われ始めていた。ケツン先生はその噂を聞いて、むしろ私に好感を抱いてくれたようだ。

そこで先生は、山中でのゾクチェンの前行から戻ってきた私に、すぐにチュウのやり方を教えてくれた。それに習熟していれば、どんな田舎の村に入っていっても、村の人たちはあなたを歓迎してくれる、お礼だっていただけるはずだ、そうすればチベット中どこへでも旅して行くことができる、というのがその理由だった。先生は私がやりたいと思っていたことを、すっかりお見通しだったのである。

チュウ行者の太鼓と人骨笛を手に入れた私は、近くの川のほとりにでかけて、朝から晩までチュウの練習をした。一週間後にはなかなかの腕前にまでなっていた。それを先生やお弟子さんたちの前で披露すると、みんなからもういっぱしのチベットのンガッパだと、お世辞で褒められて浮かれた。調子にのって私は「ナムカ」の呪術まで学び始めた。アメリカ先住民のドリームキャッチャーによく似た蜘蛛の巣状のアンテナのような道具をこしらえて、そこに悪霊をひっかけて捕獲するという、インドの童話にでも出てきそうな呪術である。まともな仏教学者だったらめったに手を出さない、危なっかしい原始的密教である。そんなものに関心をしめす私は、よほどの変わり者だとみんなに噂された。

こういう様子を見ていたせいであったかもしれないが、先生はその後、本に書いてある型通りのやり方ではなく、自分がチベットで見聞きした前の時代のゾクチェンパたちの教え方で、私を教育してみようと思われたようだった。海外からやってきた真面目な学者たちが尻込みするような、『リンチェン・テルズ』所収の原始的密教のやり方も、たずねれば教えてもらえた。

そんなわけで、ケツン先生は私の発するチベット人が聞いたらびっくりするような突拍子もない質問にも、面白がっててていねいに答えてくれた。私が古いニンティクの本に書いてある、現在ではもうほとんど実修されていない「四大元素の声を聴く」ヨーガを学びたいと言ったときなどは、ほんとうにうれしそうにしていた。パッサン・ドルジェといっしょに、私がテントをかついでその修行に出かけようとしていた朝には、自分も若かったらいっしょにでかけたろうと言って、私たちを送り出してくれたものである。

私はその当時ネパールに集まっていたニューエイジたちとは、まるで違うことを考えていた。私は彼らの求めていたような癒しも悟りも神秘も求めていなかった。私は物質界と人間の精神をつなぐ真の回路を求めて、ゾクチェンを学ぼうとしていたのだ。学生の頃、レヴィ＝ストロースの『悲しき熱帯』という本を読んで、そこにタンポポの花の示す物質的秩序と人間の精神の普遍的構造との間にはたしかなつながりがあり、両者を媒介するのが「構造」であるという思想の記述を見つけて、ひどく感動したことがある。そこには唯物論の新しい形態が生まれかかっていた。

しかしそこで言われている物質界と人間精神をつなぐ「構造」は、構造主義の考えているようなレベルには見出しえないことを、私はしだいに理解するようになっていた。構造主義の考える「構造」は、言語的象徴のレベルに設定されていた。だが物質界と人間の精神をつなぐ真実の回路は、そこには見出すことができないのである。私の抱えるそうした問題に、ゾクチェンは真正面から答えてくれた。そしてそのことを知ってか知らずか、ケツン先生は普通とは異なるやり方で、私を問題の核心近くまで導いてくれた。

私のゾクチェンの勉強が一段落する頃、ケツン先生は頻繁にヨーロッパやアメリカに招待され、そこで仏教やゾクチェンについて講義をする機会が増えていた。そのため私がチベットやブータンへの旅の帰りにネパールを訪れても、留守にされていることが多くなった。フランスのドルドーニュ地方に先生が滞在しているときそこをお訪ねして、何日もいっしょに過ごしたのが、落ち着いて話のできる最後の機会になってしまった。「無駄話はしても無駄だよ」というのがケツン先生の口癖であったから、人生で有意義な話はそこまでで十分ということなのだろう。

それにしても、この話を連載していたとき、よく人からは、あなたはよくもまあ四十年以上もの間、これほどの体験についてほとんど書くこともしゃべることもしないで我慢してきたものですね、となかばあきれまじりに訊かれたものである。別に意識してそうしていたのではなく、自分の中でもうそろそろ書いてもいいという許しが下りなかったのである。ケツン先生から教えていただいたことの内容を、自分はまだ十分には体験によって理解し尽くせていないという思いが、私にはずっとあった。その許しが最近になって自分の中でやっと出た。そこまでにじつに四十年もかかってしまったわけである。

私のゾクチェンの修行は多くの人々に助けられている。その人たちに感謝の気持ちをお伝えしたい。その人たちの名前の多くを、煩瑣をおそれて敬称抜きで書くことをお許しいただきたい。ここにはもう亡くなっている方も多数含まれるが、私の心の中に強く生き続けているという意味で、死者にも生者にも区別はしない。

＊　＊　＊

ケツン・サンポ先生への感謝の念はここに記すまでもない。ニンティクの灌頂を与えてくださったドゥトップチェン・リンポチェとチャーデル・リンポチェ。人間性がどこまで偉大であれるかを私の前に示してくれたディルゴ・ケンツェー・リンポチェ。その弟子のフランス人マチゥ・リカール。アメリカ人の兄姉弟子であるアニー・クラインとハーベイ・アロンソン。

パッサン・ドルジェ、ソナム・ツェリン、ガワン・リンチェン、ツェリン・ハギャル、タムディン・サンポ、テンジン・サンペル、スピティ・トゥルク。以上は仏教学校の学友たちである。ミクマラ、タムジュー・サンポ、チュウミク・チャンジュのブータンラマご一家。絵師ペマ・ドルジェとペマ・クンサンのご一家。この方たちには生活の上で大いに助けていただいた。

宮崎信也、川崎清嗣、郡司聡、末安由香里というチベット学の仲間たちの協力に感謝する。とりわけいくつもの旅をともにした川口恵子には、心からの感謝の気持ちを伝えたい。

ブライアン・イーノには本書の装幀に近作の「ライト・ボックス」を使用させていただいた。イーノの「アフリカが足りない」という言葉は、本書の精神と深く共鳴し合っている。装幀デザインは小林春生。美しい仕上がりになった。ありがとうございました。

この本のもとになった文章は雑誌『新潮』に連載された。時宜にかなった機会をつくっていただいた矢野優編集長、連載時の担当編集者の律儀な杉山達哉、ありがとう。秘書の野沢なつみには資料の収集や整理など面倒な仕事を引き受けてもらった。単行本化にあたっての編集作業は新潮社の足立真穂の協力を得た。おかげで思い通りの本ができた。

注記：本書の中の「セムデ」に属する古タントラの翻訳は、ゾクチェン研究所から発行していた雑誌『Sems』に掲載されたものをもとにしているが、その翻訳は田淵淳広との共同作業によるものである。ほかのタントラ類のチベット語からの翻訳に関しては、特別なことわりがないかぎり、すべて中沢新一による初訳である。ゾクチェンに関してはいまだに国際的にも訳語が定まっていないものが多い。その意味では、現時点ではまだこれは私訳であると同時に試訳でもある。

二〇二三年九月二日　　中沢新一

註

第一部

1　チベット仏教は五つのグループに分かれている。八世紀に中央アジアのウッディーヤナから将来された古伝統によるニンマ派、インドのサドゥ（行者）の伝統に忠実なカギュ派とサキャ派、十五世紀の戒律主義改革に始まるゲールク派、チベットの原始信仰に西アジアの宗教を混交して独自に発展させたボン教の五派である。ゾクチェンはこのうちのニンマ派とボン教に伝えられる。

2　この動きの中でバーブラム・バッタライという人物が重要である。彼は幼少期から神童としてネパール中にその名が轟いていた有名な青年だったが、インド留学中に共産党に入り、帰国後は武闘派のプラチャンダと協力してネパール共産党毛沢東主義派（マオイスト）を結成した。二〇一一年に国政選挙によって統一マオ派政権ができると、その首相に選ばれた。プラチャンダについで二人目のマオイスト首相である。中国の現体制とは一線を画している。

第二部

1　ドゥンジョン・リンポチェ（1904〜1987）は現代最高のテルトン（創造的な力を持つ特別なラマ）として、とても有名な方であった。ニンマ派の首席として海外にも弟子が多く、その当時はフランスに滞在していた。

2　『イェシェ・ラマ』は大テルトンのジグメ・リンパ（1730〜1798）によって著されたゾクチェンの手引き書。明晰な記述によって昔から高い評価を得てきた。今日でもこの本によってゾクチェンを学ぶ者が多い。

3　パドマサンバヴァがチベットへ向かう途中立ち寄ったヤンレーシュで瞑想していたとき、龍神が配下の毒蛇を多数放って妨害しようとしたが、逆に石に変えられてしまった。これらの石はいまでも岩壁のそこここに見ることができる。もちろんヒンドゥ教の側にとってここはセーサ・ナラヤン神とナーガ神の聖地として、別の伝説を伝えている。

4　『ガンガーマ』または『ガンジス河畔のウパデーシャ』はマハームドラー最古の文献の一つである。ナローパ（1016〜1100）がティローパから直接に伝えられた内容と言われ、それを翻訳者マルパがチベットに伝えた。多くの現代的解説書がある。

5　「空＝ナムカ nam-mkha」は多義的な言葉である。空（そら）はナムカであるし、心の内的空間のこともナムカと言われる。心の内的空間は空（くう）であり、その性質によって空（そら）のナムカが、比喩に用いられる。

6　ジル・ドゥルーズは強度の充満する実存の空間性を表すのに、spatium というラテン古語を用いた。この概念はゾクチェン思想ときわめて親和性が高い。

7　Across the Universe,1969, No one's gonna change our world 収録

第三部

1　ンゴ・ローツァワ『青史（テプテル・ンゴンボ）』、コントゥル『ダムンガ・ゾゥ』「シチェ・チュウ派」の巻

2　ミルチャ・エリアーデ『シャーマニズム』堀一郎訳、冬樹社、558頁

3　こういう思考法が狩猟民のものの考えの根底にあることを、マーシャル・サーリンズ「贈与の霊」（『石器時代の経済学』所収）が、明らかにしている。ある人にとっての得は、別の人にとっての損である。そこにバランスシートを回復するのが会計の仕事である。それを記録する複式簿記は、ある意味で贈与論的思考の特徴をあらわしている。そのアフリカ的段階の思考がチュウには色濃く残っている。

4　「ナムカ・ゴチェ」灌頂はチュウも含めたシチェの体系全体のための灌頂であるが、伝承者不足のため、有名な割には今日ではなかなか受けられない。

5　ジグメ・リンパが体系化した『ロンチェン・ニンティク』に組み込まれたチュウである。ロンチェンパ（103頁参照）はシチェともチュウとも無関係な人であるから、その人のテルマ（埋蔵経典）にチュウが含まれているのは不自然であるが、ジグメ・リンパはこのテルマが広く愛好されることを願って、その中にこのチュウを組み込んだのだろう。じっさい『カンドゥ・ケギャン』はその詞章といい劇的構成法といいじつに見事な出来栄えで、仏教各派の行者によっていまでも盛んに実践されている。

6　このシナリオは『カンドゥ・ケギャン』によるもの。他のテルマのチュウでは別の構成がとられることも多い。

7　ジルベール・ラスコー「精神分析と美学」『フロイト&ラカン事典』弘文堂、1997年

8　sGra-thal-'gyur-ba. in rNyingma, i rgyud bcu-bdun, vol.1。このタントラはニンティク系ゾクチェンのうちの最古層に属するもので、十一世紀頃に始まるチベットのルネサンス期に作成されたと推定される。

9　rNyingma'i rgyud bcu-bdun, New Delhi, 1977。ニンティク系ゾクチェンを基礎づける十七の古タントラを集成したもの。

10　Tshig-don-mdzod, Sde-ge ed. Delhi, 1983。十四世紀のロンチェンパによって著されたゾクチェン理論書。

11　sGron-ma snangs-byed : in Bi-ma snying-thig, vol.2。九世紀頃のヴィマラミトラが伝えたニンティクの伝承を集めた『ヴィマ・ニンティク』の中にこの重要なテキストが含まれている。

12　ハイデッガー『ヘラクレイトス』、ハイデッガー全集第五十五巻、創文社。ハイデッガーはそこで「『哲学』は、

西洋の歴史の根底を担っているほど、その本質においてはなはだ根源的に西洋的である。この根底からのみ、技術は生じる。西洋の技術のみが与えられているにすぎない。技術とは『哲学』によってもたらされた帰結であり、かつそれ以外の何ものでもない」と書いている。ヘラクレイトスの火とゾクチェンの火の示す差異は、近代技術の本質の問題にまでつながっている。

13 'khor-'das ru-shen はサンサーラ(輪廻、コル＝'khor)とニルヴァーナ（涅槃、デ＝'das）を別々に分ける（ルシエン＝ru-shen）という、ニンティク独特の訓練法。ガラップ・ドルジェのものと言われる最古の伝承でもコルデ・ルシェンはとても重要視されている。

14 トゥーレ・フォン・ユクスキュル「環境世界の研究」、ヤーコプ・フォン・ユクスキュル著『生物から見た世界』日高敏隆ほか訳、新思索社に所収。

15 gSang-ba'i-sNying-po はマンダラ理論の書としてニンマ派で重視されている。マハー・ヨーガの基本書でその学習は必須である。現在ではロンチェンパによる解説書『十方の雲を払う』を使って教えられる。

16 ギャコは「百（ギャ）鍋（コッ）」と呼ばれる火鍋を使うチベットのご馳走料理。豚肉、鶏団子、ラム肉の下に多種のキノコ、大根、タケノコなどの野菜を敷きこんで、ぐつぐつと煮ながら食べる。カトマンズには当時この料理を出す店が二軒あった。

17 Mipham Jamyang Namgyal Gyamtso の全集のこと。十九世紀の偉大なラマであるミファムは、現代のチベット仏教思想に多大なる影響を残した。南チベットの村に派遣されたソナムらによって新たに入手された彼の著作集の全復刻が、ケツン先生を中心に急ピッチで進められていた。その印刷所がオールド・デリーのバリマランにあった。

18 「チベットの古い死の作法」と言えば『バルド・トゥドゥル Bar-do thos-grol』が有名であるが、これにはニンマ派とボン教に伝えられるもっと古い原型がある。ニンティク古タントラに含まれる『日月の和合 Nyi-zla kha-sbyor』がその代表である。

第四部

1 Olivier Messiaen, Catalogue d'oiseaux（『鳥のカタログ』）。

2 dGa'-rab rdo-rje『急所を突く三つの句 Tshig gsum gnad du brdeg-pa』Bima snying-thig の中の「黄金の文字 gSer yig-can」の部、New Delhi, 1971に収録。

3 ウッディーヤナ（ウルギェン Urgyan）はかつてはインド北西部（現在のパキスタン）のスワット渓谷であろうと推測されていたが、現在ではトルキスタンからイラン高地さらには中近東にかけての広範な文化地帯を指しているのではないかと考えられている。タジク、ギルギットなどがそこに含まれる。東トルキスタンのウルムチで近年発見された複数のミイラが身にまとっていた衣装は、伝承上のパドマサンバヴァの衣装と酷似していると言われる。

4　のちに J.M.Reynolds (Vajranatha), The Golden Letters, Snow Lion, 1996 に再録された。

5　Yi-ge med-pa'i rgyud chenpo, rNying-ma'i rgyud bcu bdun, vol.2, New Delhi, 1973

6　Rig-pa'i khu-byug, Vairo'i rgyud-'bum, vol.5

7　Man-ngag rig-pa'i khu-byug gsun gi rgyud, Nyingma rgyud 'bum（ツァムタク版), vol nya。これには英訳がある。C.Wilkinson,Ten Early Tantras of the Great Perfection. 2016（私家版）。

8　Kyung-chen lding pa, Nyingma rgyud 'bum（デルゲ版), vol.cha.

9　Ngo-sprod(直訳＝直接面と向かって説明する）を「直指」という禅語で訳した。「直指：直接に究極の真理を指示すること。迂遠な言語文字によらず、いろいろの手段を用いず、端的にまっすぐにそのものを示すこと。一説によると、指は、いく、おもむく、の意で、直指は、直接おもむくこと」中村元著『広説佛教語大辞典中巻』より。テクチュウ、マハームドラー、禅の間には深い共通性がある。

第五部

1　kLong-chen rab-'byams, Chos-dbyings rin-po-che'i mdzod

2　kLong-chen rab-'byams, Tsigs-don rin-po-che'i mdzod

3　ヴァナキュラーな知識の潜在力についてはイヴァン・イリッチの諸著作に詳しく説かれている。イリッチはこれを「一般市場では売買されないもの」と定義したが、交換不能な贈与的知識のこととも言える。ゾクチェンで「秘密」とされている多くの知識は、この一般化できない贈与的知識に属している。またドゥルーズ＝ガタリによる「メジャー科学」と対立的な「マイナー科学」（『カフカ』『千のプラトー』など）という概念も、これと多くの共通点をもっている。

4　kLong-chen rab-'byams, Theg-mchog rin-po-che'i mdzod. Jigs-med gling-pa, Ye-shes blama.

5　英国の物理学者ヒッグスによって提唱された仮説的粒子。物質の質量の起源を説明するために、ヒッグスは自発的対称性の破れの考えに基づいてヒッグス機構を見出した。長いことその存在は疑問視もされていたが、２０１２年以降その存在が確認されるにいたった。

6　如来蔵の思想的構造については、中沢新一『レンマ学』（講談社、二〇一九年）を参照されたい。

7　rdo-rje lu-gu-rgyud（ドルジェ・ルクギュー）を「金剛連鎖体」と訳した。rdo-rje は金剛＝ダイアモンドを意味している。Lu-gu-rgyud は光の粒子群の現れる様子を、一匹一匹の羊の首を縄でつないで草原に放牧しているときの光景に譬えた遊牧民的表現である。

8　Jigs-med gling-pa, Ye-shes blama.

9　Herbert V. Guenther, Meditation Differently, 1992 Motilal Banarsidass, Delhi.

第六部

1　Nor-bu 'phra-bkod rgyud in rNying-ma'i rgyud bcu-bdun vol.1

2　さまざまな Entoptic 現象の中で、青い光を背景として出現する光の粒子群のことは、発見者の名をとって特別に「シェーラー現象」と呼ばれている。これらの現象については眼科学でもまだまだ多くの未解明が残されている。

3　M・メルロ＝ポンティ『眼と精神』、滝浦静雄・木田元訳、みすず書房、１９６６年

4　古タントラ『燃え上がるランプ（ドンマ・バルワ）』には「四つのランプ」に関する詳しい説明が与えられているが、その説明は『タタル・ギュルバ』など他の古タントラと多少異なっている。

①「遠方に通達する投げ縄としての水のランプ rgyang-zhags chu'i sgron-ma」。このタントラでは「水のランプ」は「白い法螺貝のような大脳の部屋から三回右ひねりして延びていき、牛の角の形をした神経管に入っていく」と説明されている。眼がこのランプの外に向かって開かれた「門」となる。「見えるもの」と「見えないもの」の交錯として「ものを見る」ことの意味が詳しく説明されている。

②「自己生起する知恵のランプ shes-rab rang-byung sgron-ma」。五感の働きを司る諸器官を通過してあらわれる。神経組織の集積場所（チャクラ）が心臓を中心として身体の中には数ヶ所あるが、このランプはそこに存在している。鼻がこのランプの「門」となり、くしゃみや咳のときに激しく励起される。

③「空性のティクレのランプ thig-le stong-pa'i sgron-ma」。このタントラでは心臓から出るカティシェル管につながった眼から、このランプの光があらわれる、と説明されている。眼をとおしてあらわれる光点（ティクレ）が青空に広がり、中心点をつくりながらさまざまな形態に変化していく。

④「純粋な空界（イン）から放たれるランプ dbyings mam-par dag-pa'i sgron-ma」。心臓に鎮座しているこのランプは眼をとおして五色光のスペクトルとしてあらわれる。チベット文字の「ナロー」の形をした黒い光の形状が、虹光の中にあらわれる。

　トゥガルではこれらのランプがつぎつぎに眼前にあらわれてくる。その様子はまさに「任運（偶然）」的で、東洋

的自由哲学としてのゾクチェンの本質をよく示している。世界は根底でまさに「任運」なのである。

Sgron-ma ʻbar-ba rgyud in rNying-maʼi rgyud bcu bdun, vol.1より。このタントラは Christopher Hatchell, Naked Seeing, Oxford, 2015 に詳しく研究されている。

5 Ye-shes bla-ma in kLong-chen snying-thig vol.2

第七部

1 中華人民共和国が成立した翌年（一九五〇年）から、はやくも有力ラマたちのダージリンへの移住が始まった。ニンマ派では一九五五年にドゥンジョン・リンポチェとカンギュル・リンポチェが移住を敢行して、ダージリンにそれぞれの寺を作ったが、それが後々チベット仏教の海外展開に大きな意味を持つことになった。

2 『鳥の仏教（Bya-chos ring chen ʼphren-pa）』、拙訳による日本語版は新潮社、二〇〇八年。

3 Yeshe Hegan 監督によるカンギュル・リンポチェのドキュメンタリー映画『ガンジー・ロードへの帰還（Return to Gandhi Road）』にこの寺の独特なふんいきがよく表現されている。

4 Dilgo Khyentse Rinpoche（一九一〇～一九九一年）はカム地方出身の大ラマ。ボードナートのシェチェン寺を中心に世界的な活動をした。

5 『大方広仏華厳経』国訳一切経、華厳部二、大東出版社

6 Jigs-med-gling-pa, Skyed-rim O-gmin bgrod-paʼi them skas in kLong-chen snying-thig.

7 この「存在の三一体構造」については kLong-chen rab-ʻbyams の Theg-mchog mdzod, vol.1 に詳しい解説がある。Herbert V. Guenther, Matrix of Mystery, Shambhala publications, 1983 にはゾクチェン思想とハイデッガー存在論との内的関連が探られている。ngo-bo を「事実性」と翻訳するおおもとになったのは、ハイデッガーの『オントロギー（事実性の解釈学）』ハイデッガー全集第63巻、創文社、一九九二年。

8 武満徹『音、沈黙と測りあえるほどに』、新潮社、一九七一年

9 kLong-chen rab-ʻbyams, Phyogs-bcuʼi mun-sel（略称 kLong ʻgrel）

10 『大乗起信論』、平川彰訳＋解説、大蔵出版、一九七三年

11 『宝性論』、高崎直道訳＋解説、講談社、一九八九年。Ratnagotravibhāga というサンスクリット原本を持つこの本は、rGyud-blama というチベット語タイトルの本として、チベット仏教徒の間でおおいに研究された。とくにカギュ派とニンマ派に大きな影響を与え、マハームドラーとゾク

チェンの思想形成に貢献した。それについてはKlaus-Dieter Mathes の A Direct Path to the Buddha Within, Wisdom Publications, 2008 に詳しい。

12 『宝性論』、邦訳一一〇～一一一頁。

13 kLong-chen rab-'byams, Tsigs-don rin-po-che'i mdzod にKye rdo-rje(喜金剛)、sNying-gi-me-long(金剛薩埵心鏡)、Nor-bu 'phra-bkod（宝珠象嵌）、Thal-gyur-ba（タタル・ギュルバ）などが次々に引用されている。

14 sNang-srid kha-sbyor in rNyingma'i-rgyud, vol.5。これはパドマサンバヴァ流のゾクチェン伝承である「チティ・ヨーガ」に属する書物で、ニンティクとは異なる流れのものである。

15 Thig-le kun-gsal chen-po'i rgyud in rNyingma'i-rgyud, vol.5。ニンティクとは別のヴィマラミトラ流の伝承である。

16 「ヨハネのアポクリュフォン」『新約聖書外典 ナグ・ハマディ文書抄』所収、荒井献他編訳、岩波文庫、二〇二二年

17 ハイデッガー『同一性と差異性』、大江精志郎訳、理想社、一九六〇年。自同性、同一性の概念を「存在」の思想に包摂している。

18 Herbert V. Guenther, Matrix of Mystery, Shambhala publications, 1983。ゾクチェン思想を複雑系科学や量子論との関わりで説明しようとした画期的な『サンワ・ニンポ』研究。ここに掲げる図はギュンターの同書の図（八九頁）をもとにしている。

19 引用は工藤喜作『スピノザ』、講談社、一九七九年から。

20 ロラン・バルト『明るい部屋』、花輪光訳、みすず書房、一九八五年

第八部

1 インド人のよく知るこの物語の原典は、アラビア文学の『ライラとマジュヌーン』（ニザーミー著、岡田恵美子訳、平凡社、東洋文庫３９４）である。

2 このときタムジュー・サンポが私に手渡したのは rDzogs-pa chen-po yangti nag-po gser gyi 'bru gcig-pa, Damchoes Sangpo, Dalhousie, HP, India. という三巻本である。不完全な部分的コピーなら、『埋蔵経集成（リンチェン・テルズ）』とタシガン医師の出版した『医科学論集（メンツィ・シェリク・ペンズ）』でも見ることができる。

3 ラマ・ケツン・サンポ＋中沢新一『知恵の遥かな頂』、角川書店、一九九七年と『チベットの先生』、二〇一五年にドゥクパ・ヨンジン・リンポチェとの出会いの様子が詳しく描かれている。

4 Khetsun Sangpo, Biographical Dictionary of Tibet &Tibetan Buddhism, vol.3, 506p の記事を種々のニンマ派

史などで補充した。

5　カンドゥ・ニンティク誕生にまつわる神話——亡くなった王女ペマサルを蘇らせたパドマサンバヴァは彼女にカンドゥ・ニンティクの教えを与えた。この教えはイェシェ・ツォギャルによって埋蔵されて、のちにテルトンのペマ・レデル・ツァルによって「発掘」され、これをロンチェンパが完成に導いた。

6　David Lewis-Williams and David Pearce, Inside the Neolithic Mind, Thames & Hudson, 2005 など。

7　Zhi-khro'i phyi nang gsang-ba'i dbang chog, in rDzogs-pa chen-po yanti nag-po, vol.2

8　rDzogs-pa chen-po yang-ti nag-po'i bsam-gtam khang-bu, in Yang-ti nag-po, vol.1

9　中国のカギュ派に伝えられたヤンティ・ナクポの指南書『大圓満黒關修持法要』所収の図。川崎清嗣氏のご教示による。

10　sNyen-brgyud man-ngag, in Yang-ti nag-po, vol.3

11　Ye-shes mig-gcig dri-ma med

12　gNyis-snang rtog-pa blo-las 'das

13　gSum-rigs gtsang-ma dag-pa

14　sPob-pa khrol-ma lta-bu

15　宮沢賢治「インドラの網」『宮沢賢治全集6』、ちくま文庫、一九八六年

16　rTsitta'drang-srong blta-bar bya

17　Phub-'dra cha-lang brdab-pa'i tshul

18　Drang-srong tsog-bu

19　ジャン＝ジャック・ルソー『孤独な散歩者の夢想』（第二と第七の散歩）、青柳瑞穂訳、新潮文庫、一九五一年

20　レヴィ＝ストロース「人類学の創始者ルソー」塙嘉彦訳、山口昌男編『現代人の思想15　未開と文明』平凡社、一九六九年、六八頁

21　同書、六七頁

第九部

1　ブータンの文化英雄であるパドマ・リンバにはたくさんの伝記が書かれている。ここでは Jamgon Kongtrul の "Gter-ston brgya-rtsa'i rnam-thar" と Dudjom Rinpoche の "Pad-ma gling pa gter chos" だけをあげておく。英語によるものとしては Michael Aris の "Hidden Treasures and Secret Lives" (1989) や Sarah Harding の "The Life and Revelations of Pema Lingpa"(2003) などがある。

2　タイシトゥ・チャンジュップ・ギェルツェン（１３０２〜１３６４）は元朝の篤い信仰を受けるサキャ派に属していて、それに対抗しようとしたディクン・カギュ派の有力な政治的ラマであるゴンパ・クンリンと激しく対立しあっていた。タイシトゥは誰かからの耳打ちで、ロンチェン

パがこのゴンパ・クンリンと密かに同盟を結んで自分に敵対していると聞かされ、それを信じてロンチェンパを目の敵にしはじめたと言われている。ロンチェンパは以前からディクン・カギュ派とは親しい関係にあったので、こういう誤解が発生したものであろう。タイシトゥの敵対は十年にも及び、その間身の危険を感じたロンチェンパはブータンに逃げざるをえなかった。しかしそののち友人たちの仲介によりロンチェンパへの誤解も解けて、チベットに戻ることになった。

3　ニンティクの歴史を記した本は多数あるが、オリジナルなものとしては、Snying-tig gi lo-rgyus chen-mo, in Bima snying-tig. Lo-gyus rin-po-che od-kyi-preng-pa in Zab-mo yang-tig などがある。

4　Dzogs-pa chen-po nges-don 'dus-pa'i rgyud in rNying-ma rgyud-'bum Vol. LX　このタントラは『ニンマ・タントラ全集』の「ヤンティ」に分類され、各書で引用される重要な書物である。ティンゲジン・サンポによってウル地方の岩山にいったん埋蔵されたこのタントラを発掘したのは、ドゥム・イェシェ・ニンポ Drom ye-shes rnying-po というテルトンで、その後もしばらく相承が続いたが、相承はいつしか途絶えてしまった。「チティ」に分類されるタントラのほとんどのものも、同じような運命をたどっている。

5　ペマ・レデル・ツァルのテルマ『カンドゥ・ニンティク』の発見のいきさつはつぎのとおり。ペマ・レデル・ツァルは南チベットのロロ渓谷の村に生まれた（一説には兄妹の近親相姦によって生まれたとも言われている）。家は極めて貧しく、近親者たちにも見捨てられた彼は、悲しんで家出をした。その道すがら中年の僧に出会った。その僧に彼はたずねた。「お坊さんはどこへ行くの」。すると僧は「私はどこへも行こうとしていない。お前に会いに来たのだよ」。そう言ってその僧は、少年のペマ・レデル・ツァルに一巻の書物を手渡した。「我が子よ。その本をよく研究しなさい。一字一句間違えずに覚えなさい」。そう言うと僧は消えてしまった。ペマ少年は生きる目的を見出した思いで、家に戻ることにした。

僧がくれた巻物にこう書いているのを、ある日彼は見つけた。「一年後の今日、秋の最初の月の十日に、お前は宝物を得るであろう。タクポ地方のタン渓谷にあるタモ崖にある岩の表面に、赤い文字でスワスティカ（卍）が描かれている。そこがテルマの埋蔵されている場所である。その文字の北東を探すと、一立方メートルほどの大きさの四角い石がある。その石をどけると中にテルマが見つかる」。そのとおりにすると、石の下にテルマが発見された。Nyoshul Khenpo, A Marvelous Garland of Rare Gems, Padma Publishing, 2005. このあたりの語り口は「魔法昔話」に出てくる宝物探しのエピソードとそっくりである。ゾクチェンで哲学的思考と神話的思考が共存しあっていることを示す好例。

6 ロンチェンパの主著の一つ Snying-tig ya-bshi の構成は以下のとおりである。①Bi-ma snying-tig ②Mkha-'gro snying tig +Mkha-'gro yang-tig ③Bla-ma yang-tig ④Zab-mo yang-tig

7 Dudjom Rinpoche, Bdud-'djom chos-'byung

第十部

1 「教義の孤児 orphan doctrine」とはプロテスタント神学者アドルフ・フォン・ハルナックによる表現。

2 Alan M. Olson,"Hegel and the Spirit — Philosophy as Pneumatology", Princeton, 1992 などがこの領域のもっとも充実した研究である。

3 吉本隆明『アフリカ的段階について——史観の拡張』、春秋社、一九九八年

4 gSang-ba sbyo-pa sa-pon, Tsigs-don mdzod

5 Byan-chup sems khyung chen lding ba, in Bairochana rgyud-'bum

6 中沢新一『レンマ学』、講談社、二〇一九年

7 宮坂宥勝『仏教の起源』、山喜房佛書林、一九七一年

エピローグ

1 Kongtrul Lodro Taye, Shes-bya kun-khyab mdzod. またその英訳 Kalu Rinpoche 他による Myriad Worlds, Snow Lion, 1995 がある。

2 リチャード・ウィルバー「それでも、市民の雀よ」、『アメリカ名詩選』、亀井俊介・川本皓嗣編、岩波文庫、一九九三年。ハゲタカには旧約聖書のノアが、雀にはノアを恐れ嫌った市民たちのイメージが影を落としている。

本書は『新潮』2022年1月号 から2023年2月号まで、
14回にわたって連載をしたものに、加筆修正を行った。

【装幀】 BOSCO 小林春生
【装画】 ブライアン・イーノの「ライト・ボックス」より（クレジット詳細はカバー袖に、
その意図はあとがきに著者が記している）。

【地図】 アトリエ・プラン

【図版・写真】
121頁、203頁 ©Ian A.Baker,The Dalai Lama's Secret Temple, Thames&Hudson, 2000
65頁 Nyingmapa Wishfulfilling Center For Study And Practiceの教則本（2002年）より。
107頁、135頁、219頁、341頁 ©Ian A.Baker, Tibetan Yoga, Thames&Hudson, 2019
153頁 ©J.M.Reynolds,The Golden Letters,Snow Lion, 1996
355頁 写真提供・郡司聡
413頁 ©川崎清嗣

他、写真と図版は著者提供

精神《せいしん》の考古学《こうこがく》

発　行　2024年2月15日
2　刷　2024年3月10日

著　者　中沢新一《なかざわしんいち》

発行者　佐藤隆信
発行所　株式会社新潮社
〒162-8711　東京都新宿区矢来町71
電話　編集部　03-3266-5611
読者係　03-3266-5111
https://www.shinchosha.co.jp

装　幀　BOSCO 小林春生
組　版　新潮社デジタル編集支援室
印刷所　株式会社光邦
製本所　加藤製本株式会社

ISBN978-4-10-365903-7 C0015